西北大学"双一流"建设项目资助

Sponsored by First-class Universities and Academic
Programs of Northwest University

汉语作为第二语言习得偏误
案例分析与研究

HANYU ZUOWEI DI-ER YUYAN XIDE PIANWU
ANLI FENXI YU YANJIU

主　编　冯　鸽

副主编　庞　欢

西北大学出版社

·西安·

图书在版编目（CIP）数据

汉语作为第二语言习得偏误案例分析与研究／冯鸽主编.
—西安：西北大学出版社，2021.12
ISBN 978-7-5604-4886-2

Ⅰ. ①汉⋯　Ⅱ. ①冯⋯　Ⅲ. ①汉语—对外汉语教学—教学研究　Ⅳ. ①H195.3

中国版本图书馆 CIP 数据核字（2021）第 267324 号

汉语作为第二语言习得偏误案例分析与研究

主编　冯　鸽

出版发行　西北大学出版社

（西北大学校内　邮编：710069　电话：029-88303059）

http://nwupress.nwu.edu.cn　　E-mail: xdpress@nwu.edu.cn

经　销	全国新华书店	
印　刷	西安华新彩印有限责任公司	
开　本	787 毫米×1092 毫米　1/16	
印　张	21.5	
版　次	2021 年 12 月第 1 版	
印　次	2021 年 12 月第 1 次印刷	
字　数	365 千字	
书　号	ISBN 978-7-5604-4886-2	
定　价	58.00 元	

本版图书如有印装质量问题，请拨打电话 029-88302966 予以调换。

序 言

在中文国际传播中，大量汉语教学案例的出现，成为汉语国际教育专业教学中的教学研究资料。研究这些案例并将之应用于教学，对于培养复合型、应用型汉语国际教育专业人才的教学能力非常必要，对于培养学生的语言文化自信和对外文化传播能力更是不可或缺。

为了培养学生理论联系实际的专业能力，案例教学法以其真实性、趣味性、实操性等有利于培养学生实践能力的优势迅速成为具有很强影响力的教学方法，被广泛应用于法学、医学、商学等多个教学研究领域。目前，在汉语国际教育专业教学中，跨文化交际和课堂教学方法方面已经普及了大量的案例教学，这成为培养学生跨文化交际能力和教学能力的重要途径。在培养学生过程中，我们发现学生对于技巧性的实践操作比较容易掌握，但对于语言现象的阐释和分析讲解非常无助。因为缺乏教学实践经验，他们难以接触大量实际的教学案例，也就难以预测汉语习得者的偏误发生，使教学显得无的放矢，尤其是对语言习得偏误案例，即使知道错误点，也常常缺乏分析能力，无法说明错误成因，严重影响了教学能力的提升。因此，在教学中进行"偏误分析教学"十分迫切，建设"汉语中介语偏误案例库"也很有必要，编写相关教材更是首要任务。

偏误分析是第一个关注学习者语言系统的研究理论，产生于 20 世纪 60 年代，兴盛于 70 年代，复兴于 90 年代。因为习得者的偏误始终是教学者关注的焦点，是习得过程的观测窗口，所以偏误分析尽管有着一定的局限，却依然和其他分析方法一起存在于第二语言习得语言系统的描写和分析中，且越来越多地被应用于教学环节中。由此，我们利用多年一线教学经验，收集整理了大量语言习得偏误案例，选取教学中出现频率高、难于解决的问题，进行深入分析研究，从教学角度切入，为本专业的教师和学生提供典型案例，对教学中出现的难点重点问题进行系统性分析。由于是教材，我们在吸收各种最新研究成果的基础上，重点放在"讲解、阐释语言点"的操作上，分享编者和前人多年的教学经验，为广大教学者提供可资借鉴的范本案例。同时，也展示出汉语作为第二语言教学研究的新思路，为汉语教学研究提供更加具体的研究内容。

本书着重解决汉语作为第二语言习得中语言点的实际应用问题，教规则，讲用法，弥补一般理论语法著作、工具书、教科书对语言交际中的使用条件提示不够充分、讲解不够到位的缺憾，指导学生正确表达，避免教学误导产生偏误。通过对偏误案例的分析，探讨语言形式出现的条件，什么时候可以出现，什么时候不会出现，从多角度、多层次提供实用的教学语言规则。本书分上、下两编，上编为语音、汉字、语段、词类、句子偏误教学的概括性原则阐释；下编为具体的一些常见语言点的偏误分析和教学探讨，每章都详细分析了该语言点的使用条件、使用规则，从偏误案例中总结出教学难点重点，最后从课堂教学导入、讲解、操练几个环节给出教学建议和示范案例。当然，我们的教学指导仅供教材使用者参考，为其提供思路。

本教材针对的是汉语国际教育专业本科、硕士阶段的学生，重点讲授相关知识点课堂教学的处理方式，对年轻教师和汉语教学从业者等如何处理语法教学中的难点，把握相关教学重点，提升教学能力，加深语言知识学养，掌握语言教学技巧具有重要作用。该教材的撰写，体现了编者从"教"与"学"的角度思考教学问题的一种思路，即在句法结构的基础上，探讨语言现象的语义和语用特点，揭示语言现象的交际性行为发生的条件、规则，从而方便习得者掌握其交际功能。对于教学者，重点解决他们面对语言点的阐释讲解难题，帮助他们预测偏误的发生，避免讲解的浮泛，从而提升其教学能力。因此，本教材可以作为本科院校汉语国际教育专业本科生、硕士研究生的案例课程教材，也可作为参加海外汉语教师选拔考试、国际中文教师证书考试及各类汉语教学岗位应试者的参考指导书目，也是同行业工作者、研究者的参考教材。

编　者

2021 年 11 月

示例符号说明

n= 名词，noun 的缩写

u= 不可数名词，uncountable noun 的缩写

c= 可数名词，countable noun 的缩写

v= 动词，verb 的缩写

aux.v= 助动词，auxiliary verb 的缩写

model verb 情态动词

conj= 连接词，conjunction 的缩写

adj= 形容词，adjective 的缩写

adv= 副词，adverb 的缩写

art= 冠词，article 的缩写

prep= 介词，preposition 的缩写

pron= 代名词，pronoun 的缩写

num= 数词，numeral 的缩写

目 录

下　编

总　论

【学习要点提示】

知识要点：掌握偏误分析理论、汉语偏误分析研究、汉语偏误教学的基本概念和知识，建立汉语作为第二语言习得偏误研究的整体框架。

技能要点：能够从语义、语法、语用三个平面的角度观察偏误案例，运用研究成果解决语序、句子成分以及衔接表达等偏误问题。

情感要点：了解汉语的特点，感受汉语的独特魅力，深入理解汉语思维与表达方式。

第二语言习得偏误是指第二语言学习者在使用语言时不自觉地对目的语的偏离，是以目的语为标准表现出来的错误或不完善之处。这种错误是系统性的、有规律性的，反映了语言习得者的语言能力。偏误是第二语言习得中必然有的正常现象，伴随习得过程的始终，学习者正是通过不断克服偏误而学会语言的。这类偏误，汉语作为第一语言者极少出现。研究这类偏误，能够使教师了解学生的汉语习得情况，使研究者了解学习者的习得过程，让学习者能够发现目的语的正确形式和语用规则。在教学和习得中，通过对偏误的解释、纠正，进行针对性教学，让学生高效掌握相关规则，也便于大纲、教材、词典等的编撰，促进对外汉语教学和汉语本体研究。

第一节　偏误分析理论

偏误分析和对比分析是分不开的。因为对比分析仅就学习者的母语和目的语进行对比，忽视了学习者的习得语言系统研究而不断受到挑战和批评，于是，20世纪 60 年代"偏误分析"（Error Analysis）作为新的分析方法逐渐取代了对比分析方法。偏误分析是第一个关注学习者语言系统的理论，并提出了对学习者语言系统进行描写和分析的系统方法，这也是第二语言习得研究的起点理论。

英国学者彼得·科德（S. Pit Corder, 1918—1990）从 20 世纪 60 年代中后期起，发表了一系列偏误分析的文章，这些文章成为二语习得研究的起点，偏误分析也成为应用语言学的一部分。其中，《学习者语言偏误的意义》（*The Significance of Learners' Errors*）（1967）是开启二语习得研究的经典之作。这篇文章对"失误"（mistakes）和"偏误"（errors）进行了区分，指出了"偏误"存在的重要意义，改变了以往排斥语言偏误的看法。

偏误分析是在多种语言学理论基础上发展而来的，假说理论的心理学基础是认知理论，语言学基础则是乔姆斯基的普遍语法理论。科德根据中介语的发展过程，将偏误分成三类来描述二语习得过程。

1. 前系统偏误：指目的语的语言系统形成之前的偏误。学习者尚未掌握目的语的规则和系统，处于摸索阶段，会出现较多的偏误。

2. 系统偏误：指第二语言习得过程中，学习者正逐渐发现并形成目的语的规则和系统，但还不能正确地运用这些规则，因而会出现规律性偏误。

3. 后系统偏误：指目的语系统形成后的偏误。此时学习者基本掌握了有关语言规则，一般能正确运用，但有时会出现错误，从而造成偏误。

这种描写基本呈现了二语习得的偏误情况。这些偏误的产生是一种必然性的现象。

研究还发现，偏误的来源主要有：

1. 语内及母语负迁徙。学习者在不熟悉目的语规则的情况下，只能依赖母语知识，因而同一母语背景的学习者往往出现同类性质的偏误。

2. 目的语知识负迁徙。学习者把他所学的有限的、不充分的目的语知识，用类推的办法不恰当地套用在目的语的语言现象上，造成偏误，也称为规则泛化或过度泛化。

3. 文化负迁徙。有的偏误不完全是语言本身的问题，而是由于文化差异造成语言形式上或是语言使用上的偏误。

4. 学习策略和交际策略的影响。学习者在学习目的语的过程中遇到困难后以积极的方式去应对，但因使用策略不当而导致偏误。造成偏误的学习策略主要有迁徙、过度泛化和简化（即以上几条），造成偏误的交际策略则是回避和语言转换。

5. 学习环境的影响。指一些外部因素造成的偏误，如教师不够严密的解释与引导，教材编排不当等外部因素造成的偏误。

6. 语言训练的转移。有些"中介语"的成分产生于教师的训练方式及教学中反复进行的机械训练。

偏误分析作为一种研究方法也是有一定的局限性的。这种研究收集的语料通常不是在自然习得环境中获得的，不能准确地反映学习者的习得情况，并且只观察了学习者的偏误，忽视了语言系统中正确的那一部分，无法了解学习者回避的语言项目习得情况。

第二节　汉语偏误分析研究

汉语偏误分析研究始于学者鲁健骥 1984 年发表的《中介语理论与外国人学习汉语的语音偏误分析》。此后，出现了大量偏误研究成果，在语音、词语、语法、语篇、汉字等领域都有涉及。

汉语习得偏误从不同的角度可以划分出不同的类别。

在单句中不符合语法规则的偏误是显性偏误，如例（1）；在单句中语法没有问题但在语境中却呈现出问题的叫隐性偏误，如例（2）。隐形偏误一般可以分为：语义偏误，如例（3）；语篇偏误，如例（4）；语用偏误，如例（5）。

（1）*[1]他学习汉语在北京。

（2）*今天天气热，你需要开暖气。

（3）*（语义：想表达回家的意思）现在他完了。

（4）*我喜欢他，反而他不喜欢我。

（5）*小妹妹很慈祥。

按照偏误程度可以分为影响整句理解的整体性偏误和不影响整句理解的某一

---

① 本教材中所有带＊者为偏误案例句子，案例句子以节为单位进行编序，教学示范案例中的内容不参与正文编号，没有编号，示范练习题目自行编号。

成分的局部性偏误。前者如例（6），后者如例（7）。

（6）＊我明白，为了你工作和生活。

（7）＊今天我们有上课。

对于汉语习得中偏误的描写，有两种方法，一种是从语法范畴入手，描写词类偏误，如动词偏误、名词偏误等；另一种是从教学范畴入手，概括出误加、遗漏、错序、误代、杂糅这几类形式上的偏误，依次举例如下：

（8）＊你有上课吗？（误加）

（9）＊我来中国3月。（遗漏）

（10）＊他学习在北京。（错序）

（11）＊我和他是旁边。（误代）

（12）＊他把一起生活过得很幸福和好多了。（杂糅）

这些偏误的发生和汉语自身的特点密切相关。我们必须从汉语自身去认识，才能更有针对性地进行教学，减少学习者的偏误。在教学中，我们应该注意的汉语特点尤其是语法上的特点有以下几方面。

一、语法中存在丰富的文化因素

汉语以意为主，即按照语义的先后、大小、轻重等自然顺序来安排句子结构，具有独特的人文性。比如，组词的顺序具有鲜明的文化心理结构，长幼有序：父子、爷孙、母女；上下有序：天地、高低、上下；大小有序：国家、城市、班组等。在偏误分析中，我们发现如果按照西方语言学的形式性框架进行语言分析，有很多偏误很难解释其成因，必须深入语言深层，从语言交际的整体来考察，将语法和逻辑、节律、声韵等结合起来。这就必然和汉语使用主体的思维方式、表达习惯等文化性发生关系。因此，在教学中，要跳出形式，从语义表达角度来阐释语言文化内涵，才能避免一些偏误的发生。比如，"差点没赢""差点没输"都是赢了的意思，这种形式游离于意义之外，是汉民族独有的一种指向性理解策略。

二、汉语形态上缺乏严格的形式标志

汉语是一种弹性语言。印欧语等语言具有很明确的形态标志，名词有单复数、阴阳性等标志，动词有时、体、态等标志。汉语则不同，词类可以虚实转化、动静转化，如"打手"，既可以理解为"打"这个动作实施于"手"上，也可以理解为具体的表身份的名词"实施暴力手段的人"。"打"可以实为动词，可以虚为性状词。汉语基本单位的功能在运用中非常灵活，具有很大的弹性，就是类似于印欧语中形态标志的"了""们"等，在使用中也缺少普遍性和强制性，比如，"老师们"可以表复数，但是却不可以说"三个老师们"。因此，在教学中，语法规则的说明只能简单解释一部分偏误，却不能完全避免偏误的发生，这就是我们必须面对且要解决的难题。

三、汉语的词类和句法成分不一一对应

印欧语中词类和句法成分基本上是对应的，动词对应谓语，名词对应主宾，形容词对应定语，等等。而汉语的句法成分却是一对多，灵活多变，动词可以做谓语，也可以做主宾，甚至补语等，这就让汉语学习者常常感到迷惑，不能用固定的模式去套汉语，容易产生偏误。汉语的句子结构是根据事理逻辑自然铺排形成的，从而形成多种结构模式。例如：

（13）星期六不上班。

（14）今天星期六。

（15）我爱星期六。

（16）星期六的公园人很多。

"星期六"可以充当主语、谓语、宾语、定语等。主宾也常常可以易位，例如：

（17）一条被子盖三个人。/ 三个人盖一条被子。

（18）窗前飞过一只小鸟。/ 一只小鸟飞过窗前。

（19）你气死我了！/ 我气死你了！

因此，我们在教学中一定要注意汉语的这个特点，让学习者避免相关偏误的发生。

四、汉语是一种注重交际功能、表达内容的语言

注重话题表达，印欧语中主谓句是基本模式，动词具有核心地位，主谓互相制约，保持一致。汉语则视表达功能而定，形成主题句、施事句、关系句等，例如：

（20）下雨了！

（21）我向你道歉！

（22）古藤老树昏鸦，小桥流水人家。

汉语句子总是将要表达的话题放在句首来开始言说，形成了多种语义关系，不仅仅是施事—动作、受事—动作的关系。例如：

（23）桌子上放着一本书。（处所—动作）

（24）周一不上班。（时间—动作）

（25）泡脚治病。（方式—动作）

如果我们深入了解汉语的这些特点，就能按照汉语的结构特点引导学生关注汉语的表达方式，理解汉语的语义，从理解语义的角度避免偏误发生。

五、汉语是一种意合性语言

汉语的外在形式组合主要是靠内在语义联系来形成的，不一定有标志。比如"水草"是"水里的草"，可是"羊草"就是指"羊吃的草"，"龙须草"则是"像龙须的草"，"毒草"又是指"有毒性的草"，结构都是偏正，但是语义却复杂多变。形式不变，语义也有多种，比如"上课"可以理解为"老师讲课"，也可以理解为"学生听课"，意合性甚至消弭了肯定和否定形式上的对立，如"好容易—好不容易""在睡觉以前—在没有睡觉以前""他要进来—他非要进来"。这都说明汉语的组合不是形式组合而是意义组合。这种意合性体现出汉语的整体性、形象性思维特征。在教学中，我们要关注汉语的这一文化特点，研究语言点的语义特征、语义指向，将形式和意义相结合。

总之，只有对汉语的本体特征进行深入研究，才能更好地从语言本身了解偏误发生的机制，在教学中有针对性地提高学生的语言能力。

第三节　汉语偏误教学

通常，我们在收集偏误语料之后进行偏误分析，确定偏误，进行分类，然后进行偏误纠正。偏误纠正要遵循以下原则：

1.准确表达说话者的意思；

2.符合汉语语感和基本规则；

3.经济化原则，要最简化，尽量不改变原句结构；

4.考虑学生的接受程度和语言能力。

偏误发生的语言点就是我们的教学难点。由于我们对这些语言现象的认知停留在表层的语义关系上或者形式的规则上，没有充分揭示出语言现象的深层产生机制和语用规则，没有正确阐释出语言点的交际语境要求，再加上汉语本身的灵活性，以及形式上的丰富多变性，致使对偏误缺少针对性教学，教学误导时有发生。

我们主张运用三个平面的观点，即从语义、句法和语用三个角度考察偏误案例，运用话题研究的成果来解决语序、句子成分以及衔接表达等偏误问题。

那么，如何进行偏误教学呢？在教学实施中，我们要从以下几个方面来进行。

一、语义层面

语义表达到位是语言的基本交际功能，让学习者准确理解语义并能正确运用非常重要。可是，在交际中，学习者常常对很多词语或者句式结构的意义表达都是不够清晰的。比如我们在讲授"简直"或者"并"等词语的时候，常常告诉学生这是"强调"的意思，但没有说明什么时候强调、为什么强调这两个问题，所以学生常常会出现偏误，造出这样的句子：

（1）*我简直喜欢这个老师了。

（2）*我并不穿很厚的大衣。

这些偏误的发生在于讲解"强调"语义的时候没有充分说明"简直"的夸张义、"并"的反驳义。再如：

（3）*我情愿和他结婚，我们很幸福。

这里"情愿"的语义不仅仅是"很愿意"，而是"通常情况下不愿意的愿意"，如果没有解释这种语义背景，当然就会发生偏误了。

因此，我们在教学中，要注重语义背景的阐释，讲明白在什么样的背景下形成这种语义。

二、句法层面

1.说明句法使用的规则条件。偏误的发生常常是由于学习者不知道自己什么时候可以用、什么时候不可以用这种表达形式，因此在教学中首先要阐明语言点的使用规则。比如，"的""地""得"的使用。

2.关注句法规则使用的范围。学习者学习了一些表达方式后会进行类推，形成规则泛化的偏误。

（4）*我没有听听音乐。

（5）*我今天不泡泡脚。

这就是没有说明动词否定重叠的范围的偏误。只有疑问句和虚拟条件句可以重叠，陈述句不可以重叠。

3.注意汉语的语序和位置。语序本来就是汉语中表达语法关系和意义的重要手段，我们一定要让学生明白语序和位置，比如多项定语、多项状语、使用关联词的两个分句的主语位置的偏误非常多，这就是教学中的重点。错序也是偏误中的一大类，需要我们特别关注。

（6）*这到底是什么样一份工作呢？

（7）*她是我的老师，也同时是我最好的中国朋友。

（8）*我如果不喜欢看电影，就他也不喜欢。

4.了解通用规则之外的特殊性条件。很多规则的合法性在实际应用中会因语境或者演化、固定等原因发生变化。比如可以说"吃饱了饭"，但"吃胖了肉"就不可以了，因为在动补结构中，通常补语的语义指向施事者的时候是不能带宾语的，可是"吃饱了饭"具有固定性，就例外了。

三、语用层面

受文化等多种因素的影响，汉语语用规则非常重要，很多偏误都属于这类问题。

1.要注意语言结构中的深层含义和语用色彩。例如：

（9）*他动不动就考一百分。

（10）*公园里的花大的大，小的小，很美丽！

这就是没有说明句式的语用意义，表示否定性态度。"咱们走着瞧！""老师说他了。""你把话说清楚！"诸如此类句子的理解都是交际中的语用意义，而不是字面意义。

2.注意交际中语境、交际对象等因素本身具有的交际信息以及对于语言意义的制约。我们要培养学生的语言交际能力，必然要关注学生得体的语言表达，深入阐释语言的交际意义。比如询问年龄，"您高寿？"就只能问老人。

总之，汉语作为第二语言教学是一种语言实践能力的培养，我们充分、详细地展示语言规则，列出各种使用条件，标出语序位置，说明交际语境，让学生掌握结构形式所表达的交际意义以及语用特征，把理解和应用结合起来，才能减少偏误的发生。

在此，我们选取教学中常见部分偏误进行分析和研究，给出一定的教学建议，以便能够对教学有一定的指导作用。

思考和练习

1. 什么是偏误分析？偏误的来源有哪些？

2. 举例说明汉语习得偏误的不同类别。

3. 在教学中，应该注意汉语语法上的哪些特点？

4. 什么是语法中的文化因素？

5. 为什么说汉语是一种意合性语言？

6. 教学实施过程中，可从哪些方面入手进行偏误教学？请举例说明。

7. 结合本章的学习，说一说你对祖国通用语言的新认识。

上　篇

第一章　语音、汉字、语段和篇章偏误教学

【学习要点提示】

知识要点：掌握语音偏误、汉字偏误、语段和篇章偏误的基本理论和知识。

技能要点：能够分析语音偏误、汉字偏误、语段和篇章偏误，熟悉语音偏误、汉字偏误、语段和篇章偏误的教学建议并用于实践。

情感要点：通过偏误分析，更全面地感知现代汉语语音、汉字、语段和篇章等方面的特点，加深对祖国通用语言的了解，更好地传播祖国语言。

第一节　语音偏误

语音教学是对外汉语教学中非常重要的一个阶段。汉语作为二语习得者常见的语音偏误如下。

声　母

【典型偏误】

1.很多学生受母语如英语、韩语等的影响，发不好 z\c\s 和 zh\ch\sh\r。

2.分不清送气音与不送气音，如把"肚子"发成"兔子"，"他"发成"搭"；以法语为母语的学生的教学难点是 b–p\d–t\g–k\j–q。

3.因拼写形式相同而与母语发音混淆。

【教学建议】

1. 强调与学习者的母语不同之处。最好能进行语言对比或者根据教学经验，找出难点和重点，进行针对性教学。

2. 利用简明舌位图、形象动作等直观方法展示发音部位和方法，如吹纸法、咬牙签等。

韵　母

【典型偏误】

1. 单韵母的偏误主要是发音不到位，肌肉紧张度不够，发音位置不对，对学习者来说圆唇音 o、u、ü 最难，尤其是 ü，日、韩、欧、美学生都会有偏误，把"月饼"读成"卫兵"。

2. 儿化音的偏误主要是发音僵硬，将儿化音发成两个音节，如把"小孩儿"读成"xiǎo hái ér"。

3. 复韵母的偏误主要是开口度不够，用力过小，容易将 iu 和 ui 中间省略的 o 和 e 丢失，ou 和 uo 易混淆。

4. 前后鼻韵母区别不出来。

【教学建议】

1. 让学生感受发音部位的存在以及发音的差异，多听、多体会。

2. 依次发 ɑ、o、e、i、u、ü，让学生注意口型越来越小。

声　调

【典型偏误】

1. 上声偏误最多。发单音节时，欧美学生是阳平偏误多，日韩学生是阳平和上声偏误多；发双音节及以上词语时，上声连读变调偏误最高。

2. 声调不稳定，受前一音节影响较多。

3. 据研究，发生偏误的比率是双音节以上的词语＞句子＞单音节，语流变化中的声调类型学生也很难把握。

【教学建议】

1. 加强训练双音节以上的词语发音，让学生反复练习"有意思、有时候、有想法、很伤心"这几个上声连读短语。

2. 针对不同母语负迁移引发的问题，有针对性地进行纠正。

3. 将声调和语流结合在一起进行交际性操练。

第二节　汉字偏误

汉字是非汉字圈汉语二语学习者的难点之一。汉字书写和认读的偏误主要是笔画增减、错写以及部件错置。发生偏误的原因主要是汉字教学不够全面有效，无法让学生了解不同于母语的汉字文字体系，不明白汉字造字理据，对汉字结构特点缺乏认知，还有机械性操练不够充分，熟悉度不够。

【典型偏误】

1. 笔画增删错误。

2. 结构部件错位。

3. 笔顺混乱。

4. 相近字形混淆。

【教学建议】

1. 遵循认知规律，整体—部分—整体，引导学生观察和记忆。

2. 将音节、笔画、部件结合起来，结合结构特点进行教学。

3. 说明形声字声旁部件，利用联想进行区别。

4. 充分利用形近字形声特点进行针对性教学。

5. 分阶段进行分解和综合方式教学。

6. 认读和书写教学可分开进行。

7. 加强音、形、义的联系。

8. 加强操练。

第三节　语段和篇章偏误

汉语学习者常常能够正确地说出一个个单句，但是将这些句子连接成段就会发生很多偏误，这主要是存在衔接和连贯方面的问题。

【典型偏误】

1.句子前后连接不通顺。主要是关联词语的缺失、误用、多余、错序等，使表达的语义混乱。例如：

（1）＊如果你是我的老师，才会要我们做很多作业。（"如果……就……"的误用）

（2）＊为了今天天气热，所以我们去游泳。（"因为……所以……"的误用）

2.语句重复，结构松散。主要是省略的偏误，该省的不省，不该省的乱省，表达生硬，不会用替代的方法表述。省略不当，是语段和篇章表达中的主要偏误类型。例如：

（3）＊我来中国。我开始上课。我喜欢学校。（表达重复生硬，句子连接性不强）

（4）＊我问妈妈，妈妈不告诉我，妈妈不高兴，我很不高兴。（重复啰嗦）

3.语段中的句子意义不连贯，指代关系混乱，语义前后不一致等造成语段逻辑不清楚。例如：

（5）＊天气热了。春天热了。这里的春天和我们的春天不一样。有点儿不热。我喜欢的地方是北京，我在北京生活很好，有很多朋友。北京很漂亮。（语义凌乱，没有逻辑性）

【教学建议】

语段和篇章偏误的核心问题是表层的衔接形式和深层的语义连贯问题。因此，我们在教学时要关注衔接和连贯的偏误发生。

1.衔接方法的教学。

（1）语法方法：省略、前后照应、指代省略、句子顺序、句式运用、成分替代等。

（2）词汇方法：复现、前后词语的共现、词语的前后一致性、关联词、插入语、连词等词语的使用。

2.语义连贯的教学。

要让学生在成段表达中有内在语义连贯的逻辑性，也就是要有一定的排列顺序，明确句子之间的逻辑关系。

（1）时间顺序。

（2）空间顺序。

（3）自然发展顺序。

（4）文化心理顺序，比如社交中的长幼尊卑顺序等。

（5）句子之间的关系要明确。因果还是目的？假设还是让步？只有让学生明确了所要表达的句子之间的关系，才能进行语义连贯的成段表述。

3.篇章段落之间的逻辑顺序。

成段表达训练时要注意段落之间的逻辑顺序，否则就会导致篇章整体结构混乱。例如，我们可以先帮助学生根据总分、总分总或分总的逻辑进行文章的整体布局，然后根据时间、事态发展叙述事件，根据"点—线—面—整体"或"整体—面—线—点"描述事物等。

思考和练习

1.试根据声母教学建议设计 z c s 和 zh ch sh 的教学方案。

2.单韵母教学的顺序是怎样的？

3.汉语声调的教学建议有哪些？

4.请讨论讲解汉字时，应该注意哪些方面？

5.汉语初学者进行自我介绍时，会有"我叫安比。我来自西班牙。我喜欢音乐。我喜欢学习汉语。我在西安学习汉语。"这样的表达，如此表达的问题是什么？应该如何解决？

6.有人说汉语学习者能进行简单交际就行，不需要学习太多的规则，请结合汉语规范化谈一谈你对这一观点的看法。

7.结合本章的学习，说一说你对现代汉语的新认识。

第二章　词类偏误教学

【学习要点提示】

知识要点：掌握词类偏误的基本理论和知识，了解常见的词类偏误。

技能要点：能够分析词类偏误，熟悉教学难点建议并应用于词类教学实践。

情感要点：全面掌握汉语词类的特点，了解汉语表达的细腻性、准确性，从而加深对中国文化的理解。

第一节　名词偏误

名词习得难度不大，偏误发生频率不是很高，却也有一些因为对语法和语用特征没有掌握而导致的偏误发生。

【典型偏误案例】

（1）*我很高兴遇到了这么多的同学们和老师们。（宾语位置上的名词一般不加"们"，复数意义的数量词或修饰语一般不能用在带"们"的名词前）

（2）*他一个人地来了。（名词和数量词结合做状语表示动作方式时不带"地"）

（3）*他回到他的家庭了。（具体名词和抽象名词混淆）

（4）*我刚跟他说的事情，他不记得了。（时间名词必须和"就""才"共现）

（5）*你们不要进教室里。（误加方位名词"里"）

【教学建议】

1.注重相同语素、意义接近的词语辨析，如"后""之后""以后"的区分，减少名词误用。

　　2. 注意方位名词的教学。

　　3. 注意时间名词和时间副词的共现规律。

第二节　代词偏误

【典型偏误案例】

（1）＊您们是我的学生。（"您"通常不可以加"们"，表尊称）

（2）＊只要自己条件够，我们就会通过审核。（"自己"和"本人"的内指和外指的区别）

（3）＊他再粗心，就会被开除。（缺少指示代词表示状态的持续发展，改为："这么粗心"）

（4）＊你要买怎么样的书？（相近疑问代词"什么样"和"怎么样"误用）

（5）＊我来中国一次两年。（遗漏"每"）

（6）＊你一点钱，能干什么？（改为："你这么点钱"，修饰数量词的"这么"强调量"少"）

【教学建议】

　　1. 注意人称代词的区别，如"本人"和"自己"、"人家"和"别人"、"大家"和"大伙儿"等。

　　2. 加强代词活用的讲解。

　　3. "这""那"对于句子衔接和段落衔接都有很重要的功能，要注意指导学生使用。

　　4. 要讲明白"这么""那么"的使用条件，注意其强调语义的功能。

　　5. 要辨析"多么"和"这么"、"怎么样"和"什么样"、"怎么了"和"怎么样"、"几"和"多少"、"为什么"和"怎么"等。

　　6. 要注意疑问代词的非疑问用法，如反问、任指用法的讲解。

　　7. 注重特殊代词"每""各"的使用细则讲解。

第三节　数词和量词偏误

汉语的数词包括系数词、位数词和概数词，也可分为基数词和序数词，偏误多集中在概数词上。量词分为名量词和动量词。数词和量词形成数量词短语，使用频率很高。

【典型偏误案例】

（1）＊那个姑娘今年二十三多岁了。（"多"表概数时的位置的问题）

（2）＊我要重新开始一个新的生活。（不可数名词前不一定要加量词，或者加非个体量词）

（3）＊我喜欢这所书店。（误用量词）

（4）＊终于到了明天的下天，他来了。（改为第二天，不会使用序数词）

（5）＊今天的天气一点儿热。（"一点儿"和"有点儿"的混淆使用）

（6）＊你房间有什么些?（"些"的位置有误）

（7）＊我家里有一本本漫画书。（重叠式使用不当）

（8）＊个个女孩都很漂亮。（量词重叠要有整体性语境，否则就要改为"每个"，本句也可改为"女孩们个个都很漂亮"）

【教学建议】

1. 注意"二"与"两"的区别。

2. 详细讲解概数的不同位置和它前面数词的关系，结合学生偏误反复说明。

3. 注重量词和名词的搭配规则，让学生对量词有形象化认知，要反复记忆。

4. 强调指示代词在修饰名词的时候一般都要带量词。

5. 加强量词辨析教学，如集合量词"群""帮""伙""批"，动量词"次"和"遍""趟"、"顿"和"番"等。

6. 要注意讲解数量词的重叠的语义表达功能。

7. 注意区别量词重叠和代词"每"的使用。

第四节 动词偏误

动词量大，内部分类繁多，偏误较为复杂，主要是句法和语义层面的问题。

【典型偏误案例】

（1）＊冬天终于走了。（动词使用不当）

（2）＊他从小就喜欢看看电影。（经常性动作不用动词重叠式）

（3）＊明天我有上课。（误加动词"有"）

（4）＊玛丽结婚了杰克。（离合词的使用错误）

（5）＊请召唤他，今天不开会了。（"召唤"改为"通知"或者"告诉"，近义词错用）

（6）＊我男朋友喜欢我们结婚。（"喜欢"改为"希望"，词义混淆）

（7）＊他站了。（持续性动词不能单独带"了""过"成句，要有时量补语）

（8）＊我告诉给他这件事情。（误加"给"）

（9）＊我喜欢了中国。（心理动词误加动态助词"了"，有"了"通常要有时量补语，一般不加宾语）

【教学建议】

1. 动词释义要准确，可通过动作演示来说明区别，尽量不要用近义词阐释或者用母语来说明。

2. 动词讲解一定要说明具体的搭配范围、能否带宾语等语用条件。

3. 动词重叠表示不同语义时要分阶段讲解，多用语境教学，否则就会造成学生的困惑。

4. 对于动词小类别如关系动词、状态动词、动作动词、心理动词等的语法特征一定要用具体例句来说明，强调类别使用的限制条件。

5. 注意对"把"字句中常用动词的限定说明。

第五节　能愿动词偏误

能愿动词即助动词，从语义上可分为意愿、判断、可能、允许等几类。它身兼多类功能，这也是助动词偏误发生率较高的原因。

【典型偏误案例】

（1）*坐火车先买票。（遗漏助动词，表示必要性，要加"要""必须"等词）

（2）*我觉得帮助他。（语义不明，可加"应该"，也可替换"觉得"为"想""会"等词）

（3）*我不想去北京，一定想去西安。（"要"和"想"的混淆）

（4）*我长大了，会挣钱了。（"能"和"会"的混淆）

（5）*我努力学习，什么时候考上大学？（表示未来可能的语义，句子中要用"会"）

（6）*住在这里能够的时间两天。（"能够"的误用）

（7）*你穿这么少，能感冒的。（"能""应该"一般不用于消极情况的说明）

（8）*你听爸爸的话，非得被夸。（"得"表估计的时候，只用于消极情况）

【教学建议】

1.注意区分各个助动词的多义多功能性，比如"会""想""要"可以做动词。

2.注意区分各个助动词的语用条件、使用规则、意义差异等不同之处。

3.要分阶段教学，由"想"和"要"开始教，逐渐引入其他助动词。

4.根据学生的水平进行近义辨析，不可能一次性让学生完全明白其中的细微差异。因此，大量的练习是必不可少的。

5.结合语义表达，阐释语用条件和限制。

第六节　形容词偏误

形容词数量多，偏误类型复杂，在初、中、高级各个阶段都有。同义形容词误代偏误的发生率最高，遗漏也较为常见。

【典型偏误案例】

（1）＊我有多钱。（单纯表数量的形容词"多""少"都不能直接修饰名词）

（2）＊火车很长了。（不需要带"了"）

（3）＊这个地方风景优美，空气新新鲜鲜。（"新鲜"是不能重叠的双音节词）

（4）＊爸爸的血压没有妈妈低。（"没有"比较句中一般不用消极意义和量低类形容词）

（5）＊他慢走过来了。（单音节形容词用重叠或其他方式可以修饰原不可以修饰的动词或短语）

（6）＊他对我是客气态度。（大部分双音节形容词后面要带"的"，除非是一些固定短语或者非谓语形容词）

（7）＊我很害怕考试有难问题。（音节方面的限制）

（8）＊我们学校是大。（误加"是"）

（9）＊我们学校大。（单音形容词谓语前缺少程度副词）

（10）＊他个子长得很长。（形容词误用）

（11）＊在这个学校有聪明孩子很多。（形容词定语误做了谓语）

（12）＊他很好游泳。（错序）

（13）＊我每天早起来运动。（连谓句第一个动词被修饰要用"很 + 早"或者重叠式，不能单独使用）

【教学建议】

1. 关注区别词的使用。

2. 形容词词义辨析是非常重要的，要从语义、语用、语法方面进行全面辨析，如"热心""热情""亲热""热烈"等具有相同语素的词群。

3. 注意形容词重叠的形式和功用的讲解，结合语用讲解其使用规则和细则。

4. 常见单音节形容词如"早"和"晚"、"快"和"慢"、"多"和"少"的用法要讲清楚，尤其是在祈使句中的用法和重叠式的功用。

5. 注意"形容词＋一点儿"的教学。

6. 注意"的"的使用条件限制。

第七节 副词偏误

副词偏误的发生频率很高。程度副词遗漏发生得最多，主要是"很"的遗漏，以及比较句中"更"的遗漏，其次是"太"和"很""更""真""非常""最"等的误代。频率副词发生偏误较多的是错序，范围副词偏误较多的集中在"都"。时间副词主要是误代偏误。

【典型偏误案例】

（1）＊所有资料要登记。（"都"遗漏，"所有"和"都"要共现）

（2）＊只有凭身份证，能进去。（"只有……才……"，没有呼应词）

（3）＊北方的冬天比南方很冷。（比较句中的形容词不可以用"很"类程度副词修饰）

（4）＊他不特别认真。（"特别"只有在条件复句中才可以受"不"修饰）

（5）＊她失恋了，好像不大难过。（改为：不太难过。"不大"只能修饰褒义词语）

（6）＊我一直正在看书。（"正在、正"和"在"不同，不能受"一直"修饰）

（7）＊下午的考试没有难。（"没有"和"不"的混淆）

（8）＊那个老师好像年轻。（副词遗漏）

（9）＊你的文章给我稍微看。（缺少共现成分）

（10）＊他曾经没受到过大学教育。（误加"曾经"）

（11）＊他每天始终迟到上课。（"总是"和"始终"的混淆）

（12）＊他们再去那个饭店了。（"再"和"又"的混淆）

（13）＊你做事总是不很认真。（错序）

（14）＊他简直喜欢打篮球，每天都去。（缺少副词和语气词）

（15）＊领导很忙，可是还是自己去看望了那些员工。（"亲自"和"自己"的误代）

【教学建议】

1. 初级教学中副词是教学重点，在分别进行讲解后要及时归纳总结。

2. 要注意副词位置语序的问题。

3. 否定副词规则要细化，先讲"不"再讲"没"。

4. 副词辨析非常重要。可以从语义、语气、语法、语用等多方面入手，尽量归纳出规律性。

5. 注重副词的衔接性功能和共现性问题。

6. 要辨析"也"和"都"、"就"和"才"、"又""再""还"、"一直""从来""始终"等重点副词。

7. 要注意语境中副词应用的表达语气的交际需求，让学生理解副词使用的必要性。

第八节　介词偏误

介词大多从动词演变而来，与它所引介的词或短语构成介词短语，介绍跟动作行为、性质有关的时间、处所、范围、方式、对象等。因此，介词常常易与连词、动词的语法特征混淆，引发偏误。这类偏误的发生率很高，辨析难度较大。

【典型偏误案例】

（1）＊他叫学校评为优秀学生。（"叫"和"被"的混淆）

（2）＊我把票买得到。（可能补语不能用于"把"字句）

（3）＊这里的服务员对于顾客很热情。（"对于"引进对象不可以是人）

（4）＊明天我要向朋友过生日。（"给"误用为"向"）

（5）＊他每天给辅导老师学韩语，进步很快。（"跟"误用为"给"）

（6）＊我一直看书在房间。（介词短语错序）

（7）＊我爸爸学校工作。（遗漏介词"在"）

（8）＊在学校前边有一条河。（存现句通常处所词前不加"在"）

（9）＊我介绍给你我的国家。（"介绍给"后面通常为人）

（10）＊为了工作忙，他常常不能回家。（"因为"误用为"为了"）

【教学建议】

1. 辨析"被""让""给"和"叫"、"由"和"归"、"对""对于"和"关于"、"由于"和"由"的用法。

2. 注意辨析"给""向""对""跟"、"跟""和""同""与"、"朝""向""往"的用法。

3. 辨析介词"根据""按照""凭""靠""除了""除""除开""除去""为了""为"等的用法。

4. 介词有很多意义和用法，教学中要先说明其基本义，然后讲其引申义，强调独特用法，可以减少偏误。

5. 介词和后面的宾语以及相关动词有密切的语义、语法、语用关系，从这三方面入手辨析较为容易把握。

6. 分小类，结合偏误进行解释。

第九节　连词偏误

连词没有实在的语义，不容易释义，汉语学习者往往因为不清楚各连接成分之间的语义逻辑关系而出现大量的偏误。

【典型偏误案例】

（1）＊中午，我喝茶和吃饭。（"和"的用法错误）

（2）＊你要喝红茶或者绿茶？（"或者""还是"的混淆）

（3）＊我不明白这个字，不常用，所以忘了怎么写。（缺少连词"因为"）

（4）＊那些孩子一面跑，一面叫，出去了。（改为"连跑带叫"）

（5）＊不但我们参加，也他们参加。（错序）

【教学建议】

1. 初级教学重点在"和""还是""或者"等词上，不要用英文直译解释，否则会出现大量偏误。

2. 中级教学中，"而""于是""从而"等词比较容易混淆，要注意辨析。

3.注意句子之间的逻辑关系和对应连词的使用，以避免偏误。

4.关联词要放到语境中阐释说明。

第十节　助词偏误

助词一般不单独使用，且没有实在的意义，根据类型，有的容易掌握，有的比较困难，也是偏误出现较多的一类，尤其"着""了""过"是教学难点。

【典型偏误案例】

（1）*老时候，我回去那里住。（"时候"做中心语前面都要带"的"，除了"小"）

（2）*我看着书。（在陈述句中只有"着"是不能成句的，要有后面的接续句）

（3）*我买了书。（弱持续动词带"了"，一般不能带简单宾语，宾语前要有数量词或其他修饰成分，或者有后面的接续句）

（4）*小王一整天睡觉了。（有表示动作持续的时间状语时通常不用"了"）

（5）*他们没买东西了。（"没/没有"限制完成的动作不要加"了"）

（6）*你那里有几张票吗？（语气助词误加）

【教学建议】

1."的"的用法是一个难点，讲解时要从基本用法逐渐延伸到复杂用法。

2.必须了解用"了"的句子的语法、语义特征，简化使用的基本规则，以"完成"和"变化"为基本语义表达需求来进行讲解。

3.归纳出常用句型和句式来让学生练习。

思考和练习

1.举例说明时间名词和时间副词的共现情况。

2.如何讲解动作行为动词？

3.举例说明助动词的分类。

4.辨析副词"又""再""还"。

5.举例说明助词"的"的用法。

6.结合本章的学习，说一说你对汉语词类的新认识。

第三章　句子偏误教学

【学习要点提示】

知识要点：掌握句法成分偏误、句型偏误、句类偏误、句式偏误的基本理论和知识，了解常见的句子偏误。

技能要点：具备分析句法成分偏误、句型偏误、句类偏误、句式偏误的能力，内化教学建议，能够将偏误分析技能与教学建议用于句子教学的实践中。

情感要点：了解汉语句法成分、句型、句类、句式的独特之处，全面地认识汉语语言。

汉语作为第二语言教学是以培养学习者交际能力为目标的实践性语言教学，句子作为交际中的基本单位备受重视。很多教材的编写就是以句型体现语法规则为模式的。句子由主语、谓语、宾语、定语、状语、补语这些成分构成，所以我们要研究句子成分组合中出现的偏误；按照结构划分句型，我们要研究单句、复句的句型偏误；按照语气划分句子句类，我们要分析陈述句、疑问句、祈使句、感叹句的偏误；按照用法划分出句式，我们要探讨各类常见句式中出现的偏误。

第一节　句法成分偏误

语序和虚词是汉语表示语法关系的主要手段。由于汉语语法缺乏形态变化，句子成分组合主要依靠语序来成句，句子成分的位置相对来说就是固定的，如图

3-1 所示。

（定语）主语—（状语）谓语—（定语）宾语—（宾语）—（补语）—（宾语）

图 3-1　句子成分的位置

一、主语和谓语偏误

【典型偏误案例】

（1）*明天有很好看的电影。（主谓关系表达为欧化句式，不符合汉语表达习惯）

（2）*很难写中国字。（错序）

（3）*我想专心学问。（遗漏动词"研究"）

（4）*作业完了。（遗漏动词"做"）

（5）*他对我有爸爸的爱。（谓语形式有误，改为：他对我的爱就像爸爸对孩子一样。）

（6）*玛丽在我的前边，杰克在我的右边，阿里在我的后边。（不符合汉语的表达习惯，改为：我前边是玛丽，后边是阿里，右边是杰克。）

【教学建议】

1.汉语的主谓语不完全同于印欧语中的"NP（noun phrase 名词词组）+VP（verb phrase 动词词组）"，主谓成分与词类也不是一一对应的，施事与受事关系多样，因此会让学生感到迷惑。在教学中，要强调汉语的"话题—陈述"构成方式，让学生能够理解汉语的话题性语言特征，引入话题句的概念。也就是说，表达中动词、形容词等都可以作主语，因为这些是"话题"，后面是对话题的陈述，这样可以让学生的困惑迎刃而解。

2.在篇章教学中，让学生理解话题衔接方式，如：好的事情没有，坏的事情就多了。

3.让学生理解承前省略主语的句子连接表达方式，就是第一个句子有主语，后面同一个主语的句子可以省略。

二、定语和状语偏误

【典型偏误案例】

（7）*姐姐老师很好。（缺少"的"）

（8）*我现在和一个中国朋友名字叫小林一起打篮球。（定语错序）

（9）*我没有一个好办法解决难题。（定语错序）

（10）＊我来中国去年。（状语错序）

（11）＊常常我们总下课后去运动。（状语错序）

（12）＊我经常在英国开车，所以不习惯在中国开车。（处所状语和频率状语语序错误）

【教学建议】

1. 要给学生讲授定语和状语的位置，尤其是多项定语和状语的顺序。

2. 要讲清楚助词"的""地"的语用条件，它们什么时候用，什么时候不用。

三、宾语和补语偏误

【典型偏误案例】

（13）＊医生选择了我的药。（"介宾短语＋动词"误用为动宾结构，改为：医生为我选择了药。）

（14）＊他告诉一件事情。（双宾语遗漏间接宾语）

（15）＊我看他以后就问候他了。（"看"后面缺补语）

（16）＊他喝酒醉了。（缺少重动形式）

（17）＊他回去宿舍了。（趋向补语的处所宾语的位置要在"来""去"之前）

（18）＊这件事情已经在朋友间流传了。（缺少趋向补语）

（19）＊起来风了。（误加）

（20）＊我一年学过汉语。（时量补语错序）

（21）＊她看电影好几回笑了。（动量补语错序）

【教学建议】

1. 双宾语句子的偏误较多，对双宾语动词语义类型要分类：给予类、取得类、述说类，并加以说明，就可以避免相关偏误。

2. 明确那些需要借助介词引入宾语的动词的使用规则。

3. 补语教学中用对比法比较有补语和没有补语的句子，让学生理解补语的语义表达功能。

4. 补语应该分阶段教学，以分散难点。

5. 时量补语和动量补语是一个难点，偏误较多，要注意语序教学。

第二节　句型偏误

句型是句子的结构类型，是从结构角度归纳出来的，如表 3-1 所示。

表 3-1　句子结构分类表

句子	单句	主谓句	动词谓语句　形容词谓语句　名词谓语句 主谓谓语句
		非主谓句	无主句　独词句
	复句	联合复句	并列复句　顺承复句　解说复句　选择复句　递进复句
		偏正复句	转折复句　条件复句　假设复句　因果复句　目的复句
		紧缩复句	

一、单句偏误

【典型偏误案例】

（1）*在北京城里情况很热闹。（主谓谓语句结构错误）

（2）*东京是很贵的城市。（学生习惯用动词谓语句表达，而不会用形容词谓语句）

（3）*妈妈来了看我。（动态助词"了"语序错误）

（4）*我自行车上班。（连谓句缺动词）

（5）*他的话我吃惊了。（兼语句缺少使令动词"让"）

（6）*我男朋友对我好。（形容词谓语前要加程度副词，否则不能成句）

【教学建议】

1.注意学生的母语表达习惯和汉语的不同，针对性说明汉语成句模式。

2.明确说明每种句型的结构公式。

3.当形容词谓语前有"在""对"等介词及其宾语时，要有程度副词共现。

4.注意对各种句型中的否定形式的讲解。

二、复句偏误

复句的关键是关联词语，复句教学也是关联词语的教学。关联词语的语用条件各不相同，在教学中，首先是语义的关系阐释，其次是各种语义关系的辨析区别。

【**典型偏误案例**】

（7）*他因为病了，他所以没有来。（主语重复）

（8）*刚来中国的话，对生活很新鲜。（主语省略不当）

（9）*我去找他，在睡觉。（后一个主语不可省略）

（10）*谁不愿意，谁不用参加。（缺少关联副词"就"）

（11）*哪怕每天去上课，自己努力能学好。（让步关系表达错误，结果和条件的关系是违反常规的条件，前边分句应该是否定式）

（12）*他由于学习很认真，以致考了一百分。（语用意义不清楚，错用关联词）

【**教学建议**】

1.复句中的省略模式的讲解，一定要说明哪些成分可以省、哪些成分不能省。

2.注意关联词在句子中的位置教学。

3.前后分句的语义关系一定要明确，衔接和制约的关系要说明白，要强调假设、条件复句表示估计时后一分句常要有"会""能"等助动词。要强调让步关系（相背假设）和转折关系的区别。

4.紧缩复句可以用补足关联词的方式讲解。

5.学习成组关联词，一定要让学生成组记忆，不可忽略后面的呼应词。

6.关注关联词的语体色彩，哪些是口语用的，哪些是书面语用的。

7.关联词的语用意义要强调。

8.语义背景对于复句很重要，一定要有语义背景的说明才能较好地解释关联词语和复句的形成。

第三节　句类偏误

按照表达功能和语气，汉语句子可以划分为陈述句、疑问句、祈使句和感叹句这四种句类。它们的主要区别是语调不同，使用的语气助词不同，标点符号不同。同一个句子，用不同的语气助词或者用不用语气助词，意义都有很大的差别。对于汉语学习者来说，需要通过训练才能感知这种差异，因此，偏误出现也就不可避免了。

【典型偏误案例】

（1）*这几天我没有忙，看了一些书。（陈述句中否定词"没有"和"不"的误用）

（2）*我觉得他的病不很重的。（陈述句中确定语气用"的"）

（3）*你多少本书有？（疑问句中疑问词错序）

（4）*我们什么时候开始上课吗？（疑问句中疑问语气词误加）

（5）*请您接受我的爱吗？（祈使句错用疑问语气）

（6）*这里的天气那么好！（感叹句中副词误代）

【教学建议】

1.句类教学中，语气助词和疑问代词是重点内容。

2.陈述句教学中，要注意肯定句和否定句教学，尤其是"不"和"没有"的区别。

3.疑问句教学中，要对提问方式进行比较，对疑问语气进行辨别。

4.祈使句和感叹句教学要结合语境，在交际中学会使用不同的句式和语气来表达不同的功能。

第四节　句式偏误

汉语中有一些特殊的或者比较复杂的固定句式，是对外汉语教学中的难点所在，主要有"把"字句、"被"字句、"是"字句、"有"字句、"在"字句、连动句、兼语句、比较句、存现句以及"是……的""连……也/都……"这类固定句式。这些句式有其独特的语用条件和丰富的语义表达，出现偏误的频率较高，我们需要对此进行深入地研究。

【典型偏误案例】

（1）*房间被打扫干净了。（意义被动句不需要加"被"）

（2）*这里的饭比那里的饭不好吃。（比较句否定式错误）

（3）*你这么简单的题不会做，还要参加比赛吗？（"连"不可省略）

（4）*我把衣服洗。（"把"字句谓语动词后缺补语）

（5）*这几年中国经济有发展。（表示发生的"有"字句带宾语缺失修饰成分）

（6）*妹妹大学生，我也大学生。（缺失"是"）

【教学建议】

1.对各种句式的表达语境要有准确说明，即什么时候用这种句式，表达什么样的语气和语义，否则，就会出现大量回避现象，偏误也就难以发现了。

2.明确说明每种句式的结构公式和语用条件。

3.注意比较相类似的、容易混淆的句式。

4.注意各种句式的语体和感情色彩的表达，比如存现句常用于书面语，"被"字句多与消极义的动词搭配。

思考和练习

1.汉语表达语法关系的主要手段是什么？

2.请举例说明如何向学生介绍主谓关系。

3.结合所学知识，举例说明"的"的语用条件。

4.双宾语动词语义类型有哪些？请举例说明。

5.为什么句类教学中，语气助词和疑问代词是重点教学内容？

6.学习成组关联词时需要注意哪些问题？

7.结合本章的学习，说一说你对汉语句子的新认识。

下 篇

第四章 量词偏误分析与教学

【学习要点提示】

知识要点：掌握量词类型、使用语境、使用条件和规则等基本知识。熟悉量词偏误教学难点、量词教学建议，了解常见的量词偏误。

技能要点：具备分析量词偏误的能力，能够合理运用量词偏误分析方法与量词教学建议指导教学。

情感要点：了解汉语中不同量词的特色，掌握汉语量词渲染烘托、表达情感的作用，全面认识汉语的量词这一词类。

量词是表示计量单位的词，可以分为名量词和动量词两大类。量词作为现代汉语中一个十分重要且特殊的词类，在对外汉语教学中的地位十分重要。量词数量多，用法灵活多样，使用广泛，对汉语学习者来说是一个难点，学习者的量词使用偏误也较为普遍。

一、名量词

名量词表示人和事物的单位，与数词合成数量短语，常作定语。

（一）专用名量词

1.度量衡量词。

用于度量衡的计量单位。例如：

表示面积：亩、顷、公顷、平方米；

表示体积：立方米；

表示长度：分、寸、尺、丈、毫米、厘米、米、公里、海里；

表示重量：钱、两、克、千克、斤、公斤、吨；

表示容量：石（dàn）、斗、升、公升。

2. 个体量词。

置于表示个体事物的名词之前，不同类的名词搭配不同的量词，有个、块、条、间、架、只、枝、位、本、辆、句、段、篇、章、首等。例如：

一本书　　　一条毛巾　　　一篇文章

一只猫　　　一片树叶　　　一枝树杈

3. 集体量词。

置于由两个或两个以上个体组成的事物之前，包括对、双、套、群、帮、副、堆、批、伙、班、串、打（dá）等。例如：

一堆沙子 / 土　　　一双鞋子 / 袜子　　　一套茶杯 / 餐具

一帮匪徒 / 流氓　　　一伙强盗 / 土匪

4. 不定量词。

表示不定数量的量词，包括些、点等。例如：

一些水果　　　一点钱

（二）临时借用的名量词

1. 借自名词：从名词中借用来做量词，借用名量词可以分为两类，包括盆、盒、杯、碗、车、箱、桌和口、头、桌子、肚子、屋子等。

第一类借用名量词的性质和功能与专用个体量词相似，使用频率较高，可以重叠使用，也可以受"每""这""那"的修饰。例如：

一杯水　　　一杯杯水　　　每 / 这 / 那杯水

一碗饭　　　一碗碗饭　　　每 / 这 / 那碗饭

一盒牛奶　　　一盒盒牛奶　　　每 / 这 / 那盒牛奶

第二类使用频率较低，一般表示量词所指名词的量很多，可以将数词"一"换为"满"。例如：

一头白发　　　满头白发

一肚子坏水　　　满肚子坏水

一屋子人　　　满屋子人

2. 借自动词：从动词中借用来作量词，有捆、挑等。例如：

一捆柴火　　　一挑土

二、动量词

动量词表示动作行为的单位,与数词合成数量短语,常用作补语。

(一)专用动量词

专门用来表示动量的量词,包括回、次、遍、趟、阵、番、顿、遭、下等。例如:

去三回　　　跑三趟　　　打三下

(二)临时借用的动量词

1.借自名词:从名词中借用来做动量词,包括刀、枪、笔、天、小时等。例如:

砍两刀　　　画几笔　　　打三枪

2.借自动词:从动词中借用来作动量词,包括看、踢、摸等。例如:

看一看　　　踢一踢　　　摸一摸

第一节　量词偏误概述

一、量词使用语境

汉语量词种类繁多,使用范围广,具有渲染烘托、表达情感、表形、表动作等方面的作用,而且意义和情感作用的表达也极为细腻。在不同的语境中同一个量词所发挥的作用不尽相同,不同的量词在具体的语境中发挥的作用、表达的情感也不尽相同,这就要求量词的使用要与语境相符。汉语学习者在对汉语及中国文化了解程度较浅的情况下使用这类量词,往往会产生偏误。

【典型偏误案例】

(1)*个个女孩都很漂亮。(量词重叠要有整体性语境,否则就要改为"每个",或者"女孩们个个都很漂亮")

(2)*他送了老师一个水晶观音。(这里应该用"尊"而不用"个","观音"作为中国供奉信仰的神,"尊"这一量词可以表达出人们对"观音娘娘"的敬仰和爱戴)

(3)*一大伙高科技人才涌入西安。("伙"和"批"的情感意义混淆)

（4）＊从昏暗的街角走出来一批手持菜刀的混混。（"批"和"混混"情感义不一致）

（5）＊一帮热血爱国青年手举国旗，反对不平等条约的签订。（"帮"和"爱国青年"情感义不匹配）

例（3）、例（4）和例（5）是"群""帮""伙""批"混淆产生的偏误，这几个集合量词用于人时是近义词，都含有"众多人在一起"的意思，有时可以通用。但若仔细比较，就会发现存在差别。"群""批"多用于褒义，通常给人赞美、歌颂或持一般态度的感觉；"帮""伙"多用于贬义，通常会给人杂乱、无组织、否定的色彩感。

二、量词使用条件和规则

1.一部分单音节量词可以重叠，重叠后不能作补语，但可用作主语、谓语、定语和状语。例如：

（6）天天都是好心情。（作主语，表示"每天"）

（7）繁花朵朵。（作谓语，表示"多"）

（8）颗颗草莓红又甜。（作定语，表示"每一"）

（9）步步高升。（作状语，表示"逐一"）

一部分数量短语也可以重叠，组成"一AA"或者"一A一A"的形式，作主语，表示"每一"的意思；作定语，表示数量多；作状语，表示有序地进行。例如：

（10）宠物店新进了很多小兔子，一个一个都很可爱。（作主语）

（11）池子里一个一个可爱的小乌龟都在悠闲地散步。（作定语）

（12）小猴子们一个一个返回猴山。（作状语）

在这种数量短语的重叠形式中，可以省略后一个"一"，变成"一AA"的形式。例如：

一把一把　　一把把

一遍一遍　　一遍遍

2.量词不能单独作句法成分，例如在"来杯啤酒""来碗饭"中，"杯""碗"分别是"一杯""一碗"的省略形式。也就是说，只有数词是"一"的时候才可以省略。

3.汉语中的大部分名词是不能直接受指示代词修饰的，出于汉语量词使用的强制性，一般在指示代词和名词之间加入量词。在对句子中出现过的名词进行复指时，若复指的名词为单数，则用个体量词；若复指的名词是复数，则一般用"些"。

【典型偏误案例】

（13）＊一个民族的文化底蕴与那民族的历史是分不开的。

（14）＊通过对十个村镇的走访，这贫困户问题都是需要我们尽快解决的。

（15）＊近些年，这果农的水果主要通过网络渠道销售。

（16）＊最近半年里，我五次丢了我的耳机。

例（13）、例（14）和例（15）都是在"指示代词＋量词＋名词"结构中遗漏了量词。例（16）关系到动作受事的定指与通指。改为"最近半年里，我的耳机丢了五次"时，即受事名词是定指，特指"我的耳机"，其只能在句子前充当话题主语，不能在动词后充当宾语。改为"最近半年里，我丢了五次耳机"时，即受事名词通指，表示"耳机"这一类事物，可以充当宾语，动量词放在这类宾语前。

第二节　量词偏误教学难点

难点一：量词错序偏误

（一）数量短语在句子中的位置错误

【典型偏误案例】

（1）＊妈妈在超市买了新鲜的两筐橘子。

（2）＊我一下午看书。

（3）＊丽丽已经学习声乐半年，但是她唱歌还是五音不全。

例（1）是"数词＋名量词"作定语时的位置错误，应改为"两筐新鲜的橘子"。被修饰的名词前有好几个定语时，能够说明名词性质、特点的定语距离中心语最近，数量短语则要放置于这类定语前，离中心语远一些。例（2）和例（3）是表示时间的数量短语作补语时的位置错误，应改为"看了一下午书""学了半年声乐"。

（二）"些"的位置有误

【典型偏误案例】

（4）＊你的仓库有什么些？

例（4）应改为："你的仓库都有些什么？"量词要放在被限制的词之前。

难点二：量词的误用

（一）同音异形词的误用

【典型偏误案例】

（5）＊我买了一幅手套。

（6）＊马克在家门前种了一课树。

（7）＊我每周有十六结课。

例（5）"幅""副"混淆，例（6）"课""棵"混淆，例（7）"结""节"混淆。现代汉语中的量词十分丰富，用法复杂，学习者在遇到同音异形词如"副"与"幅"、"结"与"节"、"课""颗"与"棵"等时，更容易发生混淆。

（二）近义量词的误用

由于受到母语负迁移、目的语负迁移、跨文化意识等因素的影响，汉语学习者对一些近义量词经常难以区分。

【典型偏误案例】

（8）＊大宝有几口妹妹。

（9）＊前段时间，我去过一遍西安秦始皇陵兵马俑。

（10）＊这套裤子有点短。

例（8）应该用"个"，学习者误用为"口"。在现代汉语中，量词"口"可以用于人或者事物；"个"作为个体量词，可以表示单独的人或物，经常出现在没有专用量词的名词前。汉语学习者经常混淆"口"与"个"，出现偏误的概率很大。在现代汉语中，问"你家有几口人"，是说话人询问对话人家里面有多少家庭成员，如果具体到对话人的哥哥、妹妹、姐姐、弟弟的人数，则需要用"个"来表达。"个"与"口"是学习者早期最先涉及的量词，印象较为深刻，使用率也比较高，所以当涉及这两个量词时，学习者比较容易发生偏误。例（9）是学习者将"遍"与"次"的用法混淆了。二者虽然都可用来表示事物或动作出现的频率，但是"遍"指的是一个动作从开始到结尾的全过程，而"次"强调的是动作发生的数量，二者侧重点不同。例（10）是学习者对"套"与"条"的概念不清，没有将个体量词与集体量词区分开来。

（三）不定量词"点"和"些"

只有数词"一"可以与这两个不定量词结合，构成短语"一点（儿）""一些"。

1. "一些"的用法。

A. "一些"可以修饰名词，表示数量多。例如：

一些水果糖　　一些礼物

B. "一些"还可以放在形容词及部分表示行为、认知、心理活动的动词后，表示程度的增加或降低。例如：

（11）请把窗户开大一些。

（12）新疆的天黑得晚一些。

（13）天气太热了，要多喝一些温水。

2. "一点"的用法。

A. "一点"可以修饰名词，表示数量。例如：

（14）小兔子吃了一点樱桃。

B. "一点"还可以放在形容词及部分表示行为、认知、心理活动的动词后，表示程度的增加或降低。例如：

（15）把味道调淡一点。

（16）今年的夏天比去年热一点。

（17）你往前走一点。

3. "一些"和"一点"的辨析。

A. 二者都可以表示比较的含义，但是"一点"多用于口语。

B. 二者都可以被指示代词"这么""那么"修饰，"这么点""那么点"表示数量少，"这么些""那么些"表示数量多。

C. 在数量方面，"一些"比"一点"的数量要多。

D. "一些"可以和"好"搭配组成"好些"的形式，表示数量多，但是"一点"不可以与"好"组成数量短语。

4. "一点儿"和"有点儿"的辨析。

【典型偏误案例】

（18）＊我比妹妹有点儿高。

（19）＊她很开心一点儿。

二者都表示程度较轻，都有"略微"义，都能与形容词、动词连用，但是二者在与形容词、动词搭配时的语法结构、语义表达、语用环境上存在以下差异。

A. 二者与形容词、动词连用时所处的位置不同，分别是"形容词/动词＋一点儿"和"有点儿＋形容词/动词"。

B. "一点儿"表示不确定的数量或者很小、很少。

C. "有点儿"做副词表示略微，还可以作谓语，但是"一点儿"不可以。"有点儿 + 形容词 / 动词"往往用于表示对某种状态或情况不太满意。

D. "有点儿"可以称为"有一点儿"。

难点三：量词"个"的泛化

量词泛化即学习者在习得量词的过程中，在对量词掌握较少的情况下，为了保证交际过程中语法结构"数词 + 量词 + 名词"的完整性，根据自己已有的判断将一个或几个量词的使用范围扩大了。

【典型偏误案例】

（20）* 我想买一个报纸。

（21）* 他在第九号大街买了一个房子。

（22）* 请给我一个西红柿鸡蛋汤。

例（20）、例（21）、例（22）应该分别使用量词"份""套""碗"。"个"作为汉语学习者最先接触到的量词，其使用范围广泛，使用的次数较多，在学习初期被认为是一个万能量词，很多时候都会将"个"运用到交际过程中，这就造成量词"个"的泛化。

难点四：量词的误加

当学习者意识到汉语中量词的重要性时，会将"数词 + 量词 + 名词"规则过度泛化，将量词用在不需要使用的地方。汉语中部分时间名词、集合名词、抽象名词前是不需要加量词的。

【典型偏误案例】

（23）* 他到西安三个年了。

（24）* 我们学习一个好的道德。

汉语中的部分时间词"月""星期""小时"等，要用量词"个"来限制，但部分时间词兼作量词，不可以使用量词指称，如年、周、分、点、天等。例（23）中的"年"兼作量词，不需要用量词"个"。在汉语中并不是所有的名词前面都要加量词，如例（24）"道德"这样的抽象名词前不需要加量词。

难点五：量词的缺漏

（一）"指示代词＋量词＋名词"中量词的缺漏

【典型偏误案例】

（25）* 在我们国家，这礼仪是必不可少的。

（26）* 那罪犯都被警察带到了监狱关了起来。

指示代词在修饰名词时，大多数情况下都要带量词，例（25）遗漏量词"种"，例（26）遗漏量词"些"。

（二）生僻量词的遗漏

【典型偏误案例】

（27）* 他带着一眼镜。

（28）* 这里有一粮食。

在例（27）和例（28）中，"副"和"担"这两个量词对于部分初级学习者来说比较陌生，因为不知道怎样指称"眼镜"和"粮食"，也不知道用哪一个量词来表达名词的种类，学习者就可能会采用回避策略，放弃使用量词。

第三节　量词教学建议

针对量词的习得实际情况，教学者在教学中应注意以下问题：

1. 注意按照由易到难、由简到繁的原则，将量词与数词、名词等搭配起来进行练习，不仅要增加学习者对语法知识的理解，还要加强学习者的记忆。如注重量词和名词的搭配规则，让学生对量词有形象化认知，反复记忆；强调指示代词在修饰名词的时候一般都要带量词，构成"指示代词＋量词＋名词"的结构；让学生形成这样一种思维，即在多数情况下量词出现在数词后，与数词组成数量短语，组成"数词＋量词＋名词"的形式，作定语、状语、补语等。

2. 注意区别量词重叠和代词"每"的使用。讲解数量词重叠的语义表达功能。

3. 注意抓住量词教学的重难点，注重对近义量词的辨析区分，使学生明确相近量词的差别，加强对量词本体知识的掌握，降低目的语知识的负迁移，减少偏误发生的概率。如集合量词"群""帮""伙""批"，动量词"次"和"遍""趟"、"顿"和"番"等。

4. 注意量词的使用与语境的贴合，增加教学过程中对语用文化的普及。

5. 要对量词偏误有积极的态度，认识到量词偏误的发生是学习者习得量词的自然过程，从而鼓励学习者积极使用量词，在偏误中进行教学引导。

6. 要在交际表达过程中进行量词的积累，长期学习，形成使用量词的习惯和语感。

【教学示范案例】

在此，我们以初级阶段的量词"把"和"张"的教学示范为例提供教学思路，以供参考。

（一）导入环节

出示地图、椅子卡片，让学生进行辨认，引导学生说出量词。

教师：请看卡片上是什么？

学生：地图、椅子。

教师：非常棒！我们以前学习过"一口人""一支笔"，那么我们说"一什么地图 / 椅子"呢？（教师板书"一（　　　）地图""一（　　　）椅子"）

学生：一张地图、一把椅子。（学生无法回答时，由教师给出答案并板书）

教师：好厉害呀！都回答正确了，为什么这里要用"把"和"张"呢？我们一起找找原因吧！

（二）讲解环节

1. 教师首先展示地图、纸、桌子、床等物品的图片。

教师：同学们，大家认识这些物品吗？

学生：认识 / 不认识。

教师：（教师进行简单的认读）我们用"一 + 量词 + 物品"怎么说这些呢？

学生：一张地图 / 纸 / 桌子 / 床。（教师指板书示意）

教师：同学们非常棒！那么为什么会用"张"呢？我们一起来看，这些物品都有哪些一样的样子呢？

学生：都有四个角 / 都是展开的 / 都是平面……

教师：大家说得非常棒！也就是说，一般情况下，有四个直角的展开的平面物品要用量词"张"来描述。（教师带领学生一起朗读"一张地图 / 纸 / 桌子 / 床"）

2. 再展示刀、扇子、椅子等物品的图片。

教师：那么这些物品大家都认识吗？

学生：认识／不认识。

教师：（教师进行简单的认读）那么我们用"一＋量词＋物品"的形式怎么说呢？

学生：一把刀／扇子／椅子。（教师指板书示意）

教师：同学们非常棒！那么为什么会用"把"呢？我们一起来看，这些物品都有哪些特点呢？

学生：这些东西都是用手来抓握的。

教师：非常正确，这些物品都是要用手来抓握的。那么我们现在来看看"把"这个字的演变历史。（教师播放小视频）同学们看完小视频有什么感受呢？"把"字是不是和我们的"手"相关呢？

学生：是的。

教师：所以，"把"往往都是与用手抓握的动作相关，比如这里的刀、扇子、椅子等。（教师带领学生一起朗读"一把刀／扇子／椅子"）

（三）操练环节

1.教师将不同的物品卡片和量词卡片贴在黑板上，让学生进行对应连线练习，成功连线后大声读出短语或给学生分发不同的物品和量词卡片，教师喊"开始"，持对应量词和物品卡片的学生快速组团，然后读出短语，组团错误的学生受到相应惩罚。

2.利用卡片进行你抽我猜的游戏，将不同物品的卡片混合在一起，让学生两人为一组，一个人随机抽取卡片，另一个人说出"一＋量词＋物品"，抽卡片者与说话者依次轮换，正确率高的学生获胜，给予获胜的学生奖励。

3.让学生描述自己书桌上的物品，如"一本书"等。

思考和练习

1.量词重叠后可以作哪些句法成分？表达什么样的意义？请举例说明。

2.试辨析动量词"次""遍"和"趟"。

3.举例说明"一点儿"和"有点儿"的差异。

4.纠正下列偏误并说明原因。

（1）我读小学的时候，给你们写过几封信，我长大后从来连条句子也没有写过，真对不起。

（2）父母像一张镜子，孩子一生都要看，所以不用怪孩子的错误，而要看成自己的错误。

（3）我希望这位三个和尚快明白这些，三个人一起思考，一起想个办法，三个人都能喝水多好啊！

（4）我每天睡觉的时候做个噩梦。

（5）这食品都不使用化肥和农药，没有危害。

5.试设计量词"条"的教学方案。

6.量词是极具特色的汉语特有词类，结合本章的学习，说一说你对量词和量词教学的新认识。

第五章　能愿动词偏误分析与教学

【学习要点提示】

知识要点：掌握能愿动词的概念、使用语境、使用条件和规则等基本知识；了解常见的能愿动词偏误；熟悉能愿动词偏误教学难点、能愿动词教学建议。

技能要点：具备辨析能愿动词和分析能愿动词偏误的能力，能够合理运用能愿动词偏误分析方法与能愿动词教学建议指导教学。

情感要点：熟悉能愿动词全貌，更好地了解汉语这一词类的表达特点。

能愿动词又称为助动词。就语法而言，能愿动词位于句中动词或动词性成分之前，起辅助作用；就词义而言，能愿动词表示客观的可能性、必要性和主观的意愿，对句子的语气有修饰限定作用。"助动词"这一名称是从语法角度出发，而"能愿动词"这一名称是从词义角度出发，目前普遍采用这两种名称，其中助动词多用于语言本体研究领域，能愿动词多用于对外汉语研究领域。

在我们的日常交际中能愿动词使用广泛，其主要作用是表示客观的可能性、必要性和人的主观意愿。

第一节 能愿动词偏误概述

一、能愿动词使用语境

能愿动词是表示意愿、情理、可能性的一类特殊动词,一般放在动词前作状语,也可以作谓语或谓语中心,从语义上分为意愿、判断、可能、允许等几类,身兼多类功能。大多数能愿动词都具备多个义项,而不是仅仅表示一种含义,其否定形式具有不对称的特点,否定一个能愿动词要从意义上否定。具体如下:

1. 按照规章制度、法律、情理等说明或者要做某个动作,谓语动词前要用"要""必须""应该"之类的能愿动词。

2. 估计、预测、推理、判断可能会发生的结果时,语气肯定或者较为肯定,一般要在谓语前用"要""能""会"之类的能愿动词。

3. 说明某种结果在某个条件、要求下才会实现时,要用"可以""能"之类的能愿动词。例如:

(1)病人应该吃清淡的食物。(表示建议)

(2)考试要带准考证。(表示必要性)

(3)我不愿意参加比赛。(表示意愿)

(4)他可能去医院了。(表示推测)

(5)进入图书馆可以带水。(表示许可)

语义的复杂性是能愿动词发生偏误的关键原因。

【典型偏误案例】

(6)*汉字那么难,我不学习汉语。(遗漏助动词,表示否定的意愿,要加"想""愿意"等词)

(7)*我觉得帮助他。(语义不明,可加"应该",也可替换"觉得"为"想""会"等词)

(8)*我这个月没有空,不可以来上海。("可以"表示具备某种客观条件,其否定形式应该是"不能"/"不会",此句中应该用"不能")

（9）*因为这个是我的兴趣，我要想提高口语能力。（助动词的语序错误，应该是"我想要提高口语能力"）

（10）*你天天这么熬夜，能生病的。（"能""应该"一般不用于消极情况的说明）

（11）*你这么能干，非得被表扬。（"得"表估计只用于消极情况）

二、能愿动词使用条件

能愿动词的使用有一定的限制条件：

1. 表示主观意愿的动词如"希望""盼望"等一般不能和"要""想"表意愿的词同时出现在一个单句中，但是可以用"能"等助动词。

2. 表意志力强的动词短语如"有决心""有信心"之类的一般不能跟助动词"能"同时出现在一个单句中。表估计的动词"觉得""认为""想"等可以用"能"。

3. 助动词"能"和"可以"不可以连用。

4. 表估计时，"应该"和"能"一般不用在消极方面。

三、能愿动词使用规则

在与其他词类组合构成句子时，或者在特殊句式中，我们能够进一步发现能愿动词的使用规则，特别要注意以下几点使用规则：

1. 能愿动词不用在名词前面，只能用在形容词、动词、动词短语等的前面，构成"主语＋能愿动词＋动词／形容词／动词短语／形容词短语／主谓短语"结构。

2. 能愿动词一般放在描写类状语以及"给""向""跟"等介词前面，构成"主语＋能愿动词＋描写类状语／介词短语状语＋动作"结构。

3. 少数能愿动词可以在前面加上程度副词"很"增强语气，如在想、愿意、可能、能、会等的前面加"很"。

4. 少数能愿动词能在前面加上"没（没有）"表示否定，说明过去的某个动作或某件事未完成。例如：

昨天下雨，我们没能去踢足球。

大部分能愿动词都能在前面直接加上"不"表示否定。例如：

我对海鲜过敏，不能吃虾。

5. 句中既有能愿动词状语又有其他状语，其他状语成分不能随意变换位置，否则会导致语义变化。

6. 能愿动词不能带"着""了""过"等动态助词。

7. 能愿动词不能带数量补语。

8. 在"把"字句和"被"字句中，能愿动词一定要放在"把"和"被"的前面，构成"主语+能愿动词+把/被+N/NP+动作"结构。

9. 部分能愿动词可构成"不×不"双重否定，语气强烈。例如：

他不会不成功。

10. 大部分能愿动词都可以用"肯定+否定"的形式表示疑问。例如：

明天会不会下雨？

11. 大部分能愿动词在答话时可以单独使用来应答。例如：

"你敢不敢看恐怖片？""敢。"

12. 部分能愿动词可以叠加连用。例如：

妹妹应该愿意学跳舞。

13. 能愿动词不能重叠使用，不能说"要要""能能""愿意愿意"。

【典型偏误案例】

（12）*他能自己作业。（能愿动词不能用在名词的前面）

（13）*阿里把这首诗能学会。（能愿动词一定要放在"把"字句和"被"字句前面）

（14）*小明仔细地会看这本书。（能愿动词要放在描写类状语前面，应改为"小明会仔细地看这本书"）

（15）*他可能今天会来。（能愿动词的连用，表示一种可能性，"他今天可能会来"）

（16）*我今天没想喝咖啡。（能愿动词的否定形式，表示主观意愿时一般用"不"来进行否定）

（17）*他没会说汉语。（只有"想""能""能够""要""肯""敢"可以用"没"和"不"否定，其他能愿动词只能用"不"否定）

（18）*他不能写作业。/*他能不写作业。（句子本身无误，要注意能愿动词状语成分位置问题，一旦变换位置，整个句子所要表达的语义就会变，要根据上下文的意思来选择正确的句子）

（19）*他会听着你的话。（能愿动词不能带"着""了""过"等动态助词）

（20）*我应该来中国三个月。（能愿动词不能带数量补语）

（21）*他想想明天去逛街。（能愿动词不能重复使用）

（22）＊你能把书借给我？（在是非问句里，能愿动词可以用"V 不 V"的格式来进行提问，应改为："你能不能把书借给我？"）

第二节　能愿动词偏误教学难点

难点一：能愿动词后接动宾短语时动词的缺失

（1）＊我想一名老师。

（2）＊我要中国的饮食文化。

（3）＊我们可能好朋友。

这类偏误是误将能愿动词当作一般动词，在其后直接加名词性宾语，导致句子中作动语的动词缺失，出现偏误。例（1）缺失动词"当"，例（2）缺失动词"学习"，例（3）缺失动词"成为"。以上偏误是典型的动宾短语中动词的缺失，这一现象在初级学习者中尤为明显。学生在最初开始学习能愿动词时，往往会不适当地夸大它的表意功能。一般来说"能愿动词＋动宾短语"表示的是有意向做某事，而学习者有可能会把能愿动词本身的意义泛化了，认为能愿动词的意义就是"有意向做"，因此在造句时往往会造出"能愿动词＋名词"这样的偏误句子。

难点二：能愿动词的位置错误

（4）＊他一放假就回家，要他看望他的家人。

（5）＊以后他当想一名汉语老师。

（6）＊我来西安因为我和她想在一起。

（7）＊我们可以应该去看望他。

（8）＊（学生说课堂管理规则）我们应该不说话。

例（4）"要"和主语"他"错序。例（5）"想"和谓语核心"当"错序。例（6）能愿动词"想"和介词短语状语"和她"错序，此句中学习者想要表达的意思是"我想和她在一起"，"和"是介词而非"连词"。例（7）是多个能愿动词连用偏误。例（8）在语境中正确的表达是"不应该说话"，否定副词"不"和能愿动词语序错误。

能愿动词错序偏误中比较常见的是能愿动词与主语、谓语核心、介词短语状语之间的位置颠倒。此外，能愿动词连用以及能愿动词与否定副词的语序错误产生语义不明的现象也比较常见。学习者学习时往往是知道一些语法规则的，但没有应用到实际的交际中。

难点三：词义冗余

（9）*他激动的心情无法能用语言表达。

（10）*他不但会说汉语说得很流利，而且还知道很多成语。

例（9）能愿动词"能"多余，例（10）能愿动词"会"多余。词义的冗余现象一般在学习者刚刚学习能愿动词时产生得最为频繁，学习者刚学到了一个新的知识点，造句时就想运用所学的这一个知识点，但是他们往往会忽略句子本身不需要用能愿动词这一问题，而把能愿动词的用法过度泛化，把本来不需要能愿动词的句子强行加上能愿动词，因此产生偏误。

难点四：与语境不符

（11）*我们要帮他实现了他的梦想。

（12）*经过一年的学习，我能考过了 HSK 三级。

这一类偏误主要是由学习者所使用的能愿动词与造句的语境相矛盾导致的。例（11）"我们要帮他"是对未然事情的说明，"他实现了"是已然发生的状态，语义出现矛盾。例（12）中，"我能考过"表示的是对将要发生的事情的一个推测，并期望有一个好的结果，但考试这件事情还没有发生；而"考过了"则是表示一种完成的状态，表示考试这件事情已结束并产生了好的结果，这两种状态矛盾，学习者在造句时应根据语境来选择符合语义的句子。

难点五：近义能愿动词辨析

由于能愿动词本身义项的复杂性，学习者在学习时很容易产生混淆，不知道在句子里用哪一个更准确，这一现象在初级、中级和高级的学习者中都普遍存在。在此，我们对常见的易出现混淆偏误的近义能愿动词进行辨析。

（一）"能"和"会"

1. 在表示能力方面，"能"表示多种能力，需要根据上下文确定其意义；"会"只表示后天习得的能力，单一且确定。例如：

（13）我会弹钢琴。

（14）我的腿好了，能走路了。

2.“能”不能表示客观规律的可能性，但“会”可以。例如：

（15）冬天会下雪。

（16）*冬天能下雪。

（17）淋雨会让人感冒的。

（18）*淋雨能让人感冒的。

3.“能”可以表示有把握完成或实现某事，但“会”没有。例如：

（19）我这次考试能通过。（有通过的把握）

（20）我这次考试会通过的。（没有必然通过的把握）

4.“能”可以表示做某事的效率或极限，但“会”没有。例如：

（21）我能喝一斤白酒。

（22）*我会喝一斤白酒。

（23）我一分钟能做 50 个仰卧起坐。

（24）*我一分钟会做 50 个仰卧起坐。

5.“能”倾向表示动作的结果，有量的衡量；“会”倾向表示动作的过程，强调技巧性。例如：

（25）她很能吃螃蟹。（吃得多）

（26）她不仅会吃螃蟹，也很会做螃蟹。（吃、做的技巧强于一般人）

6.表可能时，“会”可以表积极义也可以表消极义，但“能”只能用于积极的可能。例如：

（27）没想到他也会生病。*没想到他也能生病。

（28）我相信你会（能）好起来的。

7.“会”可以用在心理动词作谓语的陈述句中表示可能，“能”不行，但改成疑问句就可以用“能”了。例如：

（29）她会（*能）喜欢这本书的。（她能喜欢这本书吗？）

（二）“能”和“可以”

1.表示能力。

A.“能”可以表示擅长做某事，前面常带“很”，不带“可以”。例如：

（30）她很能吃辣。

（31）*她很可以吃辣。

B.“能”可以表示后天经过学习具有的某种能力，但“可以”不行。例如：

（32）我能用萝卜雕花，还能在米上刻字。

（33）我可以用萝卜雕花，还可以在米上刻字。（"可以"没有强调经过后天学习才具备能力的意义，仅表示客观陈述）

2. 表示可能性。

A. 表示推测性、估计性可能，一般用"能"，不用"可以"。例如：

（34）明天雨大概能（＊可以）停。

（35）你认真锻炼，总能（＊可以）恢复到以前那样。

B. 在根据客观事实进行主观判断、推理等语义表达中，肯定句一般用"可以"，否定句一般用"不能"。例如：

（36）从这些材料可以判断，他不是罪犯。

（37）从这些材料不能判定，他是罪犯。

3. 选择性语义用"可以"。例如：

（38）来这里你可以坐车，可以骑车。

4. "能"常用于反问句，表示许可、可能。"可以"很少用于反问句，用了也是表质问中的许可。例如：

（39）这事你能不知道？

（40）你是老师，就可以（能）这样打学生吗？

（三）"想"和"要"

1. "要"的语气更强，"想"更加委婉客气。当表示强烈的主观意愿时一般都用"要"不用"想"，因此，"想"可以受"很""非常""特别"等程度副词修饰。例如：

（41）我们一定要赢。

（42）＊我们一定想赢。

（43）妈妈，我要买件新衣服。（语气强硬）

（44）妈妈，我想买件新衣服。（语气委婉）

（45）我很想去西安旅游。

（46）＊我很要去西安旅游。

（47）他今天特别想吃火锅。

（48）＊他今天特别要吃火锅。

2. "想"前面可以加"别"，一般不用在"打算"后面。例如：

（49）写完作业之前别想出去玩。

（50）＊写完作业之前别要出去玩。

（四）"要"和"应该"

1. "要"的语气更强，除了表示建议外还用于命令或吩咐。"应该"语气较弱，倾向于建议，不一定照办。例如：

（51）明天八点要到学校。（语气强）

（52）明天八点应该到学校。（语气弱）

2. "要"前面可以加"一定""可"，但"应该"不能。例如：

（53）你一定要好好学习。

（54）＊你一定应该好好学习。

（55）你可要好好学习。

（56）＊你可应该好好学习。

3. 在否定句中，"要"修饰没有发生的事，"应该"修饰已经发生的事。例如：

（57）你不要告诉其他人。（未发生）

（58）你不应该告诉其他人。（已发生）

（五）"肯"和"愿意"

1. "肯"后面所跟的动词或动词性成分一般都需要动作发出者付出某些东西，而"愿意"后面可能是付出也可能是得到。例如：

（59）我愿意做白日梦。

（60）＊我肯做白日梦。

2. "肯"一般不用于第一人称，但"愿意"可以。例如：

（61）我愿意答应你的要求。

（62）＊我肯答应你的要求。

（六）"可能"和"应该"

1. "可能"表示的可能性较弱，不一定有客观依据，"应该"表示的可能性一般都是基于一定客观依据推测而来的。例如：

（63）他这次考试可能会进步。（推测，不一定有依据）

（64）他这次考试应该会进步。（有依据的推测）

2. "可能"可以表示对某事原因猜测性的推测，"应该"一般表示接近事实的估计，很少表示猜测性的推测。例如：

（65）她没来上课，可能是生病了。（猜测性推测）

（66）她没来上课，应该是生病了。（确定性说明）

3．"可能"前面可以加上程度副词"很"表示推测，这时语气较强，但"应该"不能。例如：

（67）第一次吃鱼，很可能被刺扎到。

（68）*第一次吃鱼，很应该被刺扎到。

（69）明天很可能要下雨。

（70）*明天很应该要下雨。

（七）"应该""该"和"应"

1．"应该""该"可以单独回答问题，多用于口语中。"应"不可以，多用于书面语中。

2．"该"可以用于假设复句的后一个分句，而"应该""应"不可以。例如：

（71）你如果回去太晚，你妈又该担心你了。

（72）*要是你能来看我，应该多好啊！

第三节　能愿动词教学建议

能愿动词的教学应该注意以下几个方面的问题：

1．遵循能愿动词的前后承接关系，逐步引入新词，而不是一下子展示好几个近义词，从而引发混淆。

2．有关能愿动词的教学量应充足，避免一带而过，不予以重视。备课要全面，要涉及教学内容的所有问题，并给出解决方案，以防止课堂上出现毫无准备的意外，影响教学效果。对外汉语相关语法文献中大都提到能愿动词，但有关能愿动词义项分析、词义辨析以及偏误研究的内容既不统一又不全面，很多语法文献都是从汉语语言本体角度对能愿动词进行分析说明，对于在对外汉语教学中应如何进行教学却很少有针对性的指导，因此在设计教学内容时不能一味照搬教材教辅进行填鸭式教学，要以相关文献为基础，从对外汉语教学角度出发，根据学生个体因素，以学生水平为参照进行教学设计，不依赖于课本或语法讲义，灵活把控教学内容。

3．教师教学时对概念性的知识讲解要做到简洁精炼、直接易懂，不要局限于语法理论的解释和句法结构公式的限定，应着重于对能愿动词意义用法、使用规律的教学，使学生在了解能愿动词不同义项的基础上，区分同一能愿动词的不同义项和不同能愿动词的相近义项，进而掌握其使用规律。此外，教师的授课进度要灵活掌握。对于学生接受快、义项较少的能愿动词可以超前教学，一次性说明能愿动词的多个义项，让学生体会对比句意的差别，从而掌握能愿动词的完整用法。对于义项较多且较为复杂的能愿动词，必须分次逐步进行讲解，避免学生对能愿动词的多个义项产生混淆。

【教学示范案例】

（一）导入环节

1. 能愿动词大都具有多个义项，但在教学时往往不可能一次将所有义项全部教给学生，而是分次逐步进行教学。因此，在能愿动词教学导入时，可以先复习能愿动词的已学义项，在巩固已学内容的基础上引入新的义项教学，进而扩充原有的知识框架，最终形成完整的体系。例如，在教"想"时，学习者最先了解到的是其表示意愿的这一义项，如：我想吃火锅。然后引出推测这一义项，并通过例句展示用法，如：我想妈妈不会生气的。

2. 在最初学习能愿动词时，教师要从"想"和"要"两个最常用的能愿动词的常用义项开始教学，此时要注意区分"想"和"要"之间的差异性。在导入"想"和"要"时可以从最常用的交际开始，例如：教师走进教室，然后说："今天我想吃蛋糕，所以我想去超市买蛋糕。"让学生来体会一下这个例句，教师接着说："为了能过 HSK 四级，我要努力学习。"把这两个例句放到一起，让学生体会这两句话有什么不同，从而引入要讲授的知识点，表示意愿的"想"和"要"在程度上的不同。

3. 在中、高级阶段可以直接从学生偏误案例入手进行讲解。

（二）讲解环节

1. 初级阶段。

（1）以"想"和"要"为例。

步骤 1：教师先在白板上展示 PPT 图片，然后结合 PPT 图片给学生展示相应的语料，教师朗读：小红今年刚来到中国学习，很开心。在去学校的路上看到有人在吃蛋糕，她也想吃，她想下了课去超市买一个蛋糕。到学校后老师告诉她，HSK 考试的成绩下来了，她没有通过，小红很伤心，但是她还是鼓励自己："我一定要通过 HSK 考试，我要努力学习。"经过一段时间的努力，小红终于考过了

HSK4 级，她非常高兴。

步骤 2：播放第一张 PPT，"想"在表示"意愿"时，强调的只是心理层面的一种想法而已，并不一定会付诸行动。例如：小红可能并不会下课真的去超市买蛋糕，它的否定形式为"不想"。播放第二张 PPT，"要"在表示"意愿"时，有一种态度坚决的意味，强调决心行动，"要努力学习"表示出小红学习的决心，它的否定形式较多，有"不要""不想"等。要注意学生对于否定形式的运用，应该是"不想""不要"，要避免学生造出"我想不去超市"这样的句子。

步骤 3：可以让学生复述内容，也可以让学生两人一组，进行角色扮演，用"想""要"进行表达。

（2）以"可能"为例。

步骤 1：通过例句来进行展示，教师朗读 PPT 上给出的例句，学生进行跟读和模仿。

我可能感冒了，我有点不舒服。

我觉得你可以问一下大卫，他可能知道。

现在才八点，小明不可能起床的。

他可能知道这件事吗？

步骤 2：教师讲解"可能"在表示肯定意义时是有这种"可能性"，而在否定意义时通常要加"不"，来表示"没有可能性"，用疑问语气时，往往是表示说话人对所存在的"可能性"不确定，经常会在句子的末尾加"吗"。讲解完后，学生进行句式的变换练习。

他可能去超市了。——（否定）他不可能去超市。——（疑问）他可能去超市了吗？

他不可能今天来。

他可能喜欢我吗？

2. 中级阶段。

（1）以"可以"和"能"的否定和疑问形式为例。

步骤 1：例句展示，教师通过展示例句和图片让学生了解"可以""能"的否定和疑问形式。

他没有钱，不能结婚。　　　　　　　（不可以结婚 ×）

两天之内能不能完成作业？　　　　　（可不可以 ×）

请把橡皮借我用一下，可以吗？　　　（能吗 ×）

我能不能在这儿吸烟？　我可以不可以（可不可以）在这儿吸烟？　√

请问，这儿能不能坐？　可以。　　　　　　（能 ×）

步骤 2：讲解例句展示完后，教师逐一进行讲解，"可以"的否定形式是"不可以"，疑问形式是"可以吗 / 可以不可以 / 可不可以"；"能"的否定形式是"不能"，疑问形式是"能吗 / 能不能"。这二者在使用时是交错的，若表示的是一种主客观条件或者情理上的准许，在否定句中只能用"不能"。在疑问句里，"可不可以"表示的是一种请求的许可，而"能不能"则是表示对对方能力的询问。因此，询问别人完成作业的情况用"能不能"而不用"可不可以"。在附加句或者单独进行回答时，一般用"可以"而不用"能"，教师可利用图片讲解，帮助学生更好地理解句意。

（2）以"应该"和"该"的教学设计为例。

步骤 1：对比讲解 "应该"和"该"在表示"理应"之义时是可以换用的，因此教师可以利用例句来进行解释。

你应该起床去学校了。　你该起床去学校了。

我应该好好听课。　　我该好好听课。

步骤 2：讲解完两个相同的义项之后，再讲解二者不一样的地方，如在表示"估计"之义时，有时候可以换用，有时候则不能换用，并通过例句来进行解释。

A：八点了，他应该下班了。

　　八点了，他该下班了。

B：今天再迟到的话老师该批评你了。

　＊今天再迟到的话老师应该批评你了。

C：我又该迟到了。

　＊我又应该迟到了。

D：如果他能来参加这次聚会，该多好啊。

　＊如果他能来参加这次聚会，应该多好啊。

通过例句和图片让学生了解到，若表示假设并且是不好的情况，一般使用"该"，"应该"不能够用在后面的分句里；若为了强调或者为了加强语气，也是用"该"，且"该"的前面可以加"又"，而"应该"不可以。

步骤 3：讲解完两者的不同之后，再给学生拓展"应该"和"该"的否定形式"不应该"和"不该"，一定要强调"不"要在前面，如果"不"放在"应该"或者"该"的后面则表示的不是否定的意义而是一种猜测的语气，如"你应该不会抽烟吧"

和"你不应该抽烟"意义不同。

3. 高级阶段。

以"要"的不同义项为例。

步骤1：讲解"要"的不同义项并附上相应的例句。

（1）表示"可能"的义项。

今天的会要开三个小时。

在表示"可能"的时候，它的否定形式为"不可能"或"不会"。例如：

会议要开三个小时。——会议不会开三个小时 / 会议不可能开三个小时。

（2）表示"理应"的义项。

你要好好学习。

我们要节约用水。

这时，它的否定形式是"不用"或者"不要"，"不用"一般表示"不需要"或"没必要"，"不要"一般是禁止或者劝诫的情况居多。例如：

他要坐很久的车。——他不用坐很久的车。

不要在教室大声喧哗。

不要浪费食物。

步骤2：讲解完两种否定形式后，教师要加强对"要"的否定形式的练习，最好让学生进行肯定和否定的变换，或者进行对话练习，加强学生对"要"的各个义项及其否定形式的理解和运用。

（三）操练环节

练习的内容和练习的量要使学生能充分操练到所要掌握到的相关知识，除了课后的作业练习，还可以进行课前测试来了解学生对已学能愿动词的掌握程度，课上多进行相应的课堂练习，特别是有关能愿动词多个义项和能愿动词相近义项的练习，使学生通过练习充分理解能愿动词的词义与用法。具体操练方法如：展示图片，根据图片内容引导学习者使用能愿动词造句；展示同一能愿动词不同义项下的例句，请学生回答句中能愿动词表达的意义；指定能愿动词某个义项进行造句，熟悉其用法；展示相近义项的能愿动词例句，提问学习者句中能愿动词分别表达的意义；通过选词填空的方式对有相近义项的易混淆能愿动词进行辨析；给出情景会话例句，请学习者根据例句及其情景补充会话，完成交际。

1. 初级阶段。

（1）以"想"和"要"为例。

A. 句式转换。

教师在 PPT 上展示相应的图片和句子，学生分组对图片的句子进行肯定、否定和疑问句式的转换。例如：

我想去买饮料。——我不想去买饮料。——你想去买饮料吗？

在进行句式的转换后，组内的同学将其编成一段小对话进行操练。

B. 情景对话。

教师在 PPT 上展示连续的几张图片，然后设置一个情景对话，在初级阶段学生造出完整的句子比较困难，教师可以适当地给出相应的提示，主要目的就是能让学生根据语境造出合适的句子。例如小明和小红在图书馆的对话。

小明：你怎么这么早就来了？

小红：我_____早点来学习。我的 HSK 考试没有通过。

小明：啊，那太遗憾了。你_____借书回去吗？

小红：是的，我_____借两本关于考试的书，以后我一定_____努力学习。

通过情境练习加深学习者的理解，然后学习者也可以自己创设一个情景进行对话。

（2）以"可能"为例。

句式转换。教师通过给出的例句引导学生进行句式变换，先由教师给出句子，学生转换，当学生了解了规则以后，再两个人一组进行转换练习。

他可能生病了。——他不可能生病。——他可能生病了吗？

会话练习：

A：八点了，大卫怎么还没起床？

B：昨天晚上有球赛，_____，所以没起来。

A：都十分钟了，还没有走过去，怎么回事？

B：前面有好多车，_____，我们等一等吧。

A：你什么时候去中国？

B：可能八月份，_____九月份，还不确定。

根据提示和语境造句。

提示词：感冒了　没吃早饭　路上堵车　不在家

教师可以先根据语境来引导学生，补全相应的句子，然后再让学生自己造句。例如：教师引导学生，创设一个语境，小明今天来上课的时候觉得头疼，他可能是_____。让学生根据语境能够想到感冒了，然后补全对话。当学生知道规则以后，可以让他们自己创设语境，用老师所给的提示词来造句。

2. 中级阶段。

（1）以"可以"和"能"的否定和疑问形式为例。

A. 选词填空。

可以　　能　　不可以　　不能

太晚了，她＿＿＿＿来吗？

你现在还小，＿＿＿＿骑车。

她＿＿＿＿愿意吗？

便宜一点儿，＿＿＿＿吗？——＿＿＿＿。

在校园里乱扔垃圾，＿＿＿＿吗？——＿＿＿＿。

B. 句式转换。

教师先说出肯定的句式，让学生转换成否定和疑问的形式，然后学生两两一组进行造句练习。例如：

你可以进来。——你不能／不可以进来。——我可以进来吗？

你今天可以开车上班。

我们今天能完成两项任务。

你可以先看这本书。

C. 替换练习。

教师事先准备一段对话，让学生分角色进行练习，然后删去本节课所学的相关内容，让学生重新组合一段新的对话。例如：

大卫今年刚来中国，他要来学习汉语，但在到校的路上很多人想用英语跟他打招呼，于是大卫就跟他们说："你<u>可以</u>用中文吗？我<u>能</u>听懂一点点。"为了准备 HSK 考试，大卫特意找了一个家教，他想问老师今天<u>能不能</u>学习，于是他发消息给老师："老师，今天<u>可以</u>教我汉语吗？"老师回复他说："不好意思，今天<u>不能</u>教你，今天我有事，明天<u>可不可以</u>？"大卫说："<u>可以</u>，谢谢老师。"

（2）以"应该"和"该"的教学设计为例。

A. 替换练习。

在表示"应当，理应"这一意义时，两者是互通的，因此可以让学生进行替换练习。例如：

今天应该他值日。　　　　（该）

被开水烫到了该怎么办？（应该）

她现在应该去上学。　　　（该）

B. 连线题。

他_____在家。　　　　　　　　　　　该

我_____买这个，太贵了。　　　　　　不该

不要吃雪糕了，再吃你_____拉肚子了。　不应该

昨天是我不好，我_____这么说你。　　应该

C. 根据情境造句。

老师给出一个情景，学生根据给出的情景说出相应的句子，最后把造的句子连起来，小组合作表演一个小景情剧。例如：

小明今天起晚了，没有赶上公交车，只能步行，他很希望自己要是能早起几分钟就好了，这时候我们可以说：_____。

好不容易到了学校，小明想起今天有体育课，但他穿着凉鞋，小明感到很懊恼，这时候我们可以说：_____。

体育课上，小明心情很不好。他没有穿运动鞋，只能坐在一边，有同学在踢足球，一不小心踢到了小明，小明很生气，不等同学道歉就骂了他。事后，小明感到很后悔，于是他去向同学道歉："对不起，_____。"

放学后，小明去小超市买吃的，结果人太多，排了好久的队，出来的时候天已经黑了，小明想赶紧回家，回家晚了妈妈要骂他了，这时候我们可以说：_____。

如果学生不能够造出完整的句子，教师可以适当地提示一下，最后的小剧场景情让学生自己独立完成。

3. 高级阶段。

以"要"的不同义项为例。

（1）根据图片造句。

教师在 PPT 上展示一些图片，学生根据图片内容选择"要"的义项并造出正确的句子。例如：

教师展示一张吸烟的图片，然后告诉学生，劝诫别人不要在这里吸烟。让学生根据教师表述的内容来造句。

（2）情景表演。

教师布置小组任务，学生结合之前学的"要"的义项和形式，十分钟的时间，以小组为单位编排一组对话，教师进行指导和纠正。

思考和练习

1. 能愿动词在句中可以做哪些句法成分?

2. 结合语言事实说明能愿动词的使用规则。

3. 辨析能愿动词"能"和"会"。

4. 纠正下列偏误并说明原因。

（1）我觉得回答这个问题很难，不能容易回答。

（2）人们都试一试沟通吧，那么我们了解对方的生活态度、行为方式、价值观念等方面的差异。

（3）不管抽不抽烟，谁都可能知道抽烟对个人健康有百害无一利。

（4）小时候，孩子不懂社会中的规定，这是应该要父母教的。

（5）我刚刚到中国的时候，不可以吃中国的菜，很辣。

（6）我们应该对什么样的事，都要认真地去做，不要靠别人。

5. 设计能愿动词"愿意"的教学步骤。

6. 结合本章的学习，说一说你对能愿动词的新认识。

第六章　否定副词偏误分析与教学

【学习要点提示】

　　知识要点：掌握否定副词的概念、使用语境、使用规则等基本知识。了解常见的否定副词偏误，熟悉否定副词偏误教学难点、否定副词教学建议。

　　技能要点：具备辨析否定副词和分析否定副词偏误的能力，能够合理运用否定副词偏误分析方法与否定副词教学建议指导教学。

　　情感要点：熟悉汉语否定副词全貌，更好地了解汉语这一词类的特点。

　　副词主要用于修饰限制形容词、动词性词语，可以表示方式、程度、时间、范围、语气、否定等方面的含义。常见的否定副词有"不""没（没有）""别""非""未""不必""未必"等。在此，我们就对外汉语教学中使用频率和偏误率较高的否定副词"不""没"和"别"进行分析。

第一节　否定副词偏误概述

一、否定副词使用语境

　　否定副词用于表示对动作、性状的否定。一般来说，否定副词"不"可以限制动词或者形容词，表示对主观意愿、判断、性状的否定，可以单用。"不"既可用于现在、将来也可以用于过去，用于过去时表示对过去常态的否定。否定副词"没"用在动词或者形容词前，表示对客观存在、性质、动作行为的发生或完成的否定，可以单用。"没"一般用于过去和现在，用于过去时不能表示对常态的否定。"别"一般用在动词或者形容词前，表示禁止或对他人的劝阻，可以单用。例如：

（1）不 / 没 / 别去学校。　　（否定动作）

（2）我经常不去学校。　　　（否定动作）

（3）饭还不 / 没熟。　　　　（否定性状）

（4）别谦虚了。　　　　　　（否定性状）

例（1）中，"不去学校"强调主观意愿，现在在或者将来"不去学校"。"没去学校"强调客观事实，是已经发生的事情。"别去学校"强调对他人的劝阻。例（2）是"不"对过去常态的否定。例（3）中，"饭还不熟"强调主观判断，"饭还没熟"强调客观事实。例（4）强调对他人的劝阻。

【典型偏误案例】

（5）＊我小时候父母给我买很多文学书，没让我看漫画。

（6）＊结婚对我不重要，你们不强迫我。

（7）＊我那时候生病了，常常没去学校。

（8）＊政府应该采取严厉的措施，避免青年人或者其他人不吸烟。

（9）＊我相信没有任何父母亲不希望他们的孩子不成功。

（10）＊父母无一是孩子的第一任老师。

（11）＊我从来打过什么工，所以很担心社会生活，都是很陌生的。

（12）＊注意感冒，保重身体。

例（5）是强调主观意愿"让看漫画"，所以应该用"不"来否定。例（6）是在劝阻别人，表示劝阻别人时要用否定副词"别"。例（7）是否定常态，应该用"不"。

如果句子中有其他状语，那么否定副词的位置不同，表示的意义也不同，如"别都去"和"都别去"，"很不好"和"不很好"意义不同。句子中有具有 [+ 否定 / 消极 / 清除] 语义特征的词语、有用于否定句的词语如"根本""从来"时，若学习者对词义把握不准确，往往会出现否定副词偏误。当句子是多重否定句时，若学习者对否定情况判断不清，也容易出现否定副词偏误。例（8）中，"避免"有否定含义，误加"不"导致语义矛盾。例（9）是多重否定偏误。例（10）否定副词"不"遗漏，应该改为双重否定句："父母无一不是孩子的第一任老师。"例（11）

中，"从来"一般用于否定句，需要在"从来"后加上"没"。例（12）"注意"一词本身无否定义，遗漏了"别"，应改为"注意别感冒"。

二、否定副词使用规则

（一）"不"的使用规则

"不"的结构形式及其用法见表6-1。

表6-1　"不"的结构形式和用法说明

结构形式	例　句	说　明
"不" + 动词	（1）他什么也不知道。	"不"否定动词所指示的动作
"不" + 状语 + 动词	（2）因为事多，他不常常回家。 （3）希望不总是在心中吗？	"不"否定的是状语，而不是直接否定动作
动词 + "不" + 补语	（4）它其实是过眼的烟云，留不住的风景。	"不"否定补语部分，表示已发生动作的结果还未实现
"不" + 形容词	（5）这个有才气的大近视眼长得并不漂亮，却稳重、潇洒、讨人喜欢。	"不"否定性质
"不" + 状语 + 形容词	（6）听话人的了解和说话人的意思不完全相符的情况是常常发生的。	"不"否定状语
副词 + "不" + 形容词	（7）他的手段太不光彩了。	"不"否定形容词
"不" + 名词	（8）绅士们平常到别人家的客厅去拜访的时候，绝不能够看上了人家的小姐就不住地看，那该多么不绅士。	此类结构中，名词往往具有描述性语义特征

【典型偏误案例】

（13）＊其实是不那样。（否定副词"不"要用在判断动词"是"之前）

（14）＊虽然目前比过去代沟问题大，但是互相理解而融合在一起的话，也会不成为这么重大的问题了。（"不"应该是对能愿动词"会"的否定，而不是对"成为这么重大的问题"的否定，"不"应该放在"会"之前）

（15）＊我要上学，这是谁也挡住不了的。（否定副词"不"应该放在中心语"挡"和补语"住"之间，改为"谁也挡不住的"）

（二）"没"的使用规则

"没"的结构形式及其用法见表 6-2。

表 6-2　"没"的结构形式和用法说明

结构形式	例　句	说　明
"没" + 动词	（1）田大嫂道："就算你没哭，你心里头也有什么心事。"	"没"否定动词
"没" + 状语 + 动词	（2）隆司投球时也照样背着帆布背包，亚由美对此似乎觉得不可思议，但也没太追根究底。	"没"否定状语
"没" + 动词 + 结果补语	（3）巧珍看见他对自己这样烦躁，不知她哪一句话没说对。	"没"否定补语部分，表示已发生动作的结果还未实现
"没" + 形容词	（4）四姐说："大叔，您是俺家的大恩人，欠您的钱，俺一定还，只求您暂时不要撵俺，俺娘她还没好……"	"没"否定性质，往往表示对形容词所表示的性质变化的否定
"没" + 状语 + 形容词	（5）祥子没那么聪明。	"没"否定状语

【典型偏误案例】

（16）*很久以来，我给你们没写信。（"没"应该在介词短语"给你们"之前）

（17）*因为这样的食品好好洗也洗不掉农药，所以吃洗没干净的食品的人体内化学成分就越来越多。（结果补语与"没"的错序问题，"没"不能放在中心语和结果补语之间，应该说"没洗干净"）

（18）*HSK 四级他还不会，他没聪明。（"没"限制无变化义的形容词时，形容词前要加上"这么"或"那么"表程度）

（三）"别"的使用规则

"别"的结构形式及其用法见表 6-3。

表 6-3　"别"的结构形式和用法说明

结构形式	例　句	说　明
"别" + 动词	（1）同志们劝老闫，你就别去了，在家坐镇指挥就行了。	"别"否定动词，表劝阻
"别" + 状语 + 动词	（2）别老在太阳底下晒着。	"别"否定状语
"别" + 动词 + 结果补语	（3）快把双喜字贴上，别弄坏了。	"别"否定补语部分，表示发生动作的结果还未实现
"别" + 形容词	（4）别谦虚了。	劝阻或提醒对方不要持续这一状态
"别" + 状语 + 形容词	（5）别那么大方。	"别"否定状语

【典型偏误案例】

（19）*我希望爸、妈两位为了你们的孩子们别生活，就是为了你们生活。（否定副词"别"要放在介词短语"为了你们的孩子们"之前）

（20）*别你休息太晚了。（否定副词"别"要放在动词"休息"前）

三、"不""没""别"的使用条件

"不""没""别"是一组非常容易混淆的否定副词，帮助学习者掌握这组否定副词，必须进行辨析，厘清这一组否定副词在语言中的基本分布。一般来说，"不"可以否定过去、现在和将来的动作，"没"主要否定过去和现在的动作。"不"主要否定主观意愿，"没"主要否定客观事实，"别"主要表示劝阻。"不""没""别"的使用条件对比见表6-4。

表6-4　"不""没""别"的使用条件对比

使用条件	不	没	别
基本意义	否定主观意愿、判断、行为等 我不走。　饭不熟。	否定客观动作的实施或者客观状态的变化 我没走。　饭没熟。	对他人的劝阻、提醒、安慰等 你别走。
时间限制	过去、现在、将来	过去、现在	现在、将来
限制能愿动词、心理动词	不要、不可以、不敢、不能……	限于"能""敢"	×
限制性质形容词	不伟大 不聪明 不大方	限制表示性状变化的形容词或形容词前加表示程度的"这么／那么" 饭没熟。　没那么聪明	限于 [+可控+与人属性相关] 的形容词 你别难过。 *饭别熟
限制表示结果的短语或者包含结果意义的动词	×	没看见 没听清楚 没认出来	别（让她）看见 别（让她）听清楚 别（让她）认出来
与中补结构搭配	V＋不＋补语 摔不碎 拿不出去	没＋中补结构 没摔碎 没拿出去	别＋中补结构 别摔碎 别拿出去
否定词＋持续动词＋着	×	我没躺着，我工作呢。	别躺着，快起来。

【典型偏误案例】

（21）*我在中国已两年半了，但无时无刻没想念您。（强调主观意愿"想念您"，应该用"不"）

（22）＊想想你的身体，你不吸烟了吧。（劝阻他人应该用"别"）

（23）＊我不看见麦红，她看见我了。（限制包含结果意义的动词"看见"，应该用"没"）

（24）＊目前还没找不到工作，我的负担越来越沉重。（"找不到"和"没找到"两个结构混淆）

（25）＊我没愿意和她一起去。（能愿动词"愿意"要用"不"否定）

（26）＊我的国家夏天的时候没热。（否定性质形容词"热"应该用"不"。也可以改为"没那么热"，要根据上下文语境考虑合适的修改方法）

第二节　否定副词偏误教学难点

难点一：其他消极或否定义词语与否定副词连用偏误

（1）＊爷爷不去世一年前，我跟朋友们去喝酒，晚上回来爷爷还没睡。

（2）＊我每天睡觉都要开空调，避免温度不太高。

（3）＊我根本喜欢学习。

（4）＊"安乐死"这个词，以前从来听说过，但是近年对这个词熟悉多了。

（5）＊有时，想起她的一切，不禁不泪落。

（6）＊韩国是春天了吧，我好想念我国的春天的天气，但是，应该注意感冒。

（7）＊千万轻视教育孩子的问题。

例（1）中，"去世"有消极意义，且"去世"不是主观可控的，所以不能用"不"限制。例（2）中的"避免"一词本身具有否定意义，与"不"重复导致偏误。例（3）中，"根本"要用于否定句，要用"不"限制动词"喜欢"。例（4）中，"从来"一般用于否定句，需要在"从来"后加上"没"。例（5）中，"不禁"已经有"抑制不住"的意思，不能再用否定副词"不"。例（6）中，"注意"无消极或否定意义，应该改为"注意别感冒"。例（7）应该说"别轻视"。当句子中出现其他消极意义或者否定意义的词语时，需要根据句意判断是否需要否定副词，学习者对句意和消极或否定意义词语理解不准确，就会出现此类偏误。

难点二：否定副词状语与介词短语状语连用偏误

（8）＊我一觉得父母的想法跟我的想法不一样，就跟他们不说话了。

（9）＊如果她对我没提一个意见，也许我一辈子不会说汉语，也不能够了解我的祖国了。

（10）＊我和哥哥已经长大了，以后的日子你们为我们别操心了。

（11）＊吸烟可以影响到非吸烟者的健康，所以吸烟者为了公众利益在公共场所别边走边抽烟。

例（8）是做状语的否定副词"不"和做状语的介词短语"跟他们"的错序，否定副词"不"应该放在介词短语之前。例（9）是介词短语和否定副词"没"的错序，"没"应该在介词短语"对我"之前。例（10）是否定副词"别"和介词短语"为我们"的错序，"别"应该在介词短语"为我们"之前。例（11）是否定副词"别"和表示处所的介词短语"在公共场所"的错序，"别"应该在介词短语"在公共场所"之前。出现这类偏误的原因是学习者对多重状语的语序掌握不当，句中出现多重状语时否定副词一般要放在介词短语之前。

难点三：多重否定句中否定副词使用偏误

（12）＊谁也不能不说自己和父母是完全不同的人。

（13）＊他们的房子里连电都没有，也没有什么不值钱的东西。

（14）＊虽然他们有他们的理由，有时在街上没有找不到垃圾箱，但是把它随意扔掉的行为还是不文明的。

（15）＊他对我的影响很大，如果我没遇见他，我一辈子没注意不到自己的性格缺陷。

（16）＊我认为离婚的原因不只是有爱情而是现代青年男女的观念问题。

多重否定句的偏误比较常见，学习者使用多重否定句时，如果对双重否定表示肯定、三重否定表示否定这一规则把握不清就容易出现此类偏误。例（12）至例（13）都是学习者未掌握否定规则而导致的偏误。例（14）是"没有找到"和"找不到"杂糅，"找不到"已经表示否定，因此不能再用"没有"否定。例（15）是"没注意到"和"注意不到"的杂糅导致语句不通。例（16）是双重否定句中否定词"没"的遗漏，应该说"离婚的原因不只是没有爱情"。

难点四：否定副词的混淆偏误

（一）"不"和"没"的混淆

（17）*我没一个人去机场，我的朋友送我去机场。

（18）*完全不获得他人的帮助，我的工作也很出色地完成了。

（19）*虽然文章里不说妻子对丈夫怎样想，但是我想她肯定觉得对丈夫的照顾感到不好意思。

"不"和"没"是学习者较早接触到的一组否定副词，但由于对这两个否定副词语法、语义、语用方面的差异不够了解，再加之母语负迁移影响，学习者很容易出现偏误。从 HSK 动态作文语料库来看，否定副词中，"不"的偏误量是最高的，"没"的偏误量次之。一般来说，"没"用于客观叙述，限于指过去、现在，不能用于将来。"不"用于表示主观意愿，可用于过去、现在和将来。例（17）是否定将来的事情"去机场"，所以应该用"不"。例（18）和例（19）否定副词否定客观陈述"获得他人的帮助""说妻子对丈夫怎样想"，并未突出主观意愿，所以应该用否定副词"没"。

（二）"不"和"别"的混淆

（20）*大家请记得，吃口香糖时，别要乱吐啊！

（21）*到我读中学时，我就下定决心，将来要学我母亲，刚强做人，就算有再大的困难，也别灰心。

（22）*现在我在首尔过得好，身体也很好，所以您不太担心我了。

例（20）是"不""不要""别"三个词语用法混淆，此例中"不要"和"别"是一个意思，都表示劝阻，"别"不能限制能愿动词"要"。例（21）中并非劝阻他人，所以不能说"别灰心"，应改为"不灰心"。例（22）是在劝阻别人，表示劝阻别人时要用否定副词"别"。

（三）"不"和动词"无"的混淆

（23）*因此我们更应该正面地看待它，而不是为了一些无必要的担忧而反对它。

（24）*对年轻人来说流行歌曲是无可缺少的。

（25）*绿色食品是用不使用化肥和农药生产的不污染农产品加工的，有利于人的健康。

（26）*任何学校里的老师都是不法取代的。

"无"是一个表否定的动词，表示"没有"。学习者在学习表否定的"无"时，因其表意与否定副词"不"接近，且受到母语负迁移的影响，经常会把这一词语和"不"混淆。例（23）属于搭配不当，动词"无"不能限制"必要"。在"不可缺少"中，"不可"表示不可以、不能够，动词"无"没有这一用法，故例（24）中的"无可缺少"为"不可缺少"之误。例（25）如果脱离语境"无污染"和"不污染"均可以搭配，用"无"时，是"无污染"限定了"农产品"；用"不"时，"不"否定了"污染"，"不污染"支配"农产品"。从例（25）的语境来看，应该用"无污染"来限定"农产品"。例（26）限制名语素"法"的应该是动词"无"，副词"不"一般不限制名词。

（四）"没"和"别"的混淆

（27）＊三个和尚互相看，一个和尚劝另一个和尚没那么计较。

（28）＊（学生互相安慰）老师别生气，你不要担心了。

从句意来看，例（27）有明显的"劝说"意，所以应该用表示劝诫他人的"别"而不能用否定客观情况的"没"。例（28）是客观陈述而非劝阻，应该说："老师没生气，你不要担心了。"

（五）"没"和动词"无"的混淆

（29）＊总而言之，吸烟对人们的身体没无有好处。

（30）＊"绿色食品"无用化肥和农药，所以产量比较少。

（31）＊这首歌，要我们把伤感的事当成无发生过的事。

（32）＊在公众场合吸烟，对自己健康没益，而且还会涉及其他人。

（33）＊我觉得我们没意识地生活、吃受到污染的食品的话，被环境污染死亡的人数反而比挨饿的更多。

在现代汉语中，"无"是一个类似前缀的动词，经常限制形容词或名词，动词一般不受"无"限制。例（29）中，对动词"有"的否定可以是"没有"或者"无"，但不能说"无有"。例（30）中的"用化肥和农药"是一个动词性短语，所以应该用"没"来否定。例（31）中的"发生"是一个动词，所以对"发生"的否定也应该用"没"。"无益、无意识"都有与之对应的"有益、有意识"，例（32）和例（33）中的副词"没"不能直接限制名词性的"益（好处）"和"意识"。在一定语境中"没好处""没意识"虽然也成立，但"没"否定名词"意识"时是一个动词而不是副词。

第三节　否定副词教学建议

否定副词使用频率高、应用范围广，教学中随处可见，应该注意以下问题：

1. "不""没"和"别"均属于甲级词汇，出现在初级阶段的学习中，在中、高级阶段也会复现，所以应该在初级阶段打好基础，说明"不""没""别"在简单句中的最基本用法。

2. 否定副词"没"和"了"一般不用于同一个句子中，"不""别"可以和"了"同时出现，如"＊没吃饭了""不吃饭了""别吃饭了"。

3. 先学习"不"，再学习"没"，最后学习"别"，注意结合语境教学，并在学习完"没"后进行"不"和"没"的辨析，学习完"别"后进行"不""没"和"别"的辨析。

4. 特别注意只能用"不"或只能用"没"的句型。

5. 虽然这三个否定副词都是甲级词汇，但是在实际教学中，中级阶段的学生也经常会出现偏误，要注意知识点的螺旋式复现。

6. 运用偏误分析指导教学，对学生的"没去学校了""不看见"等常见偏误要进行纠正，说明其正确用法和使用规则。

7. 注意运用对比分析进行否定副词的教学，特别是对不同语言中否定副词的位置、语义、功能等要进行对比分析，以此来预测学习者可能会出现的问题。

【教学示范案例】

（一）导入环节

结合"不""没""别"的使用语境运用图片法进行导入，帮助学生温习旧知。注意在导入时一定要根据否定副词的基本使用条件设置明确的情景，避免既可以用"不"又可以用"没"的例句出现。

结合在餐馆吃饭的照片进行导入，例如：

老师今天去餐馆吃饭了，明天自己做饭，我明天去餐馆吃饭吗？

老师昨天去餐馆吃饭了，老师昨天在家吃饭了吗？

你们别去这家餐馆吃饭，菜不好吃。

（二）讲解环节

展示语言点，回顾否定副词"不""没""别"的基本用法，注意否定副词的混淆偏误，特别是"不"和"没"的混淆。可以通过列表、句子对比等方法进行讲解和辨析。

（三）操练环节

练习由易到难，从机械到半机械，再到交际性练习。除了需要注意混淆类型的偏误外，在交际性练习中还需要注意学生状语语序、多重状语中否定副词的使用情况。

1. 对话练习。

A：星期天你去学校吗？

B：星期天我不去学校，你也别去。

A：昨天你去学校了吗？

B：昨天我没去学校。

A：你周末看电视吗？

B：我周末不看电视，你也别多看电视。

A：你上个周末看电视了吗？

B：我上个周末没看电视。

2. 否定副词填空练习。

我一般_____吃川菜，川菜太辣了。

我昨天去超市了，买了蔬菜，_____买水果。

今天下午有雨，我_____去跑步。

我喜欢蓝色的，_____喜欢红色的。

你_____说话，我们要上课了。

3. 看图说话。

大山没有带伞（图 6-1），他想说的话是……

图 6-1

要开学了，小明担心什么？（图 6-2）

图 6-2

今天星期五，没有太阳，昨天……明天……（图 6-3）

MON	TUE	WED	THU	FRI	SAT	SUN
18°	25°	26°	21°	18°	22°	27°

图 6-3

4. 任务教学。

在班级中开展小调查活动，使用"不""没""别"对话。

旅游计划：去 / 不去 // 没去 / 别去……

吃中餐：吃 / 不吃 // 没吃 / 别吃……

思考和练习

1. 说一说"不""没"和"别"的使用语境。

2. "不很清楚"和"很不清楚"在结构和意义上有何差异？两个短语中的"不"分别否定了哪一成分？

3. 说一说"不""没"和"别"的教学顺序。

4. 纠正下列偏误并说明原因。

（1）我无时无刻没想念您。

（2）我去年暑假不回国，因为在这儿过比在国内过费用方面便宜得多。

（3）有时，想起她的一切，不禁不泪落。

（4）目前还没找不到工作，我的负担越来越沉重。

（5）大家请记得，吃瓜子时，别要乱吐啊！

（6）哥哥劝我没生气。

（7）对我结婚不重要，你们不强迫我。

5. 请就否定副词"不"和"没"设计一个教学方案。

6. 结合本章的学习，说一说你对否定副词的新认识。

第七章 介词偏误分析与教学

【学习要点提示】

知识要点：掌握介词的概念和类型，熟悉各类介词的使用语境、使用规则、使用条件；了解常见的介词偏误，熟悉介词偏误教学难点、介词教学建议。

技能要点：能够辨析具有共同语义范畴的介词，具备分析介词偏误的能力，能够结合介词偏误教学难点与介词教学建议指导教学。

情感要点：熟悉汉语介词全貌，更好地了解汉语这一词类的特点。

介词是表示介引作用的虚词，不能单说，也不能单独作句法成分。介词经常附着在名词性词语前，构成介词短语作状语、定语、补语。根据介引宾语的性质，我们可以将介词分为以下几类。

时空介词：在、从、向、朝、往等。

对象介词：对、对于、关于、向、跟、和、同、为、给等。

依据方式介词：根据、按照、依照等。

工具介词：用、拿等。

表示施事受事的介词：把、被、让、叫等。

表原因目的的介词：由、由于、因为、为了等。

在汉语作为第二语言的教学中，介词因其类型多、搭配复杂、易混淆，且同一介词可分属于不同小类，一直是一个教学难点。在此，我们对介词常见的习得偏误进行分析，并在偏误分析的基础上重点辨析各类介词的用法和功能，分析介词具体的教学难点，从而为介词教学提供帮助。

第一节　"在"和"从"偏误分析与教学

一、"在"和"从"偏误概述

"在"和"从"是常见的表示时间、处所的介词，这两个介词使用频率高，特别是"在"的使用频率是汉语中介语语料库中排在介词第一位的。学习者初学这两个介词时偏误率较高，到中、高级阶段也存在不同程度的偏误现象。

（一）使用语境

介词"在"经常与表时间、方位、处所的词语组成介词短语，根据吕叔湘的分类，"在"构成的介词短语主要有表示动作发生的处所、时间、条件、范围、行为的主体等五种语法意义①，最常用的是介引动作发生的处所、时间。例如：

（1）他们在教室里学习。　　　　　　　　　　　　　（介引处所）

（2）运动会在 5 月 12 日举行。　　　　　　　　　　（介引时间）

（3）在当时那种混乱的情况下，她很难做出决定。　　（介引条件）

（4）在这方面，李老师是专家。　　　　　　　　　　（介引范围）

（5）在他看来，什么事情都无所谓。　　　　　　　　（介引行为的主体）

"从"与"在"一样，经常和表示时间、方位、处所的词语组成介词短语，在语法意义上，"从……"常用于表示行为动作发生的起点、经过、根据等。例如：

（6）肖玲跑出办公室望着从会议室走出来的人群。　　（表示起点）

（7）次日早晨，妈妈牵着她仍从小路走。　　　　　　（表示经过）

（8）从他的话里我们知道工厂的经费是各地捐来的。　（表示根据）

使用介词"在"和"从"时需要注意，并非句中一出现表示时间、方位、处所的词语就要用到这两个介词，时间副词、处所副词、时间名词、表示时间的方位短语等是可以直接作状语的，无须介词"在"和"从"的介引。

可以看出，"在"和"从"的使用语境是比较多样化的，如果学习者对"在"

---

① 吕叔湘 . 现代汉语八百词 [M]. 增订本 . 北京：商务印书馆，1999：645–647.

和"从"介引对象的意义把握不清、使用语境了解不全，不知道什么时候用介词、什么时候不用介词，就会出现偏误。

【"在"的典型偏误案例】

（9）*如果我在当时选择了英文也会这么回答的，只是我选择的是中文。

（10）*我已经不知道那里到底待了多久，但我却记住那里优美的风景。

例（9）中，"当时"是表示时间的副词，可以直接作状语，不能用介词"在"介引。例（10）中，"那里"是指示代词，应该用介词"在"介引"那里"，构成介词短语"在那里"表示处所作状语。

【"从"的典型偏误案例】

（11）*比方说，我今年七月份从留学回来了。

（12）*去年北京语言大学毕业，专业是现代汉语文学。

例（1）中的"留学"是动词，而介词"从"要介引名词性词语，故应该去掉介词"从"或者改为"我从留学的地方回来了"。例（2）遗漏了表示"毕业"这一动作起点的介词"从"，正确的表达应该是"从北京语言大学毕业"。

可以看出，不管是遗漏还是误加，都与学习者对介词语义、整体句意理解不清有关，所以在讲解这一组介词时，首先要说清楚"在"和"从"的使用语境。

（二）"在"和"从"的使用条件和规则

1."在……"的使用条件和规则。

"在……"表示时间、处所、范围时可以用在动词前，也可以用在动词后，但不同位置的"在……"的表意不同。"从……"一般用在动词性词语之前，经常构成"从……到……""从……中……"等介词框架。"从……"和"在……"介词结构与其他词语位置的复杂性很容易导致学习者出现错序偏误，这也是我们在教学中应该注意的问题。介词"在"的使用规则见表7–1。

【"在"的典型偏误案例】

（13）*在无论什么样的情况下，人们该帮她支持下去才能说是人道。

（14）*我在生活不用挨饿的地方。

（15）*帮助我的人在我学习的时候，是我的中国朋友。

（16）*后来他还一直努力地工作，还没让我们难过，一直笑在我们的面前。

"在……"可以出现在句首或谓语核心前作状语，出现在谓语核心后作补语，学习者对介词短语的功能和位置把握不清往往会出现错序偏误。介词"在"错序的直接表现是将介宾短语中的介词与宾语割裂开。例（13）是"在"和状语"无论"

表 7-1 介词"在"的使用规则

语 义		介词短语的功能和位置		例 句	说 明
表时间	动作的发生时间	作状语	动词前、句首	（1）他大概在傍晚的时候休息。	"在 + 表时间的词"可用在动词前后。用在动词后时，动词表示出现、消失等意义
	存现类动作的发生时间	作补语	动词后	（2）那件事发生在1987 年。	
表处所	动作发生、状态存在的处所	作状语	动词、形容词前，句首	（3）孩子们在水里跳着。（4）这在西安普遍得很。（5）在世界的任何一个角落，已不存在为我们所不知晓的民族。	"在 + 表处所的词"可以用在动词前作状语，也可以用在动词后作补语，动词后有动态助词、其他补语时，"在……"结构只能用在动词前
	动作结束后的处所	作补语	动词后	（6）书掉在地上了。	
	出生、居留的处所	作状语作补语	动词前动词后	（7）在北京住 / 住在北京	
表范围	动作关涉的范围	作状语	动词、形容词前，句首	（8）你们在工作中要互相帮助，共同进步。（9）在学习上，大家要加倍努力。	介词短语表范围
		作补语	动词后	（10）女演员的年龄要求在25岁以下。	
表条件	动作、事件发生的条件	作状语	动词前、句首	（11）在老师的帮助下，麦红的汉字越写越好了。	用"在……下"结构表条件
表行为主体	动作、事件关涉主体，观点持有者	作状语	动词前、句首	（12）这件事情在我看来没有讨论的意义。	用"在……看来"结构表行为关涉的主体

错序，导致介宾"在……情况下"割裂。例（14）是"在"和谓语中心"生活"错序导致介宾割裂，正确的表达应该是"我生活在不用挨饿的地方"，介词短语"在不用挨饿的地方"作"生活"的补语。例（15）是介词短语"在我学习的时候"与主语"帮助我的人"错序。例（16）是误将作状语的介词短语放在了补语的位置，应该改为"在我们面前笑"。

2. "从……"的使用条件和规则。

"从……"的使用位置和功能相对来说比较单一，但学习者仍然会出现偏误，最典型的表现是错将作状语的"从……"放在动词之后。介词"从"的使用规则见表 7 –2。

表 7–2　介词"从"的使用规则

表　意		位置和功能	例　句	说　明
表起点	介引空间 / 处所表起点	介词短语出现在句首或谓语核心前，作状语	（1）麦红从泰国来。 （2）从北京到西安 （3）他从桌子上拿了一本书。	构成"从……到……""从……上 / 里"等框架
	介引来源		（4）我们没从根本上看问题。 （5）知识从实践中来。	构成"从……中 / 上"等框架
	介引时间的起点		（6）从放假到开学 （7）从讨论这个问题的时候起，他没说一句话。	构成"从……到……""从……开始/起/以来"等框架
	范围的起点		（8）从学生到老师，所有人都学习了这项规章制度。	构成"从……到……"框架
	事件变化的起点		（9）从新手教师成长为成熟教师。	构成"从……到……"框架
表经过	介引路线、场所		（10）从小路走回去更近。	从 + 处所名词、方位名词
表凭借、根据	表凭借、根据的出发点		（11）从现场看，司机是疲劳驾驶。	谓语动词多为感知义词语，如"知道""考虑""看 / 来看""分析"等

【"从"的典型偏误案例】

（17）＊男女分班该分从初中开始，到了高中就不必了。

（18）＊这种情况是从目前的情况看不可避免的。

（19）＊虽说现在是比以前好过些了，但就从材料中可以了解到现在仍有很多人生活困难！

例（17）应该将介词短语"从初中开始"放在动词"分"前。例（18）"从……来看"框架结构要放在主语或者判断动词"是"前。例（19）是多重状语"从材料中"和"就"错序，应改为"从材料中就可以了解到……"

（三）"在"和"从"的使用条件比较

分析介词"从"和"在"的使用语境与使用规则可以发现二者的差异，如表7-3所示。

表7-3　介词"在"和"从"用法比较

介词短语	语义									功能
	时间	处所	范围	条件	行为主体	来源	事件发展	经过	凭借	
在……	√	√	√	√	√	×	×	×	×	作状语作补语
从……	√起点	√起点	√起点	×	×	√	√起点	√	√	作状语

"从"和"在"都可以介引时间、处所、范围，但"从"往往表示的是时间、处所、范围的出发点，学习者如未分清这一点，就会出现"从"和"在"的混淆。

【典型偏误案例】

（20）＊在我离开中国到这次回来整整过了十年，但我一次也没有给他写过信。

（21）＊在韩国语的规则看，韩语没有声调，没有 ch, sh, zh 的发音。

（22）＊如果要谈我本人如何面对挫折，首先要说的是，从不同的人生阶段，人会用不同的态度来对待问题。

（23）＊从我看来，旅游是很开心的事情。

例（20）中，"离开中国"表示时间的出发点，应该用介词"从"，构成"从……到……"结构。例（21）应该用"从……来看/看"表根据，根据的是"韩国语的规则"，应该改为"从韩国语的规则看……"。例（22）中，"不同的人生阶段"是表范围，而非范围的起点，所以应该用介词"在"来介引。例（23）中，"我"表示的是行为主体，"在"可以介引行为主体，构成"在……看来"结构，"从"没有这一用法，故应改为"在我看来……"，学习者出现这一偏误是混淆了"在（行为主体）看来"和"从（客观凭借）来看/看"。

二、"在"和"从"偏误教学难点

难点一："在""从"和处所、方位、时间词的搭配问题

（24）＊我转学到泰文学校读初中，中文只能在晚间在家里自习。

（25）＊这是我从高中时的愿望。

（26）＊我现在教室里写着作文，环境很安静，可是还是有声音。

（27）＊他每天早晨七点到很晚干工作。

介词"在"和"从"都可以介引时间、处所、方位等，介词与这些词语搭配使用时，学习者主要会出现以下两类偏误。

其一，学习者初学介词"在"和"从"时经常过度类推，一遇到时间、处所、方位词就在其前面加介词"在"或者"从"，导致了误加偏误。例（24）中，"晚间"是时间名词，可以直接作状语，无须介词"在"介引。例（25）中，"高中时"并不是动作的起点，不需要用介词"从"。

其二，学习者在初学介词"在"和"从"时，未能将之与表示处所、方位的宾语关联起来而导致遗漏偏误。例（26）中，"写着作文"的处所是方位短语"教室里"，应该用"在"介引"教室里"构成介词短语"在教室里"限制"写着作文"。例（27）中，时间名词"早晨"前应加"从"，构成"从……到……"结构，即改为"他每天从早晨七点工作到很晚"。

难点二：介引条件、范围的"在"

介引处所、方位、时间的"在"比较常用且易于掌握，但介引条件、范围等语义的"在"对学习者来说有一定难度，到中、高级阶段仍会出现偏误。

（28）＊我很快工作中取得了成绩。

（29）＊在争取独立的革命运动中，充满火药味的童年是如何缺乏物质的情况下坚强地活下去。

例（28）"工作中"表示的是范围，例（29）"缺乏物质的情况下"表示的是条件，表示这两类语义时，介词"在"是不能省略的。

难点三：介词短语"在……""从……"与动词错位

（30）＊考上了大学以后，我就离开你们生活在深圳，没有多少时间回老家。

（31）＊前年，我度假在越南的一个旅游点，那是德拉。

可以看出，"在"字构成的介词短语错序，最典型的表现是错将作状语的"在"字介词短语放在动词之后。例（30）错将处所"在深圳"放在了动词"生活"之后，例（32）错将"在越南的一个旅游点"放在了"度假"之后。

（32）＊我是个印尼华人，从小就在印尼长大，至于对中国的了解，都是听来从父母那儿。

（33）＊忧郁症是从医学方面的角度来看，一个严重的问题。

介词短语"从……"的错序最典型的表现是错将作状语的"从……"放在动词之后。例（32）正确的表达应该是将介词短语"从父母那儿"放在动词"听来"

前。例（33）中，"从……来看"框架结构一般放在主语前，而不是放在动词前后。

初级阶段产生介词"在"和"从"的语序偏误主要有三方面的原因：一是学习者处于正在学习还未掌握介词短语运用规则的阶段，所以会出现较多偏误。二是受学习者母语的影响，如英语、印尼语、越南语等语言中，"在……""从……"介词短语充当时间、处所状语的典型用法是"中心语＋状语"，所以出现此类偏误的很大原因是受到第一语言状语语序的影响，产生了母语负迁移。这种迁移主要发生在初、中级阶段，学习者在学习过程中会运用多种学习策略逐渐掌握第一语言和目的语的差异，到高级阶段这类偏误即便出现，学习者也很快能够自己改正。三是学习者未能分清时地状语和时地补语，错将地点状语放在了补语的位置。

难点四："在……""从……"介词框架偏误

汉语中介词框架的后置词一般不能缺少，如"在"构成的表示条件的"在……下"，表示时间的"在……时"等，介词"从"构成的"从……里/中/上""从……到……""从……来看"等。介词框架偏误贯穿在学习者学习这一组介词的整个过程中。

（34）＊一般我会面对困难，但是有的时候唉声叹气是免不了的，特别是在困难突然发生的情况。

（35）＊从宿舍走图书馆，需要 10 分钟。

例（34）要用框架结构"在……情况下"表条件，应改为"在困难突然发生的情况下"。例（35）是介词框架"从……到……"中"到"的遗漏。

难点五："在""从"＋指人名词或代词的偏误

（36）＊在外婆我学会了怎么做一个善良的人。

（37）＊我来了中国以后没看见她，只从姐姐听她的新消息。

指人的名词或者代词，不能单独充当"在"和"从"的宾语，需要加上指示代词"这儿/这里""那儿/那里"表处所，才能用作"在"和"从"介引的对象。例（36）和例（37）均是直接将人称代词、指人名词用作"在"和"从"的宾语所导致的偏误。

难点六："在""从"与其他词语的混淆偏误

同类语言项目的混淆是学习者在学习到一定程度时出现的一种必然现象，当学习者学习了一定数量的介词之后，由于目的语规则系统还未完全形成，所学到的相似介词必然会出现混淆，这种情况多发生在中、高级阶段。

1."在"和"到"。

（38）＊记者的采访播放后我们知道有关单位往往把麻烦的事推在别的单位上，

自己不管。

（39）＊姓名：×××，在美雅旅行社管理公司办公室工作了几个月，又被调在外勤，兼导游工作。

（40）＊到可以的范围内，尽量生产绿色食品，只是没有办法的时候才吃被污染的食品。

"动＋到＋处所"表示人或物随动作到达某地，"动＋在＋处所"表示动作发生的处所。例（38）中，不能说"推"的处所是"别的单位"，所以不能用介词"在"介引"别的单位"。本句动作是"推"，拌随"推"这个动作，"麻烦"到达"别的单位"，所以本句中应该用"到"，正确的表达是"把麻烦的事推到别的单位"。例（39）中，并非"调"的处所是"外勤"，而是"调"这个动作让工作从"办公室"到外勤，所以应该说"调到"而不能说"调在"。例（40）中，"可以的范围内"表范围，应该用介词"在"介引，"到"可以表示动作达到某种目的、某种程度或有结果，但不表示范围。

2."从"和"用"的混淆。

（41）＊假如我们从法律观念来处理这件事，那肯定应该按照国家的法律而制裁。

（42）＊解决代沟必须从明白对方思维着手，切身处地用对方的角度去思考问题，认识对方行为的基本意思。

"从"和"用"都有表凭借之意，如"用钢笔写字""从实际情况出发"，但这两个介词在表凭借时，语义上还有细微的差别，"从"强调的是凭借的出发点或根据，而"用"强调的是凭借的工具、方式、手段。

例（41）中，"处理这件事"凭借的是"法律观念"，"法律观念"是方式、手段而非来源，所以应该用介词"用"来介引，正确的表达是"用法律观念来处理这件事"。例（42）中，"去思考问题"的出发点是"对方的角度"，而非凭借的工具、方式、手段是"对方的角度"，所以本句应该用介词"从"，正确的表达是"从对方的角度去思考问题"。

3."从"和"在"的混淆。

"在"和"从"的混淆，前面"'在'和'从'的使用条件比较"部分已有说明，此处不再赘述。

三、"在"和"从"的教学建议

在进行介词"在"和"从"的教学时应该关注以下问题：

1.二者有表示共同意义的领域，容易出现混淆。学习者学习了一定量的介词后，需要进行介词的辨析，特别是要说明表时间、处所、范围时"从"和"在"的差异。

2."在……"介词短语的出现位置、搭配成分比较复杂，学习者在学习过程中容易出现错序偏误。特别要注意区分作状语的"在……+V"和做补语的"V+在……"，比如"跳在小船上"和"在小船上跳"的意义是不同的，要区分介词短语作状语和补语时的位置与意义。

3."在……""从……"介词结构中，后置词较多，且情况复杂，容易出现遗漏和误用。如介词"在"和"从"限制表示人的名词或代词时，要用"介词＋人＋那里／这里"结构。教学中可以采用框架式教学，框架能够帮助学生较好地掌握介词结构。进行框架教学时要注意学习者容易出现遗漏后置词"上、中、里""起、开始""看、来看"的偏误，要加大输入，强调后置词的运用。

4.并非所有表示时间、处所、方位的情况都需要介词"在""从"，学习者初学这一组介词常常会将介词"在"和"从"的用法过度泛化，出现误加偏误，要说明什么时候需要用介词介引时间、处所、方位，什么时候不需要用介词。

5.学习者学习这一组介词时，语序问题是一个常见的问题，要注意汉语语序和学习者母语语序的对比分析。

6.介词"在"和"从"表示的语法意义比较多，不能在出现介词时一次将这一介词的全部用法都教授给学习者，这样学习者是难以理解掌握的，应根据课文中出现的介词的某一用法进行教学，不要过度扩展。

【教学示范案例】

"在"和"从"都具有多种含义，且出现在不同的学习阶段，我们以初级阶段的"在＋处所＋V"结构为例给出"在"的课堂教学建议，以初级阶段标记处所的"从……到……"和"从＋处所＋V（趋向补语或结果补语）"为例来给出"从"的课堂教学建议。

一、"在"的课堂教学

（一）导入环节

导入环节要注意采用的方法、教具能够很好地与语言点关联起来，能够通过简单的展示引出"在 + 处所 +V"的结构，注意不能出现其他意义或者结构的例子。

1. 实物导入。

教师可以利用地图和贴画进行"在 + 处所"的导入。

老师：这里是什么地方？（指学校地图）

学生：体育馆。

老师：（在地图上体育馆的位置贴上跑步贴画）我们在体育馆跑步。（板书）

2. 情景导入。

教师可以利用教室里的真实情景进行导入，如在教室学习、在黑板上写字。

老师：我们学习汉语。

老师：（指教室的空间）我们学习的地方是哪儿？

学生：教室。

老师：我们在教室学习汉语。（板书）

（二）讲解环节

讲解时要注意讲练结合，以练代讲，在引入的基础上进行讲解。注意"处所"的表达有两种方式，一是表示处所的名词，二是一些名词加上"上""中""里"等方位词构成的方位短语。

1. 图片道具法。

（准备学生的练习本、在宿舍的照片等）

老师：金龙俊在宿舍做什么？

学生：金龙俊在宿舍看电视。

老师：安比在练习本上写什么？

学生：安比在练习本上写汉字。

……

给出结构"在 + 处所名词 +V""在 + 一般名词 + 上 / 中 / 里 +V"，说明"在"介引动作进行的处所。

2. 体验法。

（教师发布命令，学生做动作）

教师：大家在教室看书。麦红在讲台上唱歌。

学生做看书动作、麦红上讲台唱歌。

（教师要求学生发布命令）

学生 1：在黑板上画画儿。

学生2：在练习本上写汉字。

给出结构"在 + 处所名词 +V""在 + 一般名词 + 上 / 中 / 里 +V"，说明"在"介引动作进行的处所。

3. 格式法。

介词"在"的讲解中，可以解释介词结构的格式，进行格式教学可以帮助学生减少形式上的偏误。

"在 + 处所"的用法："在"加处所词用来表示动作进行的处所。"在"加普通名词时，需要在普通名词后加方位词表示处所。

句子结构：主语 + 在 + 处所 +V，主语 + 在 + 一般名词 / 名词短语 + 方位词 +V。

意义：表示动作进行的处所。

位置："在……"表处所时一般位于主谓之间，如"我在图书馆学习"。

在讲解时，不管采用什么方法，都应该边讲边练、精讲多练，教师应注意把具体用法渗透到讲练的过程中，并在展开操练前进行总结。

（三）操练环节

操练的形式要多样化，通过填空、排序、扩展等练习帮助学生掌握"在 + 处所 +V"的基本结构，通过看图说话、交际练习、游戏等帮助学生内化语言规则，训练学生的语言表达技能。

1. 方位词填空。

老师在黑板（　　　　）写字。

我们在校园（　　　　）打太极拳。

我在电梯（　　　　）找到了钱包。

2. 扩展。

我学习汉语。（在……）

我今天捡到一个钱包。（在……）

3. 变换句子。

我在北京大学。我学习汉语。→我在北京大学学习汉语。

我在长城上。我和中国朋友合影。

我在机场。我给妈妈打电话。

4. 看图说话。

用"在 + 处所 +V"说句子，例如：妹妹在必胜客吃披萨（图 7-1）。

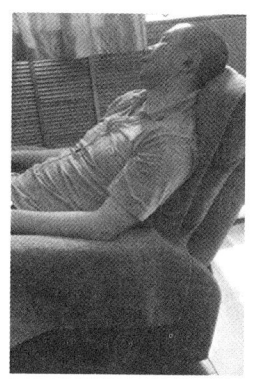

图 7-1

5. 游戏法。

句子组合游戏。准备"我在教室学习""我在操场打篮球""我在 KTV 唱歌""我在黑板上写字"等句子卡片，并将每个句子拆分为"主语""状语""谓语核心"三个部分，分别放在三个不同的盒子里，要求学生抽卡片，并进行快速组合，组合好后说出句子。

6. 交际练习。

交际练习 1：根据实际情况回答下列问题。

你在北京上学吗？你在哪里健身？你们在什么地方唱歌？你的舍友在哪儿看电视？

交际练习 2：小调查（表 7-4）。

表 7-4

处所	教室	图书馆	操场	宿舍			？	？
活动					游泳	吃午饭	？	？

询问自己的朋友日常生活中所做的事情，也可以对表 7-4 进行补充，介绍朋友的日常生活。如："安比在图书馆看书。""安比在游泳馆游泳。"

二、"从"的课堂教学

（一）导入环节

导入环节要注意能够引导学生说出句子，先导入标记处所的"从……到……"，再导入"从 + 处所 +V（趋向补语或结果补语）"，导入时把典型例句写在黑板上并画出关键词。可以采用图片、情景等方法导入。

1. 导入"从……到……"。

准备查询机票的网页截图。

教师：我们从哪里出发？（指图片出发地址）

学生：西安咸阳机场。

教师：我们到什么地方去？（指目的地）

学生：上海。

教师：从西安到上海要两个小时。（指路线，板书句子）

2. 导入"从 + 处所 +V（趋向补语或结果补语）"。

准备好学生上课时的图片，展示学生从书包中拿书、笔袋中拿笔的图片。

教师：上课前大家要做什么？

学生：拿书 / 书……

老师：书在书包里，我从书包里拿出一本书。（板书）

（二）讲解环节

讲解过程中要注意给出结构，"从……到……"可以当做框架进行讲解，讲解"从 + 处所 +V（趋向补语或结果补语）"时要注意说明介词"从"的意义以及介词短语"从……"的位置。

1. 体验法。

A. 讲解"从……到……"。

（教师发布命令，学生做动作，引导学生说句子）

教师：从第一排到最后一排的同学注意，所有人站起来。（学生起立）

（教师要求学生发布命令）

学生 1：从第二排到第三排的同学注意，后退一步。

学生 2：……

给出"从……到……"框架，说明规则："从"介引处所的起点，"到"引出终点。"从北京到西安"，"北京"是起点，"西安"是终点。

B. 讲解"从 + 处所 +V（趋向补语或结果补语）"。

教师：我从讲桌上拿起黑板擦。（边说边做）

（教师做动作，引导学生说句子）

学生 1：*老师从座位上站。

学生 2：老师从外面走进来。

修改学生句子中的偏误，动词"站"不表示变化，后面要加上趋向补语"起来"

表示动作的变化。

给出结构"从＋处所＋V（趋向补语或结果补语）"，说明规则："从"介引动作发生时的位置或处所的起点，处所可以是处所词、名词＋方位词"上""中""里"等，动词一般是可以表示发展变化、动作位移的。如果动词无发展变化或表示位移的意义，后面经常加趋向补语或结果补语表示动作的变化与位移。

2. 图示法。

介词意义比较抽象，对不易讲解的介词可以采取图式法帮助学生理解，在举例、图片道具讲解的基础上配合图示法，能让学习者更好地掌握词语的意义和用法。

"从……到……"框架结构中，"从"表示地点、位置、处所的起点，"到"表示终点，可图示为图 7-2。"从＋处所＋V（趋向补语或结果补语）"表示地点、位置、处所的起点，在动作的支配下动作对象是有位移的，可图示为图 7-3。

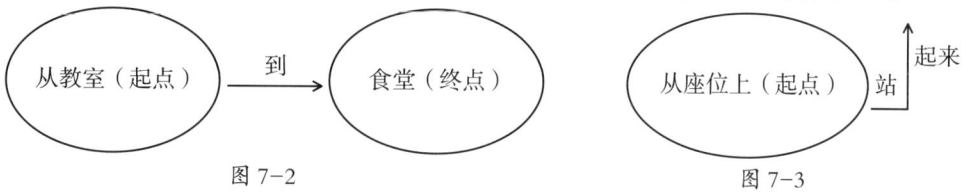

图 7-2　　　　　　　　　　　　　　　图 7-3

3. 格式法。

在介词"从"的讲解中，可以解释介词结构的格式，特别是"从"构成的框架结构，进行格式教学可以帮助学生减少形式上的偏误。

A."从……到……"。

基本结构：从……到……，从＋处所＋V＋到＋处所。

基本用法："从……到……"后面可连接处所名词，一般是同一层次的，如从教室到食堂、从北京到上海。从 A 到 B，A 是出发点，B 是终点。

B."从＋处所＋V（趋向补语或结果补语）"。

基本结构：主语＋从＋处所名词＋V（动作表位移、变化，或动词后加趋向、结果补语）；主语＋从＋一般名词＋方位词＋V（动作表位移、变化，或动词后加趋向、结果补语）。

基本用法："从"加处所词用来表示处所的起点。"从"加普通名词时，需要在普通名词后加方位词表示处所的起点，方位词是上、中、下、里等。

位置："从……"表处所时位于主谓之间作状语，不能放在句首，要说"我从北京出发"而不能说"从北京我出发"，要说"我从桌子里拿出一本书"而不能说"从桌子里我拿出一本书"。

动词特点：动词常用"开始""来""出发""回来"等表示发展变化或位移的动词。如果动词无此类意义，后面要加上结果补语或趋向补语表示变化、位移。

（三）操练环节

学习者学习"从"时，已经学习了"在"，可以对这两个介词进行对比。通过机械性的练习帮助学生掌握介词短语"从……"的位置和句子基本结构，通过交际性的练习帮助学生掌握介词短语"从……"的意义和用法，学会使用介词短语"从……"进行交际。

1.用"在"或"从"填空。

书（　　　　）书架上放着。

我（　　　　）教室出发，去图书馆。

安比（　　　　）北京大学读书。

麦红（　　　　）北京大学毕业了。

2.看图说话。

看图，用"从……到……""从 + 处所 +V"说句子。如：从西北大学太白校区到长安校区可以乘坐 311 路公交车（图 7-4）。

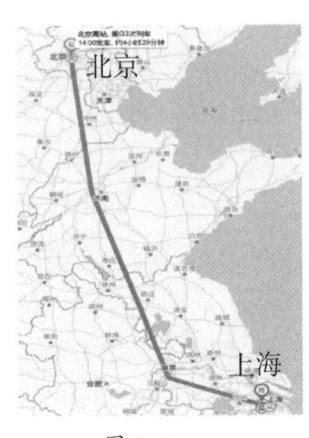

图 7-4

3.交际练习。

交际练习 1：根据实际情况，用"从……到……""从 + 处所 +V"回答问题。

你从哪里来？

你可以说一说你回国（回家、回宿舍、去机场等）的路线和时间吗？

你可以设计在你的国家自驾游的路线吗？

交际练习 2：查询航班。

两人一组询问回国或来中国的方式和路线。如图 7-5 所示："你回国需要转机吗？""是，我从西安出发，从咸阳机场飞到上海，在上海转机，从上海机场飞回法国。"

图 7-5

第二节 "向""朝""往"偏误分析与教学

一、"向""朝""往"偏误概述

"向""朝""往"这组介词可归于不同类型，如"向""朝"可以介引对象，也可以介引空间。这组介词介引的介词短语所限制的中心语主要是动词性的，且对动词的意义方面是有要求的。三个介词的对比也是需要注意的地方。

（一）使用语境

"向""朝""往"是一组时空介词，"向""朝"也是对象介词，这三个介词经常和名词、代词、方位短语等构成介词短语承担句法成分。其中，"向""朝"不仅可以介引空间，还可以介引对象，表示动作行为的方向、动作关涉的对象等；"往"可以介引空间，主要表示动作行为位移的方向。

（1）"那我们去吧？"金根回过头向他妹妹说。　　　　　　　　　（介引对象）

（2）到了十一点，小艇已经沿着湖岸向北方行驶了。　　　　　　　（介引空间）

（3）"你抓一个吧。"老爷爷朝他说。　　　　　　　　　　　　　（介引对象）

（4）当她走到外院时，她的眼光不由得朝东边小偏院瞥去。　　　　（介引空间）

（5）第二天早晨，从米家镇开往黄原的第一辆长途汽车过来后，挤在公路边上为少平送行的全家人，都举起胳膊拦挡车。　　　　　　　　　（介引空间）

学习者若对"向""朝""往"所介引的对象和意义理解不准确，往往会出现介词遗漏、误加等偏误。此外，因为"向"和"朝"都可以介引空间和对象，而介词"往"只能介引空间，因此，学习者也会出现"向/朝"与介词"往"混淆的情况。从形式上来看，介词短语"向……"和"往……"既可以作状语，又可以作补语；"朝……"只能作状语，这也容易让学习者产生"向/往"和"朝"的混淆。

【"向"的典型偏误案例】

（6）*我毕业后，跟我的兄弟姐妹一样向你孝顺。

（7）*我该母亲学习。

（8）*每次妈妈生气的时候，要求我向着墙站20分钟。

例（6）中，"孝顺"可以直接带宾语"你"，无须"向"介引对象。例（7）需要介词"向"介引出"我"学习的对象"母亲"。例（8）强调面对、朝向，所以应该说"朝着墙站"。

【"朝"的典型偏误案例】

（9）*我每次遇到问题，问问题朝向我的中国朋友。

（10）*它是社会文化的一部分，应好的方向去发展。

例（9）属于介词短语"朝"多余，介词"向""朝""往"构成介词短语时，一般不出现两个介词连用的情况。此外，例（9）还存在错序偏误，其正确表达是"向我的中国朋友问问题"。例（10）中的"发展"的空间是"好的方向"，需要用介词"朝/向/往"介引"好的方向"。

【"往"的典型偏误案例】

（11）*让孩子们往多方面去学习。

（12）*比如，不要马路上随便扔垃圾。

（13）*本人经常被派国内外各地参观各项广告设计展。

例（11）中的"去学习"并不具有方向性，介词"往"多余。例（12）应该改为"往马路上随便扔垃圾"，动作"扔"让宾语"垃圾"的处所位移到"马路上"，学习者对"往"表示"动作位移的方向"这一含义把握不清，所以出现了介词遗漏问题。例（13）应该是介词短语"往国内外各地"作动词"派"的补语，"派"位移的方向是"国内外各地"，所以要说"派往……"。

（二）"向""朝""往"的使用规则

运用好这一组介词，需要注意介词结构的位置、介词短语的句法功能以及与介词结构搭配的动词的特点。

1."向"的使用规则。

"向"构成的介词短语引进动作行为的方向时可以放在动词前作状语，也可以放在动词后作补语。作补语时谓语动词一般是限于"走""跑""奔""飞""逃""飘""驶""冲"等单音节的动作动词，如"走 / 跑 / 奔 / 飞 / 逃 / 飘 / 驶 / 冲向远方"。

介词"向"的使用规则见表 7–5。

表 7–5　介词"向"的使用规则

介词	语法意义		结构	搭配动词	举　例	句法功能
向1（可与朝1互换）	介引空间	引进动作行为的方向	"向"（着）+ 方向、处所词语	表示具体动作的动词，动作性较强，如"走""冲""撞""吐""泼""扔"等	（1）她一言不发地低着头向前走。（2）她不顾一切地冲向公交车前。	作状语作补语
				表示抽象动作的动词，动作性较弱，如"思考""前进""发展"等	（3）我们要向正确的方向前进。	作状语
向2	介引对象	引进动作行为关涉的对象	"向"+ 指人的名词、代词	表示身体动作、姿态、面部表情动作的动词，如"喊""叫""骂""笑""招手""点头""鞠躬""打手势"等	（4）船快开了，站在岸上的妻子向船上的丈夫招招手，扭头掉下了眼泪。	作状语
				表示给予义的动词，无"面对/互动"义，如"捐款""赠予""赠送"等	（5）向山区的小朋友赠送学习用品。	
				表示消极情绪的心理动词，如"抱怨""屈服""埋怨"等	（6）战士们是不会向敌人屈服的。	
				具有索取、询问义的动词，如"借""要""讨""收购""求助""打听""学习""咨询""说明"等	（7）向人民群众学习。	

【"向"的典型偏误案例】

（14）*我们的国家现在发展向好的方向。

（15）*我们俱乐部的人大喊着向走过去的同学们"请你们合作"，可是来到我们服务台的人很少。

（16）*但我坚持前向走。

（17）*老师向我复习功课。

介引空间、对象的介词短语"向……"作状语时，应该放在动词前，故例（14）

应该改为"向好的方向发展",例（15）应该改为"向走过去的同学们大喊"。
介词"向"要出现在方位词前,故例（16）应该改为"向前走"。介词"向"介
引对象时,部分表示身体动作、姿态、面部表情动作的动词,表示给予、索取、
询问义的动词和表示消极情绪的心理动词可以受"向 + 指人的名词、代词"结构
限制,而例（17）中的动词"复习"无此类意义,所以不能说"向我复习功课",
应该改为"帮我复习功课"。

2."朝"的使用规则。

介词"朝"既可以引进动作的方向,也可表示指向对象,介词短语"朝……"
对限制的动词也有一定的选择,具体使用规则见表7-6。另外,介词"朝"后面有
时可以加"着",但跟单音节方位词组合时则不能加"着",比如不能说"朝着前走",
可以说"朝着正确的方向前进"。

表 7-6　介词"朝"的使用规则

介词	语法意义		结　构	搭配动词	举　例	句法功能
朝1（可与向1互换）	介引空间	引进动作行为的方向	"朝"（着）+ 方向、处所词语	表示具体动作的动词,动作性较强,如"走""冲""撞""吐""泼""扔"等	（1）她一言不发地低着头朝前走。（2）她不顾一切地朝公交车前冲过去。	置于谓语动词前,作状语
				表示抽象动作的动词,动作性较弱,如"思考""前进""发展"等	（3）我们要朝正确的方向前进。	
朝2	介引对象	引进动作行为的对象,突显"面对/互动"义	"朝"（着）+ 指人/事物的名词、代词	表示身体动作、姿态、面部表情动作的动词,如"喊""叫""骂""笑""招手""点头""鞠躬""打手势"等	（4）船快开了,站在岸上的妻子朝船上的丈夫招招手,扭头掉下了眼泪。（5）朝着墙站好!	

【"朝"的典型偏误案例】

（18）*飞机飞朝北京。

（19）*她笑了笑朝我走了。

例（18）中,学习者用"朝"误代了"向/往",介词短语"朝……"不能出
现在补语位置,故例（18）应该用"向/往北京"作"飞"的补语,出现这类偏误
是因学习者对可用于中补结构的介词掌握得不够清楚。例（19）是介词结构与动
词的顺序错误,"朝"介引对象时,其基本结构为"朝（着）+ 指人/事物 N/NP/

Pron（名词/名词短语/代词）+V（动词）"，故例（19）应改为"朝我笑了笑走了"。

3."往"的使用规则。

介词"往"可以介引空间，构成介词短语"往……"限制具体动作行为的动词和表示抽象动作行为的动词。"往……"限制具体动词时，一般具有较强的动态性，语义上突显"空间位移"，"往……"限制抽象动词时经常表示"情况变化"。此外，"往"还可以形成固定结构表示程度。"往"构成的介词短语可以放在动词前作状语，也可以放在动词后作补语。作补语时谓语动词一般是限于"开""通""迁""送""寄""运""派""飞""逃"等少数几个动词，如"开""通""迁""送""寄""运""派""飞""逃往西安"。介绍"往"的使用规则见表7-7。

表7-7 介词"往"的使用规则

介词	语法意义		结 构	搭配动词/形容词	举 例	句法功能
往	介引空间	引进动作位移的方向	"往"+方向、处所词语+V	表示具体动作的动词，动作性较强，如"走""冲""撞""吐""泼""扔""派"等	（1）她一言不发地低着头往前走。（2）她被派往北京出差。	作状语作补语
				表示抽象动作的动词，动作性较弱，限于"想""思考""发展"等词语	（3）事情正在往好的方向发展。	作状语
		引进动作位移的方向"回"	"往"+回+V	表示具体动作的动词	（4）想起来大哥交代的事情，他赶紧调头往回走。	作状语
	表程度	固定结构	"往"+形/动1+（里）+动2	动词1一般表示消极意义，动词2表示具体动作	（5）这些粮食往少里说也有一百斤。	

【"往"的典型偏误案例】

（20）*三个和尚按照那本书的办法，走了往北又走了往西，每个方向三公里。

（21）*我和贤英一起走往学校的奶茶店。

例（20）中，学习者误将介词短语"往北""往西"放在补语的位置，应改为"往北走""往西走"。例（21）中，介词短语"往学校的奶茶店"应放在动词"走"前作状语。学习者出现这一问题一是受母语负迁移的影响；二是"往+N/NP（名词/名词短语）"既可以出现在谓语动词前作状语，也可以出现在谓语动词后作补语，但能带补语的谓语动词是有限的，学习者不清楚哪些动词带"往+N/NP（名词/名词短语）"补语，就出现了偏误。

（三）"向""朝""往"的使用条件比较

"向""朝""往"的使用条件对比见表7-8。

表7-8　介词"向""朝"和"往"的使用条件对比

语法意义及用法			向	朝	往
介引动作行为的对象	搭配	介引的宾语为指人名词或代词；限制的动词表示身体动作、姿态、面部表情动作	他向我笑了笑。	他朝我笑了笑。	×
		+"着"	×	他朝着我笑了笑。	×
		消极情绪的心理动词	向敌人屈服	×	×
		引进负责、学习、致敬、挑战等动作的另一方，介引的宾语是动作的对象，动词是抽象性动词	向雷锋同志学习 向"逆行者"致敬	×	×
		单方面动作（给予/索取/言说类动词）	向灾区人民捐款 向老师借书	×	×
	隐含义	非"面对面"的信息传递	向全国人民拜年	×	×
介引动作行为的空间、处所、方向	搭配	介引的宾语为方向、处所名词，限制的动词为动作动词	向前走	朝前走	往前走
		+"着"	向着公交车前冲过去。	朝着公交车前冲过去。	×
	隐含义	"面对"义	×	朝墙站好	×
		突显"空间位移"、往返	×	×	往回走
句法功能	作状语		√	√	√
	作补语		√	×	√

通过对比可以看出，这三个介词的使用和辨析要注意以下五点：

1.介词"向""朝""往"都可以介引动作行为的空间、处所、方向，介词"向""朝"还可以介引动作行为的对象，三者的语法意义和结构既有重叠之处又有差异，容易导致学习者出现混淆偏误。

2.介词短语"向……""朝……""往……"作状语限制动词时，介词短语与动词的搭配是有条件的，有些动词只能搭配"向……"，有些动词只能搭配"往……"，有些动词只能搭配"朝……"，学习者学习了"向""朝""往"介引的介词结构，但在表达时往往会选错介词结构，出现介词短语与动词搭配不当的偏误。

3. 介词短语"向……""朝……""往……"用在句中往往还有隐含语义，如"向……"可以限制单方面的动作，"朝"突出"面对、互动"义，"往"突显"空间位移"，这些隐含语义都会影响句子的语义表达。对学习者来说，理解隐含语义是比较难的，这容易导致学习者出现混淆偏误。

4. 承担句法成分时，"向……""往……"介词短语既可作状语又可作补语。当"向……"引进动作行为指向的对象时，只能作状语不能作补语，如可以说"向我招手"，不能说"招手向我"。"向……"作补语时谓语动词一般是限于"走""跑""奔""飞""逃""飘""驶""冲"等单音节的动作动词；在"往+回+动词""往+形/动1+（里）+动2"固定结构中，"往……"作状语。"往……"作补语时谓语动词一般是限于"开""通""迁""送""寄""运""派""飞""逃"等少数几个动词。很多学习者并未认识到"向……""朝……"和"往……"承担句法成分的区别，容易将作补语的情况过度泛化，出现错序偏误。

5. 加"着"的情况，介引动作行为的对象的"朝"可以加"着"，如"朝着老师招了招手"。介引动作行为的对象的"向"不能加"着"；介引动作行为的空间、处所、方向的"向"和"朝"可以加"着"，如"朝/向着远方奔跑""朝/向着炮火前进"，但当介词后为单音节方位词时一般不加"着"，不能说"向着北走"。这一差异非常细微，在教学中需要多加注意。

二、"向""朝""往"偏误教学难点

难点一："向/朝/往……"介词短语后动词缺失

（22）* 向老师我的歉意。

（23）* 下课我们很快朝食堂去。

（24）* 我的朋友早上起床，想了想，就往外面。

例（22）是介词短语"向……"搭配的动词的遗漏，应改为"向老师表达我的歉意"。例（23）遗漏了和介词短语"朝……"搭配的动词，应改为"朝食堂走去"。例（24）中的介词短语"往外面"表示方向，但句中未出现"往外面"限制的动作，其正确表达应该是"往外面走"。

难点二：根据动词特点判断是否需要"向/朝/往"

从"向""朝""往"的使用规则可以看出，这三个介词构成介词短语后所限制的动词在语义上是有一定条件限制的，学习者未能认识到动词意义与介词

短语的关系，就会出现过度泛化的偏误，如一遇到对象、空间类宾语就用介词"向""朝""往"介引提前，导致语序问题和介词多余的问题。例（25）至例（28）均是学习者对动词特点把握不清而误加或遗漏"向 / 朝 / 往"的偏误，同时也存在语序问题。

（25）* 他们总是向我告诉没事。

（26）* 我每次遇到问题，朝我的老师问。

（27）* 于首都修完两年的广告设计科后，本人就赴往澳洲维多利亚大学继续攻读广告设计的课程。

（28）* 如果有的孩子生病但找不到好医生的话，他肯定会全力以赴地打听所有的朋友们问问他们认不认识医术高的医生。

例（25）中，"告诉"可以带双宾语，直接说"告诉我没事"，不需要"向"介引"我"，这是学习者学习"向 + 名词 / 代词 + 动词"结构表示引进动作对象的过度泛化导致的偏误。例（26）中，动词"问"可以直接带宾语"我的老师"，无须"朝"介引。例（27）中，介词短语"往澳大利亚"可以表示动作的方向，但句中动词"赴"本身已经具有"前往"义，介词"往"导致语义重复，从而出现误加偏误。

反之，有些动词需要用介词"向 / 朝"将对象宾语提前，特别是"打听""了解""宣传""负责""赔礼""道歉"等不能带双宾语或不及物的动词需要由"向 / 朝……"来介引动作的对象，把指人宾语提前。例（28）应该改为"向所有的朋友们打听"。

难点三：介词短语"向 / 朝 / 往……"与动词的语序问题

（29）* 想表示向你们的我的心意。

（30）* 然后那个司机马上开了车向首都机场。

介词短语"向……"引进动作的对象时，必须放在动词前。例（29）中，介词"向"引进对象，介词短语应放在动词前作状语。引进动作的方向时，"向……"大多用在动词前，用在动词后的"向……"对动词有要求，且在句意上突出补语部分。例（30）中，"向首都机场"表示动作方向，但动词"开"后有宾语"车"，不能再加"向……"补语。

（31）* 我差一点迟到早上，朝跑学校。

（32）* 希望他们的关系可以发展朝好的方向。

表示动作的方向时，介词短语"朝……"必须放在动词前。例（31）是介词短语结构出现错误，正确的语序应该是"朝 + 名词 / 名词性短语"构成介词短语放在动词"跑"前作状语,"朝跑学校"应改为"朝学校跑"。例(32)是介词结构与动词语序出现错误,正确的语序应该是"朝好的方向发展"。

(33)*突然爸爸骂我:"你开往哪里车!"

(34)*我总是想往坏处一些事情。

例(33)应该是介词"往"介引方向"哪里",正确的语序是"往哪里开车"。例(34)中,介词短语"往坏处"应放在动词"想"的前面做状语。学习者出现以上偏误有两个原因,一是没有区分开"往 +N/NP(名词 / 名词短语)"作状语和作补语的情况,二是受母语负迁移的影响。

难点四:介词"向""朝""往"等词语的混淆

"向""朝""往"用法的混淆比较常见,因这三个介词具有重叠的意义领域、结构和用法,学习者在学习这一组介词后,非常容易出现混淆偏误。此外,"向"和"对""给""跟"、"往"和"在""从""到"以及动词"去"的混淆偏误也比较常见。"向"和"对""给""跟"的混淆分别在本章第三、四、五节进行讨论和辨析。

1."向"和"朝"。

(35)*学校组织师生朝灾区捐款。

(36)*做游戏的时候,想到答案的同学飞快地跑朝第二个座位。

介词"向"和"朝"都可以介引空间和对象,在介引空间时,二者可以互换,如"她朝东走了",也可以说成"她向东走了";在介引对象时,"朝"突显的是面对、双方互动,而"向"突显的是动作发出者单方面的行为。

例(35)应该用介词"向",学习者误用为"朝"。介词短语"向……"能够和表给予的动词搭配,如"向……捐赠 / 赠予 / 提供"等,介词短语"朝……"没有这一用法。"捐款"是单方面行为,且具有给予义,所以应该修改为"向灾区人民捐款"。例(36)同样是应该用"向",学习者误用"朝",介词短语"向……"既可以放在动词前作状语,也可以放在动词后作补语,如"向她表达心意""走向光明",而介词短语"朝……"只能在动词前作状语。例(36)中的"朝第二个座位"作动词"跑"的补语,应该用介词"向",不能用"朝"。

2."向"和"往"。

(37)*我考试没有考好,慢慢地向回走。

(38)*你可以往行人问路。

(39)*他往医院捐款一百万元。

例（37）应该用"往"，学习者误用为"向"，介词"往"在介引空间时，突出向目的地移动的方向，常有"往返"义。例（37）突出"走"的方向是"回"，所以正确的表达应该是"往回走"。例（38）和例（39）应该用"向"，学习者误用为"往"。"往"不能介引动作对象，"行人""医院"都是动作的对象，所以例（38）应该改为"向行人问路"，例（39）应该改为"向医院捐款一百万元"。

3．"朝"和"往"。

"朝"和"往"的混淆偏误不是很多，主要出现在学生学习"朝"之后。当然，因为"朝"本身的使用率低，交际中也存在不易分析的回避偏误。

（40）＊我的作业朝少里说也要写三个小时。

（41）＊昨天我朝车站跑了三趟。

这两例应该用"往"，学习者都误用为"朝"。例（40）应该用介词"往"加上形容词"少"构成"往少里说"表示程度，"往＋Adj/V（形容词／动词）＋里"可以表程度，"朝"并没有这一用法。例（41）应改为"往车站跑了三趟"，介词"往"介引处所时表示动态，突出动作的位移，常有"往返"义，"朝"并没有这一含义，所以应该用介词短语"往车站"做"跑"的状语。

4．"往"和"在"。

（42）＊吸烟者走路的时候，随便在地上扔抽完的香烟，使人感到不满。

（43）＊父母为了养家，日夜往外奔波劳累，经常早出晚归。

例（42）应该用介词"往"，学习者误用为"在"。例（43）应该用介词"在"，学习者误用为"往"。介词短语"往……"表示动作的位移，"在……"表示动作发生或事物存在的处所，"扔"是一个表示动作位移的动词，应该用"往……扔"来表示"香烟"的位置因动词"扔"而出现位移，故例（42）应修改为"随便往地上扔抽完的香烟"。介词"往"和"在"都可以介引方位名词"外"，构成介词短语"往外""在外"，但这两个介词短语后面搭配的动词是不同的，"往外"搭配的动词动作性和位移性强，如"往外走"；"在外"搭配的动词动作性弱，可以不具有位移性，强调处所，如"在外工作"。例（43）中，"奔波劳累"的处所是"外"，应改为"在外奔波劳累"。

5．"往"和"从"。

（44）＊往长时间来看，这会导致人数一直往下跌。

（45）＊我再往现代少年的角度看呢，就不会觉得奇怪了。

介词"从"表示起点、凭借、根据等，"往"表示动作的方向，介词"从"

可以构成框架结构"从……看 / 来看"表示说话人的立场出发点，但介词"往"并没有这一用法，以上偏误均是将介词"从"误用为"往"，正确的表达应该是"从长时间来看""从现代少年的角度看"。

6. "往"和"到"。

（46）*有吸烟者从前方到我这边走过来了。

（47）*在这小镇住了三个月，又往苏西的巴东市住了一个月后我们又搬到巨港市住下来。

例（46）中应该用介词"往"，学习者误用为"到"，"从前方往我这边走过来"突显的是动作的方向，而不是动作的终点，所以应该用介词"往"，学习者出现这一偏误的原因是受介词框架"从……到……"的影响。例（47）应该用介词"到"，学习者误用为"往"，"又到苏西的巴东市"突显的是动作的终点而非位移，所以应该用介词"到"。

7. "往"和动词"去"。

（48）*这位青年和尚说完了这段话后，挺身拿起挑水工具，往山下抬水去。

（49）*因为不能往香港见爷爷最后的一面，我很伤心。

（50）*由于往这家公司的交通非常不便，而且贵公司和我的住处是在同一个城市，所以我想在贵公司应聘此职。

学习者出现介词"往"和动词"去"混淆偏误的主要原因是"往"也有动词词性，且动词"往"意义同"去"，如"人来人往""你往东，我往西"。动词"往"一般用在有对比意义的语境中。例（48）的核心动词是"抬水"，"往山下"作状语违背原意，原意是"去山下抬水"。例（49）的核心动词"见"不具有位移性，"往香港"不能作"见"的状语，此处应该用动词"去"。例（50）中，"往这家公司"构成介词短语，但后面没有搭配位移性动词，"往这家公司"也不能作"交通"的定语，所以应将"往"改为"去"。

三、"向""朝""往"教学建议

从语言本体来看，"向"的意义和用法比"朝"和"往"多，通过对比能够发现，在大多数情况下，可以用"向"替换"往"或"朝"。新 HSK 词汇等级标准中，"向"归为 2 级词汇，"往"归为 4 级词汇，"朝"归为 5 级词汇。汉语学习者先学习介词"向"，在实际的应用过程中也更习惯于使用"向"。HSK 动态作文语料库中，"向"的偏误语料也是远远多于"往"和"朝"的，"往"的偏误语料又多于"朝"。

从这一组介词的习得情况分析，我们在教学中应该注意以下几点：

1.可以采用格式法进行教学，化繁为简，减少偏误。以"向＋动作行为的对象"为例，教师可以把"向＋人＋身体动作、姿态、面部表情动作""向＋人＋单方面动作动词（给予／索取／言说）"等作为固定格式教授给学生，这样能够有效避免学生在使用介词时出现误加、混淆和语序问题。

2.介词"向"和"朝"既可以介引空间、处所、方位，又可以介引动作行为的对象，大多数用"朝"的句子都可以用"向"替换，在学习这两个介词后，可以采用归纳法进行总结。以介词"向"为例，我们可以先把其意义归为"向＋空间／处所／方位""向＋对象"两大类，然后再细化其中的小类。

需要注意三个方面的情形：其一，注意只能用"向"和个别倾向于用"朝"的情况。其二，"向"可以构成介词短语作补语，而"朝"不可以。其三，"朝"属于 HSK 的 5 级词汇，又存在可与"向"替换的情况，学生学习和使用这个词语时可能采用回避策略。

3.介词"向"和"往"构成的介词短语可以作状语、作补语，要注意辨别。当"向／往 +N/NP（名词／名词短语）"用在谓语动词的后面作补语时，动词只限于个别单音节的动作动词。学习者如果注意不到这一点，会说出"她走去向教室外面"这样的句子，我们可以将能够带"向／往 +N/NP（名词／名词短语）"补语的常见单音节动词逐一进行说明。

4.对中、高级阶段的汉语学习者，教师可以采用对比法教学，"向""往""朝"在语义上有相似之处，通过对比辨析能够更好地帮助学生理解和掌握这一组介词。由介词"向""朝"和"往"的用法比较来看，三者的区别主要体现在语义搭配（与名词的搭配，对动词的选择）和句法功能上，而语义搭配方面更容易出现偏误。这就要求我们在进行对比教学时，要多注重语义搭配的训练，特别是要注意介词"向""往""朝"构成介词短语后对所限制的动词的选择。

5.介词"朝"的语义和搭配比较复杂，且容易与"向""往"两个介词混淆。汉语语言表达中，"朝"的使用频率没有"向"高，多数用"朝"的句子可以用"向"。以上原因导致学习者较少使用这一介词，自然出现的偏误也较少，但这并不能说明学习者掌握了这个介词，相反，这是学习者采用了"回避"策略。在进行"朝"的教学时，要注意使用这个介词的语言环境，特别是要对只能用"朝"不能用"向""往"的情况进行说明，句中具有明确的"面对"义时一般用"朝"，如"朝墙站好"。

【教学示范案例】

一、"向"的课堂教学

"向"可以介引动作行为的对象，也可以介引处所方位空间，构成的介词短语可以做状语、补语。不同的用法出现在不同的学习阶段，在此我们以"向"介引对象作状语的用法为例，提出这一介词的课堂教学建议。"向"引进动作行为指向的对象作状语时，构成的结构是"向 + 指人 N/Pron/NP+V/VP"，动词一般是表示身体动作、姿态、面部表情动作或具有给予、索取、询问义的动词，如"喊""叫""笑""捐款""赠予""赠送""借""要""问""说明"等。

"向 + 指人 N/Pron/NP+V/VP"结构可以细化为"向 + 指人 N/Pron/NP+ 动词""向 + 指人 N/Pron/NP+ 动宾结构"和"向 + 指人 N/Pron/NP+ 中补结构"，可以将一个结构在导入、讲解、操练结束后再进行另一个结构的教学，也可以在导入、讲解、操练框架下讲练这三种结构。此处为讲解方便，我们采用后一种方法。

（一）导入环节

导入环节要注意设置的情景，PPT 要能够引出典型例句，并且要将典型例句在黑板上板书。

情景导入示例如下。

教师：同学们，上午好。

学生：老师好。

教师：刚才我们在做什么？

学生：打招呼 / 你好，你好……

教师：刚才老师向同学们问好。同学们也向老师问好。（板书例句）

（教师给一位同学赠送中国礼物）

教师：老师向麦红同学赠送礼物。（板书例句）

学生：我们的礼物 / 我们想要……

教师：大家向老师要礼物。（给其他同学赠送礼物，板书例句）

教师：老师给大家礼物的时候，同学们都在微笑，我们可以说："同学们向老师笑了笑。"（板书例句）

（二）讲解环节

讲解介引对象的"向"时，要注意"向 + 指人 N/Pron/NP+V/VP"结构的操练以及能进入这个结构的动词意义的说明。结合动词特点，我们可以采用格式法、情景法、绘画法等进行讲解。

1. 格式法。

讲解"向 + 指人 N/Pron/NP+V/VP"结构，说明动词特点。进行格式教学可以使学生有效减少形式上的偏误。

格式1：向 + 指人 N/Pron/NP+V

例句：我们向灾区捐款。

向你的朋友问好。

孩子向我招手。

格式2：向 + 指人 N/Pron/NP+V+ 宾语

例句：我向服务员要了一双筷子。

我向老师说明了当时的情况。

我向中国的朋友赠送礼物。

格式3：向 + 指人 N/Pron/NP+ 中补结构

例句：老师向我笑了笑。

他向我说明了一下。

她向我解释了三个小时。

采用格式法教学时，教师可给出例词，引导学生说句子，然后师生整理格式。

讲解句子结构："向 + 指人 N/Pron/NP+V/VP"

意义："向"引出动作行为的对象，如例句中的"向"引出的是"捐款""要筷子""笑"的对象。

位置："向……"引入对象时可以在主谓之间作状语，不能放在句首或句尾。

动词特点：表面部表情、身体姿态的动词或具有给予、索取、询问义的动词。

2. 情景模拟法。

模拟餐厅场景，一位学生扮演服务员，其他学生扮演用餐人员。在每组学生的桌子上写明座位号和用餐缺少的东西，如筷子、汤勺、碗、菜单等。

服务员：欢迎光临，我们的特色菜是……现在请大家点餐。

1组：服务员，我们没有菜单。

2组：我们没有筷子 / 碗……

教师引导学生说句子："服务员向顾客介绍特色菜。""1号座位的顾客向服务员要菜单。""2号向服务员要餐具。"逐一讲解结构，讲练结合，总结规则。

（三）操练环节

1. 句式替换。

我　　　向　　　大山　　　笑了笑。
　　　　　　　　导游　　　说明情况

2. 把句子补充完整。

我最近没有生活费了，我想_____。

麦红学习特别认真，每天都练习口语，我们应该_____。

3. 改写句子。

我借了一支笔，这支笔是麦红的。——我向麦红借了一支笔。

我要了一个杯子，杯子是服务员给我的。

我打碎了老师的水杯，我说"对不起"。

4. 接龙游戏。

游戏任务：结合教室里的情景，依次用"向 + 指人 N/Pron/NP+VP"说句子，用时短且正确率高的一组获胜。

游戏分组：随机分组，将全班学生分为人数相同的两组。（如果班级学生是奇数，抽签选一位学生作为幸运者加入胜利组并说最后一个句子）

游戏环节：教师说第一个句子后，第一组第一位同学开始说句子。

游戏举例如下。

教师：我向麦红问一个问题。（说完后开始计时）

麦红：老师向我问了一个问题，我向大山借了一支笔。

大山：麦红向我借了一支笔，我向金龙俊问好。

总结游戏：纠正学生偏误，给获胜组奖励，再次总结规则。

5. 交际性练习。

完成"中国文化小调查"（表 7-9），同时操练"向 + 指人 N/Pron/NP+V"结构。

表 7-9　中国文化小调查表

向"谁"	做什么	具体内容
中国朋友	了解春节的习俗	贴春联、挂灯笼……
老师	询问旗袍的价格	
爸爸妈妈	介绍中国美食	
……		

句子举例：我向中国朋友了解春节的习俗，春节的习俗有贴春联、挂灯笼。

二、"往"的课堂教学

"往"主要用于介引处所、方位、空间或表程度，不同的用法出现在不同的学习阶段。我们以"往 + 方位词 / 处所词 +V/VP"为例，提出这一介词的教学建议，其用法见表 7–10。

表 7–10　"往 + 方位词 / 处所词 +V/VP"结构

	处所 / 方位词	动词 / 中补结构 / 动宾结构	
往	右	走 / 走一点儿	（动词有位移义）
	南边	拐 / 拐一下	（动词有位移义）
	屋子里	瞧 / 瞧一下	（动词与"看"相关）
	右	移 / 移家具	（动词有位移义）
	桌子上	摆 / 摆餐具	（动词有位移义）

（一）导入环节

1. 情景导入。

A. 导入"往 + 方位词 / 处所词 + 动词"结构。

（教师站在教室门口）

教师：我现在想去办公室，应该怎么走？

学生：右边 / 教室右边……

教师：往右走是办公室，我们说"往右走"。（板书例句，标记"往右走"）

B. 导入"往 + 方位词 / 处所词 + 动词 + 补语"结构。

（教师准备地图，请一位同学把地图贴在黑板的最左边）

教师：地图在左边，老师看不清，大家说怎么办？（站在讲台右边）

学生：老师走左边 / 左边走……

教师：老师往左边走一点儿。地图往右边挂一点儿。（板书例句，标记"往左边走一点""往右边挂一点儿"）

C. 导入"往 + 方位词 / 处所词 + 动词 + 宾语"结构。

（教师准备地图，在教室里找适合挂地图的地方）

教师：老师的地图挂在哪里好？

学生：墙上 / 黑板上 / 后边……

教师：地图可以挂在墙上。（请一位同学挂地图）

教师：麦红往墙上挂地图。（板书例句，标记"往墙上挂地图"）

2.动作演示导入。

A.导入"往 + 方位词 / 处所词 + 动词"结构。

（教师在教室里来回走动，一边走一边表达）

教师：老师现在正在往前走 / 往后走。（板书"往前走""往后走"）

B.导入"往 + 方位词 / 处所词 + 动词 + 补语"结构。

（教师在讲台上较小幅度地移动，一边做动作一边表达）

教师：老师往前走一点儿、往左拐一下、往后看一下……（板书"往前走一点儿""往左拐一下""往后看一下"）

C.导入"往 + 方位词 / 处所词 + 动词 + 宾语"结构。

（教师做倒水、装可乐的动作）

老师：老师往水杯里倒水。老师往书包里装可乐。（板书例句，标记"往水杯里倒水""往书包里装可乐"）

（二）讲解环节

在"往 + 方位词 / 处所词 + 动词"结构讲解中，一要注意方位词、处所词的使用，二要注意动词的特点，"往"后的动词往往是表示具体动作的动词，动作性较强或者有"看"的意义，如"走""冲""撞""拐""瞧""看""瞅""扔""倒""放"等。结合动词的特点，我们可以选择归纳演绎法、图片法、情景模拟来进行讲解。

1.归纳 + 演绎。

下面以讲解"往 + 方位词 / 处所词 + 动词"结构为例。

根据导入环节写在黑板上的"往前走""往左拐""往右跑""往后看"总结"往 + 方位词 / 处所词 + 动词"结构。向学生说明动词的特点，强调动词必须放在介词短语"往……"之后，结构中的方位词"前""左""右""后"也可以换为处所名词或一般名词 + 方位词，如"车站""KTV""超市""教室外"等。要求学生说一些处所词和行为动词，师生根据结构说句子，讲练结合。

讲解"往 + 方位词 / 处所词 + 动词 + 补语"结构和"往 + 方位词 / 处所词 + 动词 + 宾语"结构的方法同上，需要说明不同动词的特点和用法。

2.图片法。

下面以讲解"往 + 方位词 / 处所词 + 动词"结构为例。

教师展示图片（图 7-6），学生说句子。

教师：刘翔在做什么？（指导入阶段写在黑板上的例子）

学生：往前跑。

往前跑 往教室外看

图 7-6

教师：这个小姑娘在做什么？（指导入阶段写在黑板上的例子）

学生：往外看。

教师：他往前跑。（学生跟读）

教师：小姑娘往教室外面看。（学生跟读）

板书结构"往 + 方位词 / 处所词 + 动词"，并结合例子说明这一结构中动词的特点，师生一起说出其他动作性强的动词和方位词、处所词，利用准备的图片引导学生说句子，讲练结合。

讲解"往 + 方位词 / 处所词 + 动词 + 补语"结构和"往 + 方位词 / 处所词 + 动词 + 宾语"结构也可以采用图片法，注意总结结构，说明动词的特点和用法。

3. 卡片 + 情景模拟。

下面以讲解"往 + 方位词 / 处所词 + 动词"结构为例。

学生抽写有处所名词的卡片，如银行、车站、酒吧等，抽到卡片的学生所坐的位置表示处所所在地。

教师：老师要坐公交车，应该怎么走？（走向抽到"车站"卡片的同学）

学生：老师往车站走。

教师：（站在抽到"车站"卡片的同学身边）我没有钱，车站附近有银行吗？

学生：往右走 / 右边……

教师：对，往右走是银行。

板书结构"往 + 方位词 / 处所词 + 动词"，说明动词特点，讲练结合。

讲解"往 + 方位词 / 处所词 + 动词 + 补语"结构和"往 + 方位词 / 处所词 + 动词 + 宾语"结构也可以采用"卡片 + 情景模拟"的方法，注意总结结构，说明动词的特点和用法。

（三）操练环节

操练时可根据讲解环节的内容细化结构，板书"往 + 方位词（前、后、左、右……）

/处所词（食堂、书店、银行、教室外、马路对面……）+动词（走、冲、看、瞧、扔、摆、装……）"。在操练环节要注意纠正学生的偏误，根据偏误情况再次举例讲解。除常见的变换句子、排序等机械性操练外，还可以采用以下方法。

1. 看图说话。

看图 7-7，用"往 + 方位词 / 处所词 + 动词 / 中补 / 动宾"结构说句子。

图 7-7

2. "你说我画"游戏。

游戏任务：观察教室后，一位同学蒙住眼睛走到讲台上在黑板的指定区域画画，另一位同学说句子指导画画的同学走到讲台上并在指定区域作画。教师提供简笔画卡片，在规定的时间内画图多、句子说得对的组获胜，说句子时要使用"往 + 方位词 / 处所词 +V/VP"结构。

游戏分组：2 人一组。

游戏举例：往前走，停。往左边走一点儿，画一朵花。

往左拐，往前走，画一棵小草。

总结游戏：纠正学生的偏误，给获胜组奖励，再次总结规则。

3. 全身反应法。

指定某一位学生根据黑板上给出的结构和词语说句子，其他同学做动作，做动作最快的同学继续说句子。

举例：大山往前走。

老师往左边站一点儿。

安比往脸上喷护肤水。

4. 交际练习。

完成"春节文化活动调查"（表 7-11），仿造句子。

表 7-11 春节文化活动调查表

处所	门上	玻璃上	墙上	红包里	……	……
动作	贴对联、贴"福"字					

例句：春节的时候，中国人往门上贴对联、贴"福"字。

学生根据表7-11中的内容进行调查，询问自己的中国朋友或采访校园里的同学关于春节的文化习俗。学生也可以对表格进行补充，介绍自己国家的节日习俗。

第三节　"对"和"对于"偏误分析与教学

"对""对于"介引对象，用法复杂，构成介词短语后对限制的中心语有一定的要求，厘清"对""对于"的使用语境和规则，才能发现学习者运用这组介词时出现的问题，进而分析介词偏误，提出教学建议。

一、"对"和"对于"偏误概述

（一）使用语境

"对"和"对于"都是介引对象的介词，构成介词短语后可以用在主语前或主谓之间，表示动作行为针对、关涉的对象，"对"还可以表示动作行为面对的对象，有"面对"义。

（1）她对我笑了笑。　　　　　　　　　　　（介引对象，有"面对"义）

（2）他对于"道德"的观念有一套自己的解释。（介引关涉对象）

一般来说，这两个介词介引的都是动作发出者单方面动作的对象，不能介引动作发出者和承受者双方共同动作的对象。要注意主客体的位置，"对""对于"介引的是客体。并非所有的动作对象都需要用"对""对于"介引，有些动词是可以直接带对象宾语的，无须介词介引。

（3）她对我说了一件事。　　　　（"说"是"她"单方面的动作）

（4）*她对我讨论了一件事。　　　（"讨论"是双方动作，不能用"对"）

（5）我对她表达歉意。　　　（"表达"不能带对象宾语，要用"对"介引）

（6）*我对她对不起。　　　（"对不起"可以带对象宾语，无须"对"介引）

（7）我对她特别好。　　　　　　　　　　（"她"是客体）

（8）对于这件事情，我不想再多说了。　　（"这件事情"是客体）

（9）服务员对顾客很热情。　　　　（"对"引入指人对象"顾客"）

（10）*服务员对于顾客很热情。　　（"对于"不能引入指人对象"顾客"）

【"对"的典型偏误案例】

（11）* 日本法律界也正在考虑对孩子教育的问题。

（12）* 我对我的朋友拥抱。

（13）* 在一个方面对你会赢，但也许在另一个方面会输。

（14）* 今天考试地点汉城外语大学，我这里很陌生。

例（11）中，"考虑"可以带对象宾语，故应改为"考虑孩子教育的问题"。例（12）中，"拥抱"是双方的动作，不能用"对……"限制，应改为"我拥抱我的朋友"。例（13）中的"输""赢"等动词不能受"对……"的限制。"对"可以介引出主体面对的对象、关涉的对象、针对的对象，但不能是输或赢的某一方。例（14）应该用"对"引出"很陌生"关涉的对象"这里"，此句应该改为"我对这里很陌生"。

【"对于"的典型偏误案例】

（15）* 所以我经常和父母亲一起商量对于这个问题。

（16）* 我也有一至两年的工作经验，且对于摄影与拍照都是我的专长。

（17）* 这件事，可以说丈夫不理解妻子吗？

学习者学习介词"对于"后，经常会在看待、评价的对象前误加这个介词。例（15）中，"商量"是双方动作，且可以直接限制宾语"这个问题"，无须"对于"介引。例（16）中，"对于"介引关涉的对象"摄影与拍照"构成介词短语后，应该限制与情感、态度、想法等有关的动词或形容词，可以改为"对于摄影与拍照都很擅长"，或者去掉"对于"。例（17）与前两例相反，需要介词"对于"介引出关涉的对象"这件事"，否则句子结构和语义均存在问题。

（二）使用规则

1. "对"的使用规则。

"对"可以做量词、形容词、动词和介词，如"一对手套""不论对错""对事不对人""对我来说"。介词"对"介引对象，一般搭配体词性宾语构成介词短语限制动词或形容词性的中心语。研究介词"对"，需要研究介词短语"对……"的结构、意义、用法，以及介宾短语"对……"限制的中心语的特点。根据吕叔湘和陆庆和的观点，我们将介词"对"的用法总结成表7-12。

【"对"的典型偏误案例】

（18）* 婚姻这个问题对每个人有每个人的看法。

（19）* 我也知道，对吸烟身体不太好，我每天想"今天真不要吸，丢了烟吧"。

（20）* 我真失望我自己。

（21）* 现在在中国对说汉语的外国人有很多工作的机会。

表 7-12　介词"对"的使用规则

介词	语法意义	结构	语义	限制的中心语	举例
对	介引面对的对象	对 +NP+VP	有"言说""面对"义	言说类动词，如"说""说明""解释""发誓""忏悔""撒谎"等	（1）她对我说了出国的事。
				表身体动作、姿态、面部表情动作的动词，如"喊""叫""骂""笑""招手""点头""鞠躬""打手势"等	（2）我远远看见他在对我招手。
	介引关涉的对象	对 +NP+有/没有（不、无）	引进"有无类"动词的对象	有无类动词 + 宾语组成的动宾短语，如"有利""不利""有害""无害""有/没要求""有/没意见""有/没礼貌""有/没印象""有/没办法等	（3）张老师对不听讲的学生很有办法。
		对 +NP+AP	引进感知、思考、认识的对象	经验认知类动词如"了解""理解""投入""入迷""明白""精通""熟悉"等	（4）他对中国的风俗不太了解。
		对 +NP+VP/AP	表"对待"	表情感、态度、想法的动词和形容词。心理动词，如"关心""尊重""不满""感谢""怀疑""理解"等①。形容词，如"温柔""小心""热心""好奇""冷淡""严厉""生气""反感""愤怒"等	（5）我对他的做法非常不满。（6）老师对我们很严厉。
	介引针对的对象	对 +NP+VP/小句	针对某人或某事采取行动	形式动词"进行、加以、给予、作、表示"+谓词性宾语"帮助、保护、报复、调查、分析、干涉、破坏、威胁、援助、安慰、教育"等构成的动宾短语	（7）对表现优秀的同志，我们应该予以表扬。
			针对某人或某事采取对策，口语色彩浓	对策类动词如"管理""采取""负责"等；对策类动词构成的动宾短语，如"制定政策""采取措施"等	（8）对小商贩加强管理。（9）对不服从管理的人员采取强制措施。
	介引看待事物	对……来说	提出观点或看法，口语色彩浓	常位于句首，限制小句	（10）对留学生来说，声调的学习比较难。

例（18）动作的主体是"每个人"，客体是"婚姻这个问题"，介词"对"和宾语"婚姻这个问题"错序，正确的表达是："对婚姻这个问题，每个人有每

---

① 这一结构的心理动词前往往要加上形式动词，如"对她表示不满/感谢/理解/怀疑"。

个人的看法。"例（19）中的"对"关涉的对象是"身体"，应该改为"吸烟对身体不太好"。例（20）中，学习者在形容词"失望"后误加宾语，应该用介词"对"将宾语"我自己"提到"失望"前，正确的表达是："我对我自己真失望。"例（21）是"对+NP+有/没有"结构使用的过度泛化，如可以说"对……有/没要求""有/没好感""有/没好处""有/没意见"，但不能说"对……有机会"。

2. "对于"的使用规则。

"对于"也是一个介引对象的动词，可以引进动作针对的对象和动作涉及的对象，构成介词短语"对于……"限制中心语，来表示对事物或行为的态度、看法、影响等。介词短语"对于……"可以出现在主谓之间，也可以出现在主语前。介词"对于"的使用规则见表7-13。

表 7-13　介词"对于"的使用规则

介词	语法意义	结　构	语　义	限制的中心语	举　例
对于	介引关涉的对象	对于+NP+有/没有（不、无）	引进"有无类"动词的对象	有无类动词+宾语组成的动宾短语，如"有利""不利""有/没要求""有/没好感""有/没意见""有/没办法"等	（1）设若城里的人对于一切都没有办法，他们可会造谣言。
		对于+NP+AP/小句	引进感知、思考、认识的对象	经验认知类形容词，如"了解""理解""习惯""熟悉"等	（2）对于中国的风俗习惯，他还不太了解。（3）我对于老师说的话始终无法理解。
		对于+NP+VP/AP/小句	表评价	表情感、态度、想法的动词和形容词	（4）对于你的解释，我并不满意。
	介引针对的对象	对于+NP+VP/小句	同"对"	同"对"，对象一般不能指人。介词短语经常放在句首	（5）对于个人隐私，我们要加以保护。
	说明：可以用"对于"的句子都可以用"对"，但"对于"的句子书面语色彩浓，用"对"的句子口语色彩浓。				

【"对于"的典型偏误案例】

（22）＊我也对于这点非常佩服他。

（23）＊说明我的想法对于流行歌曲。

（24）＊我们对于环境要保护。

例（22）是介词短语与副词错序，"对于"介引动作涉及或针对的对象时，介词短语"对于……"要放在助动词、副词前或主语前，正确的语序应该是"对于这点，我也非常佩服他"。例（23）是介词短语"对于……"和中心语错序，正确的表达是"说明我对于流行歌曲的想法"。例（24）应该改为："对于环境，我们要加以保护。""对于"介引"针对的对象"表示"针对某人或某事采取行动"时，核心动词前要有形式动词且介词短语一般用在句首。

（三）"对""向""对于""关于"的使用条件比较

"对""向""对于""关于"四个介词都可以介引对象，这就容易导致学习者产生误代偏误，我们需要对这组介词的使用条件进行对比。

1．"对"和"向"。

学习者混淆"对"和"向"这两个介词的原因是二者都可以介引动作的对象，此外，"向"还可以介引动作的方向。"对"和"向"的用法对比见表7-14。

表7-14　介词"对""向"的用法对比

语法意义及用法			向	对
介引动作行为的对象	介引面对的对象	限制身体动作、姿态、面部表情	他向我笑了笑。 她向我扮了个鬼脸。	他对我笑了笑。 她对我扮了个鬼脸。
		限制语言传达的动词，表示信息传递	她向我讲述了那一段历史。	她对我讲述了那一段历史。
		引进学习、致敬、挑战、屈服等动作的另一方	向雷锋同志学习 向"逆行者"致敬 我要向你挑战	—
		限制单方面动作，给予/索取/宣讲类动词	向灾区人民捐款 向老师借书 向人民宣传	—
		限制表示非"面对面"信息传递的动作	向全国人民拜年	—
	介引涉及的对象	引进"有无类"动词的对象	—	张老师对不听讲的学生很有办法。
		引进感知、思考、认识的对象	—	他对中国的风俗习惯还不太了解。
		表"对待"	—	她性格也很好，对人热情。
	介引针对的对象	针对某人或某事采取行动	—	我们要对个人隐私加以保护。
		针对某人或某事采取对策	—	对下岗人员再就业制定优惠政策。
介引动作的空间、处所、方向			向南走	—
句法功能	作状语		是阿敦叔叔向俺说的。	是阿敦叔叔对俺说的。
	作补语		走向成功	—

【典型偏误案例】

（25）*我觉得吸烟不但对个人的健康有害，而且向社会也产生影响。

（26）*我多次感觉到你们向我的爱和热情。

"对"和"向"都可介引动作行为的对象，"对"可以介引动作面对的对象、动作涉及的对象、动作针对的对象，"向"只能介引动作面对的对象。在介引动作面对的对象时，二者也有区别。例（25）应该用介词"对"介引"产生影响"涉及的对象"社会"，其正确的表达为"对社会产生影响"。例（26）应该用介词"对"介引"爱和热情"涉及的对象"我"，其正确的表达为"你们对我的爱和热情"。

（27）*有时候他们对别人要钱，还又不上学。

（28）*这表示他屈服对这种困难。

（29）*首先，我觉得很荣幸，对你们公司投简历。

限制表示给予、索取、宣讲的单方面动作时，要用介词"向"，不能用介词"对"。例（27）中介词短语"向别人"限制的动词是表索取的"要"，这个动作是"他们"单方面的动作，所以应该改为"向别人要钱"。引进学习、致敬、挑战、屈服等动作的另一方时，要用介词"向"，不能用介词"对"，例（28）用介词引进"屈服"的对象"这种困难"，所以正确的表达应该是"向这种困难屈服"。限制表示非"面对面"信息传递的动作时，要用介词"向"，不能用介词"对"。例（29）"投简历"是非"面对面"信息传递的动作，所以应该是"向你们公司投简历"。

2."对"和"对于"。

一般来说，可以用"对于"的句子都可以换成"对"，但用"对于"的书面语体色彩更浓一些。因为学习者先学习"对"，后学习"对于"，所以很容易出现回避"对于"的情况。介词"对""对于"的语法意义及用法对比见表7-15。

表7-15　介词"对""对于"的用法对比

语法意义及用法			对　于	对
介引动作行为的对象	涉及或针对的对象	语义	表示人与人之间的关系，"对待"义	—	同学们对刘老师很尊重。主人对我们很热情
		出现位置	助动词、副词后	—	我们要对个人隐私加以保护。
			助动词、副词前	我们对于个人隐私要加以保护。	我们对个人隐私要加以保护。
			句首、主谓之间	对于个人隐私，我们要加以保护。	对个人隐私，我们要加以保护。
	介引面对的对象，有"向""朝"义			—	她对我讲述了那段历史。

3. "对于"和"关于"。

"对于"和"关于"用法混淆也是较为常见的偏误，这两个介词的用法对比见表7-16。

表 7-16 介词"对于""关于"的用法对比

介词	语法意义及用法	位　置
对于	指明对象	作状语可在主谓之间、句首
	对于个人隐私，我们要加以保护。 对于这个问题，我也不是很清楚。	他对于中国的风俗还不太了解。 对于这个问题，我不太了解。
关于	指出关联的事物	作状语一般放在句首
	关于个人隐私，我们要加以保护。 关于这个问题，我也不是很清楚。	关于这个问题，我不太了解。 ＊我关于这个问题不太了解。

【典型偏误案例】

（30）＊关于大人来说，在酒会上不抽，不尊敬长辈们。

（31）＊关于我们的家有影响的事情是爸爸没有了工作。

（32）＊如果我听对于离别的歌的话我容易感到那个歌好像跟我有关系。

（33）＊我不知道我自己的国家是否有对于这件事的法律。

例（30）错用"关于"，汉语中没有"关于……来说"的表达。例（31）中，引进"有无类"动作的对象，要用"对于"，正确的表达是"对于我们家有影响的事情"。例（32）要表达的是"和离别有关的歌"，例（33）要表达的是"和这件事有关的法律"。这两个句子从语义上来看是侧重于表达"关联的事物"而非"动作行为的对象"，应分别改为"听关于离别的歌""关于这件事的法律"。

二、"对"和"对于"偏误教学难点

难点一：用动宾结构还是用"对/对于……"介引宾语的选择问题

（34）＊中国是个制烟大国，也是一个对烟消费的大国。

（35）＊它可以控制对城市的环境卫生的发展，同时也能减低在公共场所吸烟的人数。

例（34）中的"消费"可以直接带宾语"烟"。例（35）可以说"对城市的环境卫生的发展进行控制"，或者直接去掉介词"对"构成动宾结构"控制城市的环境卫生的发展"。学习者出现此类偏误是介词"对/对于"使用的过度泛化导致的，并非所有动作关涉或针对的对象都要用介词"对/对于"介引。此类偏误非常常见，纠正偏误关键在于说明哪些词语可以受"对/对于……"结构限制，可受限制的中心词的特点在"对"和"对于"的使用规则部分已有说明，不再赘述。

难点二：主语前误加"对/对于"

（36）*对于太大的声音就成了噪音，使其无法承受。

（37）*因此，我对工作压力也减少了。

例（36）是将"对于"放在主语前导致主语缺失的偏误，在主语"太大的声音"前误加"对于"。我们在教学中要帮助学生建立起基本句子结构，介词短语是不能作主语的。例（37）是在主谓谓语句的小主语前误加"对"，主谓谓语句大、小主语之间可以表达广义的领属关系，如例（37）中的大主语"我"和小主语"工作"，学习者将介引对象的介词"对"放在大、小主语之间是因为没有分清"领属关系"和"介引对象"二者之间的区别。

难点三："对/对于……"与其他状语的顺序问题

（38）*安比能对于这件事想得开。

（39）*我越来越对于他的观点赞同。

例（38）是介词短语与能愿动词状语的错序，介词短语"对于……"要放在助动词、副词前或主语前，正确的语序应该是"对于这件事，安比能想得开。"例（39）是介词短语与"越来越"错序，应该改为："我对于他的观点越来越赞同。"

难点四："对/对于……"与中心语的顺序问题

（40）*当代生活中环境污染的问题很厉害，其中噪音污染和它的影响也很大，所以我很赞同对于用自然之声取代噪声的建议。

（41）*阅读能产生很大的作用对于提升自己的能力和本事。

（42）*能参加高级 HSK 考试也是对我来说一种成就。

（43）*随着人们文化素质和生活水平的提高，越来越多公共场所实行对吸烟者惩罚措施也是完全合乎情理的。

（44）*我的爸爸很失望对我，他要让我再学习一年。

介词短语"对/对于……"要放在中心语之前或句首，如果中心语前有其他状语，一般放在其他状语前。例（40）和例（41）是介词短语"对于……"和中心语错序，例（40）的正确表达是"我对于用自然之声取代噪声的建议很赞同"，或将介词短语置于句首；例（41）的正确表达是"阅读对于提升自己的能力和本事能产生很大的作用"，或将介词短语置于句首。例（42）为"对……来说"结构与判断动词"是"的错序，正确的表达为"能参加高级 HSK 考试对我来说也是一种成就"，或将介词短语置于句首。例（43）是介词短语"对……"与动词"实行"的错序，正确的表达为"对吸烟者实行惩罚措施"。例（44）是介词短语"对……"与形容词"失望"的错序，正确的表达为"我的爸爸对我很失望"。

难点五：介词和动作主体、客体的顺序问题

（45）*这件事同时给我们说明了对吸烟者周围非吸烟者有可能导致的影响。

（46）*"烟"对每个人的想法可能不一样。

（47）*我个人觉得我的童年是我对人生最有启示的成长历程。

（48）*我对影响最大的一个人就是我的妈妈。

（49）*通过政府公布在公共场所吸烟对这个行为进行惩罚，一定在某种程度上可以控制在公共场所吸烟。

例（45）是动作主体"吸烟者"与介词"对"错序，正确的表达是"这件事同时给我们说明了吸烟者（主体）对周围非吸烟者（客体）产生影响"。例（46）是主客体位置颠倒了，正确的表达应该是："每个人对烟的想法可能不一样。"例（47）中，"我的童年"是动作的主体，"我人生"是动作的客体，正确的表达应该是："我的童年是对我人生最有启示的成长历程。"例（48）是介词"对"和客体"我"的错序，介引的对象"我"要放在介词"对"的后面。例（49）错将介词"对"放在表示动作客体的同位短语"在公共场所吸烟这个行为"的前项"在公共场所吸烟"和后项"这个行为"之间，出现了偏误，应该改为"对在公共场所吸烟这个行为进行惩罚"。出现此类偏误的原因是学习者对动作主客体的意义和位置把握不够准确。

难点六："对""从""在""向""对于""关于"等介词的混淆

1."对"和"从"。

（50）*首先是从个人的健康有很多的坏处。

（51）*婚姻、事业都是从各人来说人生中很重要的事情。

（52）*在一个混合班，男和女都会有不同的想法，所以从一件事情可以从很多角度讨论而不是以单单男或女的角度来看。

（53）*其次，对公众利益的角度来看，我认为有两种好处。

（54）*对国家的发展来看，环境保护是非常重要的。

以上偏误均为介词"从"与介词"对"的用法混淆。其中，例（50）至例（52）应该用介词"对"，学习者错用为"从"。例（50）应该用"对……有好处/坏处"结构，"从"没有这一用法。例（51）应该用"对……来说"结构。例（52）"一件事情"是"讨论"的对象，应该用介引对象的介词"对"。例（53）和例（54）应该用介词"从"，学习者错用为"对"。"从……来看"结构中一般插入某种情况，例（53）和例（54）应该分别改为"从公众利益的角度来看""从国家的发展来看"，学习者出现这类偏误是混淆了"从……来看"和"对……来说"结构。

2."对"和"在"。

（55）＊在他本人来说，已失去了自由，失去了自我空间，除了自己辛苦，身边的朋友、家里的人也替他担心。

（56）＊我们在有各种噪声的生活，已经习惯了。

（57）＊母亲做饭的时候，因为在健康方面有好处，特别注意少用盐。

（58）＊本人从中学时代起便对设计有兴趣，曾获得校内外设计比赛大奖，并自认对这方面颇有天分。

（59）＊在学校，我看到的是，我爸爸对学生中多么受欢迎！

例（55）至例（57）应该用"对"，学习者用了"在"产生偏误。例（58）和例（59）应该用"在"，学习者用了"对"产生偏误。

介词"对"介引动作行为的对象，"在"介引时间、处所、范围，二者语义范围不同。例（55）"对……来说"结构中，学习者误用介词"在"。例（56）中，我们"已经习惯了"关涉的对象是"有各种噪声的生活"，故应改为"对有各种噪声的生活，已经习惯了"。例（57）是"对……有好处"结构中误用介词"在"。例（58）中，"这方面"是"颇有天分"的范围而非对象，所以应该用介引范围的介词"在"，正确的表达是"在这方面颇有天分"。例（59）中，"学生中"是"受欢迎"的范围而非对象，故应改为"在学生中多么受欢迎"。

三、"对"和"对于"教学建议

"对于"和"对"的用法有相同之处，这两个介词都可以介引关涉的对象和针对的对象，差异在于"对"还可以介引面对的对象，而"对于"不行。从语体色彩来看，"对于"书面语色彩更浓一些。一般来说，可以用"对于"的句子都可以用"对"替换，但要注意构成介词短语"对于……"介引关涉的对象、针对的对象时，"对于……"限制的词语不能有"对待"义，如不能说"对于老师很尊重"，因为"尊重"有"对待"义。

（一）注意中心语的特点

"对于""对"介引动作行为的对象，构成介词短语限制中心语时，对中心语的意义是有要求的，并非所有的动词、形容词都能受这两个介词短语的限制，学习者容易出现过度泛化的问题，在应该用动宾结构表达的句子中误加"对于 /对……"，这就需要我们说明能够与"对 / 对于……"搭配的词语（详见表 7–12 和表 7–13），防止学习者产生介词"对"和"对于"过度泛化的情况，出现"我对老师喜欢"这样的偏误。

（二）注意位置

"对""对于"都可以构成介词短语作状语，"对 / 对于……"在句中的位置是主谓之间或主语前，有的学习者受母语的影响，会将"对 / 对于……"放在中心语之后，出现错序偏误。一般来说，具有"对待""朝""向"等义的介词短语"对……"放在句中，如："她对大家很热情。""她对大家笑了笑。"表示其他意义的介词短语"对……"和表示"看待事物"的"对……来说"结构放在句首或主谓之间均可。介词短语"对于……"放在句首或主谓之间均可，若介词短语结构较复杂，经常放在句首。

（三）可以采用格式法教学

学习者学习这一组介词时，因为介词短语可以放在句首或句中，又各有其出现的条件，所以语序问题是一个常见的问题，可以将介词结构"对……+V""对……+Adj"作为整体结构进行讲授，说明其出现的位置和中心词的特点，这有利于学习者掌握基本结构，避免语序错误。

（四）注意动词"对"和介词"对"的讲解

介词"对"的用法是从动词"对"虚化而来的，动词"对"有对待、对付、对抗的含义且必须带宾语，如："我对事不对人。"动词"对"也可以表示"朝""向""面对"义，如："教室门正对着办公室。""对准了再钉钉子。"在讲解介词"对"时，一定要注意举例不能是其他词性的"对"，介词和动词的用法都学习了以后可以给学生进行辨析。

（五）注意辨析相似介词

"对"和"对于""关于""向"等介词在用法和语义范畴上均有重叠，如"对"和"向"都可以引进动作面对的对象，但在用法上又不相同。如"对于"和"关于"都可以介引针对的对象、涉及的对象，但"对于"的使用范围比"关于"要广，二者构成介词短语在句中的位置也不相同。此外，对象介词还有"给""跟"等，这些介词在使用上均有相似之处，这就导致学习者在使用这组介词时容易出现混淆偏误，学完这类介词后要进行适当的辨析。一般来说，"对"和"对于"

都可以引进动作的对象，能用"对于"的句子都能用"对"，"对"还可以表示"对待""向""朝"等意思，"对于"无却此类意义。从语体色彩来看，"对于"的书面语色彩更浓一些。"对于"和"关于"都能引进动作的对象，"对于"强调对象，"关于"强调关联的某一方面或某个范围。

（六）注意学习者的回避策略

因为使用"对……"的频率远比使用"对于……"高，所以学习者容易使用回避策略，不说"对于……"，这种因学习者学习策略和交际策略造成的偏误是很难发现和分析的，教学中要有意识地引导学生运用"对于"。

【教学示范案例】

下面以"对"的课堂教学为例。

"对"的主要用法是引进面对、关涉、针对的对象，介引不同对象的"对"构成介词短语后限制的中心语不同。在此，以"对"介引"关涉的对象"构成的介词短语"对 +NP+VP/AP"为例给出"对"的教学建议。

（一）导入环节

介词"对"构成的结构和限制的中心语语义较复杂，在导入环节应该注意导入的结构必须是准确的，板书的例句必须是符合所讲的这一结构的，切忌将所有的结构全部导入。

下面是情景导入。

1. 导入"对 +NP+VP"结构。

（教师拿手机看小视频）

教师：老师看小视频，老师入迷了。还可以怎么说？

学生：老师看小视频 / 老师喜欢看视频 / 老师看视频入迷……

教师：老师对小视频入迷了。（板书例句，写出其他经验认知类动词）

教师：看视频好吗？

学生：不好 / 对眼睛不好……

教师：看视频对眼睛没有好处。（板书例句，写出其他有无类动词）

2. 导入"对 +NP+AP"结构。

（教师在班级中选一位待人热情的同学，要求其他学生说一说她的优点）

教师：麦红同学有什么优点？

学生：帮助大家 / 热心 / 爱学习……（板书学生说到的表示情感、态度、想法的形容词）

教师：麦红同学很热心，我们可以说"麦红同学对我们很热心。"（板书例句，补充其他同类形容词）

（二）讲解环节

介词"对"引进"关涉的对象"时，介词短语限制的中心语往往是经验认知类的动词、有无类动词，表示情感、态度、想法的动词或形容词。注意有一些特殊用法，不能说"我对他很担心"，而是要加上具体担心的事情，比如"我对他的身体状况很担心"。不能说"大家对他羡慕/欢迎/怀疑"，而是要在介词短语和动词之间加上"充满""表示"等词语，如"大家对他表示欢迎"。

1.图示法。

图示法简洁、直观，如图7-8所示。

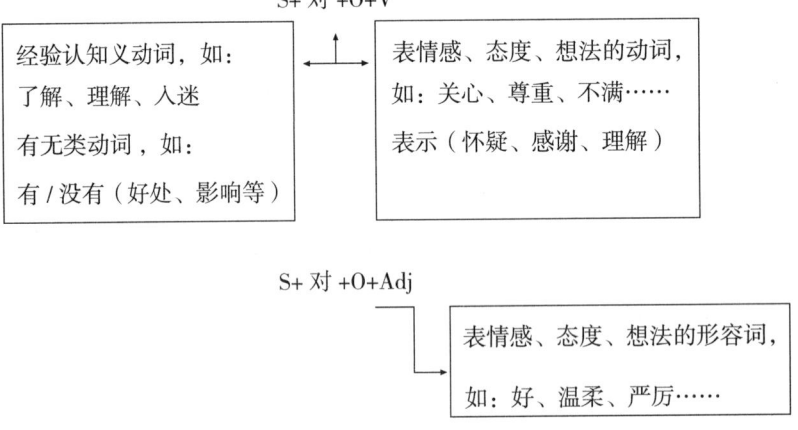

图 7-8

图示法的优点是简洁明了，通过板书图式能让学生快速掌握结构，但要注意使用图示法的同时要讲解介词短语"对……"搭配的动词和形容词的特点以及一些特殊的用法。

2.情景法。

情景1：

找一位戴眼镜的同学，请他说一下视力下降的原因。

安比：我很喜欢打游戏，所以视力不好。

教师：打游戏对视力没好处。还有什么事情对身体没好处？（板书例句）

学生：喝酒、抽烟……　　　　（引导学生说完整的句子并板书例句）

教师结合其他情境对可进入这一结构的动词进行说明，板书格式"S+对

+O+V"，说明各类动词的特点，讲练结合。

情景 2：

教师：如果不认真完成作业，老师会怎么样？

学生：老师会生气 / 老师批评……

教师：对，老师对大家很严厉。（板书例句）

教师板书格式"S+ 对 +O+Adj"，围绕情景 2 中的例句进行格式讲解，说明可以进入这一结构的形容词的特点，讲练结合。

（三）操练环节

操练环节要注意练习题的选择和排序，注意学习者学习介词"对"时，很容易出现"对"和其他介词的混淆，所以应适度进行辨析。操练中既要注意介词的基本结构，同时也要训练介宾结构对中心语的限制；既需要机械性的结构练习，也需要功能性的交际练习。

1. 选词填空。

这件事（　　　）大家都没有好处。　　　（对　　向）

下雨了，大家飞快地（　　　）宿舍跑去。　（对　　向）

我对这件事（　　　）看法。　　　　　　　（有　　是）

这次考试考得不错，老师对大家很（　　　）。（关心　满意）

2. 判断正误。

我对老师喜欢。

中国的风俗对我很入迷。

我的中国朋友经常帮助我，我对他表示了感谢。

老师非常严厉对我们。

3. 小游戏。

游戏任务：完成句子接龙。

游戏环节：教师说第一个句子，句子中点到名字的学生接着往下说。

教师：我对大山的书很感兴趣，我想看一看他的书。

大山：安比对我很热情，她总是帮助我。

安比：朴秀贤对老师很尊重，她每次见到老师都鞠躬问好。

朴秀贤：……

注意事项：全员参与接龙，引导基础薄弱的学生看黑板上的提示词语说句子，注意纠正学生的偏误。

总结游戏：纠正学生偏误，给优秀的学生奖励，再次总结规则。

4. 交际性练习。

完成一个小调查，了解你舍友的喜好。

例如：我的舍友对足球感兴趣，对篮球没有兴趣。她喜欢点外卖，对外卖很满意，对食堂的饭不太满意……

第四节　"为"和"给"偏误分析与教学

介词"为""给"意义较多，可以用于不同语境，弄清楚"为""给"的意义和使用规则，才能更好地发现并纠正学习者的偏误，优化这一组介词的教学效果。

一、"为"和"给"偏误概述

（一）使用语境

介词"为"可以介引对象，引进动作的受益者，意义同"给""替"，如例（1）。"为"也可以介引原因、目的。介引原因如例（2），"担忧"的原因是"你们的状况"。介引目的如例（3），"认真复习"的目的是"通过考试"。介词"给"介引对象，可以引进交付、传递的接受者，如例（4）。引进受益或受害者，如例（5）。表命令，如例（6）。表"朝""向""对"，如例（7）。表被动（口语色彩），如例（8）。

（1）为大家服务。　　　　　　　　　　　（引进动作受益者）

（2）我为你们的状况担忧。　　　　　　　（介引原因）

（3）为通过考试，我认真复习。　　　　　（介引目的）

（4）我给朋友送了一份礼物。　　　　　　（引进交付、传递的接受者）

（5）相反，由于自己的固执任性，给对方添了许多烦恼。（引进受害者）

（6）她继续喊："给我买一个皮球。"　　　（表命令）

（7）我给大家道歉。　　　　　　　　　　（表"朝""向""对"）

（8）书给撕坏了。　　　　　　　　　　　（表被动）

【"为"的典型偏误案例】

（9）*现代的父母都会为与子女在沟通及观念等方面存在差异。

（10）*父母们忙为工作，只顾赚钱，却不知道什么是对他们的家庭最重要的。

例（9）中，学习者用介词"为"介引"与子女在沟通及观念等方面存在差异"导致句意不完整，如果要用介词"为"表原因，应该说"为与子女在沟通及观念等方面存在差异而苦恼"。例（10）中，"忙工作"可以直接构成动宾结构，"宾语"工作是动语"忙"关涉的对象，无须"为"介引。

（11）*爸爸、妈妈，我特别感谢你们，并且我有这么好的父母而感到骄傲！

（12）*所以请孩子们着想，拒绝吸烟！

介词"为"介引动作行为对目的、原因、受益的对象。例（11）中，"我""感到骄傲"的原因是"有这么好的父母"，所以应该用介词"为"介引，正确的表达是"我为有这么好的父母而感到骄傲"。例（12）中，"着想"这一动作受益的是"孩子们"，所以应该用介词"为"介引受益的对象，正确的表达是"请为孩子们着想"。

【"给"的典型偏误案例】

（13）*而且给抽烟者周围的人所受到的影响比抽烟者自己还严重。

（14）*这一本领正是你们教给的。

例（13）中的动词"受到"具有"承受"义，介词"给"具有"给予"义，介词短语"给……"和动词"受到"搭配不当，正确的表达应该去掉介词"给"，或者改为"而且给抽烟者周围的人所带来的影响比抽烟者自己还严重"。例（14）介词"给"后缺少介引的对象，正确的表达可以去掉"给"，改为"这一本领正是你们教的"，或者补出介引对象，改为"这一本领正是你们教给我的"。

（15）*我们很高兴递他钱，他拿着三张票回来了。

（16）*经济发展和科学发展社会带来了很多问题。

介词"给"可以介引交付、传递的对象。例（15）用介词结构"给……"作补语，介词"给"遗漏了，这类遗漏偏误比较常见，应该改为"递给他钱"。"给"可以介引动作的受益者或受害者，例（16）中的"社会"是"带来很多问题"的受害者，应该用介词"给"介引。

（二）使用规则

1. "为"的使用规则。

表示不同语法意义的"为"所构成的结构也不完全相同，"为"可以放在名词性或谓词性成分前构成介词短语，介词短语"为……"在句中作状语。介词"为"的使用规则见表7-17。

表7-17　介词"为"的使用规则

介词	语法意义	结　构	举　例
为	引进动作的受益者，意义同"给""替"	为+N/NP/Pron+V	（1）他为我祝福，我也为他祝福。
		为+V/VP+V	（2）这次实验为新产品研制找到了新途径。
	表原因、目的	为+N/NP/Pron+V/Adj	（3）他总为别人着急。 （4）为这件事，他有两顿没好好地吃饭。
		为+V/VP+V/Adj	（5）她整日为交学费担心。 （6）为实现这些工作计划，他累得常常用拳头轻轻地捶胸口几下。
		为+Adj/V/VP+起见	（7）为慎重起见，李四爷避着钱太太，去探听少奶奶的口气。 （8）驼绒大袄是觉着有些笨重发燥了，可是为引起别人的美感起见，自己还能不牺牲一身热汗吗！
		为……而……	（9）他并没为过去的事情而难过，他憧憬着美好的明天。
		为（阳平音）……所……	（10）"我懂，"孟良丝毫不为朋友的激情所动，照旧往下说他的。

【典型偏误案例】

（17）＊我想，大家不应该只想为自己，应该考虑为大家。

（18）＊我可以为负责一切大小型的设计。

例（17）中的介词短语"为自己""为大家"和谓语核心"想""考虑"错序，介词短语"为……"作状语时要放在谓语动词之前。例（18）是"为……+动词"和动宾结构混用导致错序偏误，本句应改为"我可以为一切大小型的设计负责"，或者删除介词"为"。

2."给"的使用规则。

吕叔湘认为介词"给"的意义为：引进交付、传递的接受者；引进动作的受益者；引进动作的受害者；"给我"加动词，用于命令式；朝、向、对；表被动[①]。陆庆和认为介词"给"是对象介词、施事介词。作为对象介词，"给"的基本意

---

① 吕叔湘.现代汉语八百词[M].增订本.北京：商务印书馆，1999：226-227.

义为引进交付、传递等动作的接受者，引进动作的受益或受害者。作为施事介词，"给"表被动①。根据吕叔湘和陆庆和的观点，对象介词"给"的意义和用法如表7-18所示。

表7-18　介词"给"的使用规则

介词	语法意义	结　构	句法成分	举　例
给	引进交付、传递的接受者	给 + 表人 N/NP/Pron+ 交付 / 传递类 V 交付 / 传递类 V+ 给 + 表人 N/NP/Pron	作状语 作补语	（1）他给马车夫付了工钱，便走进家里。 （2）妈妈寄给姥姥一封信。
	引进受益 / 受害者	给 + 表人 N/NP/Pron+ 服务、施惠、消极、损害意义 V/VP	作状语	（3）婉喻抱着丹珏，低下头，一只手还在给孩子捶背。
	表命令	"给我" +V	作状语	（5）你到底在干什么！给我住手！
	表"朝""向""对"	给 + 表人 N/NP/Pron+ 交际有关的单向动词（道歉、加油、使眼色、发脾气）……	作状语	（6）她同时也明白了，老卢为什么在电话里给她发脾气。
	表被动（口语色彩）	给 +N/NP/Pron+ 处置义 V/VP	作状语	（7）犯人们给那三枪镇住，"敢死队"立刻瓦解。

【典型偏误案例】

（19）*大家都要尽量理解，建立起好榜样给下一代。

（20）*我写这一封信，是为了介绍给你们我在中国学习、生活方面的情况。

（21）*刚开始的时候，学习物理造成给我很大压力。

介词短语"给……"的语序问题是比较常见的偏误。例（19）将介词短语"给……"放在其限制的动宾结构之后产生偏误，应将介词短语"给下一代"放在动宾结构"建立起好榜样"之前作状语。例（20）错将作状语的介词短语"给你们"放在了补语的位置，正确的表达应该是"给你们介绍我在中国学习、生活方面的情况"。例（21）中，介词短语"给我"应放在动词"造成"前作状语。出现此类偏误的原因是母语负迁移以及"给……"作补语的过度泛化。

（三）"给""为""向""对"等介词的使用条件比较

"为"和"给"都可以介引对象，"向""对"也有同样的用法，通过对比，能够帮助学习者更好地掌握这些具有相同语义范畴的介词。

---

① 陆庆和. 实用对外汉语教学语法 [M]. 北京：北京大学出版社，2006：237-239，246-248.

1."给"和"为"。

"给"和"为"都可以介引动作的受益者，但在侧重点上有所不同。"为"还可以介引原因、目的，"给"还可以介引受害者、交付传递类动作的接受者，表示命令、"朝向对"、被动等。介词"给"和"为"的用法辨析见表7-19。

表 7-19 介词"给"和"为"的用法辨析

语法意义及用法	给	为
引进动作的受益者	更强调受益者得到某些东西或某种待遇	更强调替受益者做某事
	给大家赢得时间。	他为我祷告，我也学着祷告。
表原因、目的	—	为这个，他有两顿没好好地吃饭。
引进交付、传递的接受者	他给马车夫付了工钱，便走进家里。	▲他为马车夫付了工钱，便走进家里①。
引进受害者	给对方添了许多烦恼。	—
表命令	给我住手！	—
表"朝""向""对"	她同时也明白了，老卢为什么在电话里给她发脾气。	▲她同时也明白了，老卢为什么在电话里为她发脾气。
表被动	我像突然给人卡住了脖子似地喘起了粗气。	—
语体色彩	常用于口语	常用于书面语

【典型偏误案例】

（22）＊我经常给妹妹的学习着急。

（23）＊第一，病人患的真的是一个不治之症，而这个病又为病人带来了巨大的痛苦。

（24）＊他不善于人际关系，不知道给周围的同事、伙伴们考虑。

表原因、目的时，应该用介词"为"。例（22）中，介词介引的"妹妹的学习"是"我""着急"的原因，所以应该用介词"为"。例（23）中，"病人"是"带来巨大的痛苦"的受害者，"为"一般引入的是动作的受益者，本句用介词"给"

---

① 这一句子在语义上可以说通，但是意义与用"给"不同。此句中介词"为"介引的"马车夫"并非"付"的接受者，而是受益的对象。语义可以说通但意义不属于本类句子，用符号"▲"表示，下同。

更合适。介词"给"和"为"都可以引进动作的受益者，"给"更强调受益者得到某些东西或某种待遇，"为"更强调替受益者做某事。例（24）中，"周围的同事、伙伴们"是"考虑"的受益者，本句强调的是做"替周围的同事、伙伴们考虑"这件事，且书面语色彩较浓，所以应该用"为"。

　　2."给"和"向"。

　　"给"和"向"都可以构成"介词＋表人 N/Pron+V"结构，但二者介引的对象不同，具体分析见表7-20。

表7-20　介词"给"和"向"的用法辨析

语法意义及用法		给	向
施动者＋介词＋表人 N/NP/Pron+V/VP	介引受益者，给予义动词的对象，如"捐款""赠予""赠送"等的对象	我们给灾区捐款	我们向灾区捐款
	介引受益、受害者，服务、施惠、消极、损害意义动作的对象	给大家赢得时间给大家添麻烦了	—
	介引消极情绪动作的对象	—	向敌人屈服
	介引动作行为的来源对象	▲他给我打听你的消息①。	他向我打听你的消息。
	引进交付、传递的接受者	面对面/非面对面	面对面
		给马车夫付工钱给你写信	向马车夫付工钱＊向你写信
介引空间		—	他毫无目的地向前走。
表命令		给我住手！	—
表被动		给人卡住了脖子似地喘起了粗气。	—

【典型偏误案例】

（25）＊我从小爱说话、爱音乐，天天给爸爸妈妈问一些不了解的事和东西。

（26）＊没有大人向他们指导，恐怕他们也会把那样的事情当成个好东西。

（27）＊然后到了我在中国进修汉语的时候，我重新开始向母亲写信，问问她的生活如何，心情又如何！

　　例（25）应该用介词"向"，学习者误用为"给"。介词"向"可以用来引进动作行为的来源对象，限制具有索取、询问义的动词，如"借""要""讨""收

————————

　　① 这一句子在语义上可以说通，但是意义与用"向"完全相反。介词介引的并非动作行为来源对象，而是受益的对象，本句中的"给"相当于"为"。

购""求助""打听""学习""问""咨询""说明"等。例（25）"爸爸妈妈"是介词介引的对象，也是动作"问"的来源对象，动词"问"具有询问义，所以正确的表达是"向爸爸妈妈问一些不了解的事和东西"。例（26）和例（27）应该用介词"给"，学习者误用为"向"。介词介引受益者，限制给予义动词时，介词"向"和"给"可以互换；介词介引受益/受害者，限制服务、施惠或消极、损害义的动词时，只能用介词"给"。例（26）中，"他们"是"指导"的受益者，应该用介词"给"。例（27）介词介引的是非面对面的事物交付、传递的接受者，应该用介词"给"引进"写信"的接受者"母亲"。

3."给"和"对"。

介词"给"和"对"的用法辨析见表7-21。

表7-21　介词"给"和"对"的用法辨析

语法意义及用法	给	对
介引受益、受害者，服务、施惠、消极、损害意义动作的对象	给大家赢得时间 给大家添麻烦了	—
引进交付、传递的接受者	他给马车夫付了工钱，便走进家里。	—
表被动	我像突然给人卡住了脖子似地喘起了粗气。	—
关涉的对象	—	他对中国的风俗不太了解。 她性格也很好，对人热情。
针对的对象	—	对表现优秀的同志，我们应该予以表扬。
看待事物，"介词……来说"	—	对您来说，这个地方是太狭小了。

【典型偏误案例】

（28）＊这项工作对公民的精神上带来活力。

（29）＊我去过比较多的地方，其中对我留下了最深刻的印象的地方就是桂林。

（30）＊由于他深入民间的平民作风，对所有的人都一视同仁，也常常免费对病人医病，因此深得一般老百姓的拥戴。

"给"可以介引动作的传递、交付的对象，搭配"带来""留下"等动词时，往往表示事物、思想抽象的传递，常用结构为"给+N/Pron带来/留下……"。介词"对"不能介引动作传递、交付的对象。例（28）正确的表达应该是用"给"介引出"带来活力"的对象"公民的精神上"。例（29）正确的表达应该是用"给"介引出"留下深刻印象"的对象"我"。例（30）介词介引的是动作的受益者，"医病"

的受益者是"病人",在介引受益/受害者时,只能用介词"给",不能用"对"。

(31)*但是我还是认为丈夫给妻子动手是不应该的。

(32)*这个方法可以解决饥饿问题,但是这些化学污染给人的健康有害。

(33)*父母的教导给年幼的孩子来说更为重要。

例(31)中,介词短语限制的是表对身体的动词"动手",应该用介词"对"介引动作关涉的对象"妻子"。例(32)应该用介词"对"搭配有无类动词,形成结构"对……有害","给"没有这一用法。例(33)中,"对……来说"是表达观点、态度的固定用法,学习者误用为"给"。

4."为"和"对"。

介词"为"和"对"的用法辨析见表7-22。

表7-22 介词"为"和"对"的用法辨析

语法意义及用法			为	对
介引动作行为的对象	介引面对的对象	限制身体动作、姿态、面部表情动作的动词	—	我远远看见他在对我招手。
		限制语言传达类的动词,表信息传递	▲她为我讲述了那段历史。 ▲不要为我撒谎。①	她对我讲述了那段历史。 不要对我撒谎。
	介引关涉的对象	引进产生作用或影响的对象,限制有无类动词"有/没有"	—	张老师对不听讲的学生很有办法。
		引进感知、思考、认识的对象,限制经验认知类形容词	—	他对中国的风俗不太了解。
		表"对待",限制情感、态度、想法有关的动词或者形容词	—	学生们对刘老师很尊重。
	介引针对的对象	针对某人或某事采取行动	—	我们要对个人隐私加以保护。
		针对某人或某事采取对策	—	对不服从管理的人员采取强制措施。
	介引受益对象	引进服务对象、心理动作关涉的对象	我要为人民服务! 我们都为你自豪。	—
介引动作的原因、目的			为这个,他有两顿没好好地吃饭。	—

① 这一组句子中语义上可以说通,但是与用"对"有差别,"为"介引的是动作受益的对象,"对"介引的是"面对、信息传递"的对象。"为我讲述了那段历史""为我撒谎","我"是服务对象;"对我讲述了那段历史""对我撒谎","我"是信息传递的对象。

【典型偏误案例】

学习者"为"和"对"的混淆偏误非常常见，他们分不清这两个介词的原因是二者都可以介引动作行为的对象，但是介引什么类型的动作行为的对象，这两个介词是有差异的。在介引同样的动作行为对象时，这两个词表示的意义是不一样的，如"不要对我撒谎""不要为我撒谎"。此外，"为"还可以介引原因、目的，介词"对"没有这一用法。

（34）＊爸妈不要对我担心。

（35）＊反正是吸烟者最好对不吸烟者考虑。

（36）＊他们每天对处理剩下的食品的问题费尽心思。

在引进心理动作关涉的对象时，应该用介词"为"，不能用介词"对"，例（34）中的"我"是"担心"的对象，所以正确的表达应该是"为我担心"。在引进动作受益的对象、服务的对象时，应该用介词"为"，不能用介词"对"，例（35）"不吸烟者"是"考虑"这一动作受益的对象，所以正确的表达应该是"为不吸烟者考虑"。在介引动作的原因、目的时，应该用介词"为"，不能用介词"对"，例（36）动作"费尽心思"的原因是"处理剩下的食品的问题"，所以应该用"为"来介引，正确的表达是"为处理剩下的食品的问题费尽心思"。

（37）＊它对个人的健康一点好处都没有，又浪费钱又为健康有害。

（38）＊可在我小小的心灵深处已为父亲的话感到佩服，将来做一个对国家、对社会有用的人，这是我在童年时对自己许下的诺言。

介引动作产生作用或影响的对象，限制有无类动词"有／没有"时，应该用介词"对"，例（37）"有害"影响的对象是"健康"，所以应该用"对"介引，正确的表达是"对健康有害"。限制情感、态度、想法有关的动词、形容词时，应该用介词"对"，例（38）"感到佩服"表示态度，所以应该用介词"对"介引对象"父亲的话"限制"感到佩服"，正确的表达是"对父亲的话感到佩服"。

二、"为"和"给"偏误教学难点

难点一："为……""给……"与中心语的语序问题

1."为……"与中心语错序。

（39）＊母亲定为我们每人一套新衣服，煮好吃的饭菜给我们吃。

（40）＊在饭店不能吸烟，所以饭店要准备为吸烟者空间，所以要花不需要花的钱。

介词短语"为……"作状语，要放在谓语动词之前。例（39）的介词短语"为我们每人"和谓语核心"定"错序，正确的表达为"母亲为我们每人定一套新衣服"。例（40）的介词短语"为吸烟者"和谓语核心"准备"错序，正确表达为"为吸烟者准备空间"。

2."给……"与中心语的语序偏误。

（41）＊少年的时候，给我好吃的东西、您亲手做给我衣服、给我买玩具等等，高中的时候，您为了我考上大学，每天在我的背后支持我。

（42）＊我能够保证我是一个尽心尽力的员工，也会多读书，充实自己，带来更丰富和愉快的旅程给游客。

例（41）错把介词短语放在动词和宾语之间，应改为"您亲手给我做衣服"。例（42）将介词短语"给……"放在动宾结构之后产生偏误，应该改为"给游客带来更丰富和愉快的旅程"。

难点二：介词"为"与介引对象的语序问题

（43）＊我为认真学习，妈妈每天都要陪我一起复习。

（44）＊我为来中国留学，爸爸给我报名语言学习班。

例（43）的动作主体是"妈妈"，对象是"我"，应该改为"为我认真学习"。例（44）的动作主体是"爸爸"，对象是"我"，应该改为"为我来中国留学"。出现这类偏误的原因是主语承后省略，学习者误将"我"当做主语，说出"我为……"的句子。教学中要注意向学习者说明，介词介引原因、目的时，发出动作和实现原因、目的的主体必须是统一的。

难点三：用动宾结构和"为/给……"介引宾语的选择问题

1.用动宾还是用"为……"介引宾语？

（45）＊如果一个人病得很重自己也受不了，以至于亲人也很痛苦，可是亲人为他努力帮助。

（46）＊那时候，我想亲眼看到那些变化，也想做贡献中国发展。

例（45）中的动词"帮助"可以直接搭配宾语"他"，无须介词"为"介引提前，正确的表达应该是"亲人努力帮助他"。例（46）需要介词"为"来介引宾语，这个句子在遗漏介词"为"的同时，还出现了错序偏误。出现这类偏误的原因是学习者在只能带一个宾语的动词之后带了双宾语，或在不及物动词之后误加宾语，而没有用介词"为"将宾语提前，所以要修改此类偏误，在补充介词"为"之后，还需要将介词短语"为……"放在谓语中心之前。例（46）应改为"为中国发展做贡献"。

2. 用动宾还是用"给……"介引宾语？

（47）＊给你们告诉一个好消息，这次考试我是第九名，而且进入到快班了。

（48）＊可是我有一件事给你请求，那就是少喝酒，别抽烟。

学习者经常误将无须"给"介引的宾语用介词"给"提前，导致介词"给"的误加和句子错序。如例（47）中的动词"告诉"可以直接加双宾语，例（48）中的"请求"可以直接搭配对象"你"，各例中动作的对象均无须介词"给"介引前置。学习者出现此类偏误，其原因是对动词能否直接带宾语、宾语是否需要用介词"给"介引判断不清，在教学中要注意对不同类型的动词进行归类说明。

难点四："为""给""向""对"等介词的辨析

这组词语的辨析在前面"'给''为''向''对'等介词的使用条件比较"部分已经进行了分析，不再赘述。

三、"为"和"给"教学建议

关于这两个词的课堂教学，应该注意以下问题。

（一）注意对比

1. 偏误句与正确句的对比。

学生在学习介词"给"和"为"时，往往会出现语序、搭配不当等偏误，可以通过正误对比的方式帮助学生发现问题，进行有针对性地讲解和总结。

2. 相似结构的语序对比。

"给"构成介词短语后在句中位置较为灵活，有"给 + 表人 N/Pron+ 交付传递类 V+N""交付传递类 V+ 给 + 表人 N/Pron+N""交付传递类 V+N+ 给 + 表人 N/Pron"等不同结构，这容易导致学习者出现错序问题，所以讲解时要注意对比相似结构。

3. 近义介词对比。

注意近义介词的对比，如"给"和与有共同语义范畴的介词"为""向""对"的对比，"为"和与有共同语义范畴的介词"为了""因为"的对比。要先对相似介词进行本体研究，找出差异，然后在学习者学完一组介词后进行辨析，把易混淆的介词放到具体语境中，说明近义介词的使用语境、可以替换的语境、不能替换的语境，通过典型例句、列表分析展示其异同，帮助学生更好地掌握介词。

（二）注意过度泛化的问题

类推策略是汉语学习者经常使用的学习策略，但类推不当就会产生过度泛化的偏误，如会出现"吸烟影响给后代""缺乏为别人帮助的精神"等偏误，这都是学生类推不当导致的，所以一定要注意给学生讲清楚"为"和"给"的语法意义和结构，说明能够进入不同结构的动词的特点。

（三）注意教材释义不当的问题

很多通行的教材都将介词"给"解释为"for""to"，这就可能导致学习者和新手教师误将"给"和"for""to"划等号。我们在教学中，一定要注意教材释义不当的问题，要围绕例句说明介词短语的构成、介词短语限制的动词和形容词的特点、介词短语在句中的位置等。

【教学示范案例】

一、"为"的课堂教学

介词"为"可以引进动作的受益者，动作的原因、目的等，我们以介词短语"为+V/VP"表行为动作的原因、目的为例提供课堂教学建议。

（一）导入环节

"为+V/VP"表行为动作的原因、目的时，既可以放在句首也可以放在句中，所以在导入环节教师要注意给出"为+V/VP"处于句中和句首位置的例句，注意导入的句子必须符合表示动作原因、目的这一语义。

1. PPT图片、视频导入。

（PPT展示父母工作的照片）

教师：爸爸妈妈每天工作都很辛苦，是希望我们有好的生活。我们可以说："爸爸妈妈为我们有好的生活辛苦工作。"或者："为我们有好的生活，爸爸妈妈辛苦工作。"（板书例句）

（PPT展示消防员训练的视频）

教师：消防员们努力训练，他们要保护人民的安全。我们可以说："消防员为保护人民安全努力训练。"或者："为保护人民安全，消防员努力训练。"（板书例句）

2. 情景导入。

教师：记得我们汉语课的规则吗？（展示挂在教室的课堂守则）

学生：不能迟到/上课不能聊天儿/完成作业……

教师：老师为什么制定规则呢？

学生：管理 / 认真学习。

教师：对，老师为管理课堂制定规则。也可以说："为管理课堂，老师制定规则。"（板书例句）

（二）讲解环节

"为 +V/VP"表行为动作的原因、目的相对来说比较容易讲解，需要注意的有以下几点：

第一，介词"为"介引的是原因或目的，这个原因或目的可以是动词、动宾结构或者一个小句。

第二，注意动作发出者、介词、动词结构的位置。

第三，要总结规则"动作主体 + 为 +V/VP（表原因、目的）……"或"为 +V/VP（表原因、目的），动作主体……"。

1. 讲授法。

结合导入阶段板书的句子采用讲授法进行讲解。

导入的句子：爸爸妈妈为我们有好的生活辛苦工作。

为我们有好的生活，爸爸妈妈辛苦工作。

教师讲解："辛苦工作"的原因是"为我们有好的生活"，"为"可以引入动作行为的原因、目的，"为……"可以放在中间，也可以放在句子的最前面。

导入的句子：老师为管理课堂制定规则。

为管理课堂，老师制定规则。

教师讲解："制定规则"的目的是"管理课堂"，"为"可以表示动作行为的原因、目的，"为……"可以放在中间或句子的最前面。板书结构"动作主体 + 为 +V/VP（表原因、目的）……"或"为 +V/VP（表原因、目的），动作主体……"。

2. 卡片 + 问答。

（展示在健身房锻炼的照片）

教师：我去健身房锻炼的目的是有一个好身体，可以说："为有一个好身体，我每周都去健身房锻炼。"（板书结构）

教师：我每周上中国文化课，原因是我想了解中国文化，用"为"怎么说？

学生：为了解中国文化，我每周上中国文化课。

教师板书结构，进行讲解。

（三）操练环节

练习设计要由易到难，通过机械的练习帮助学生掌握基本结构；通过游戏、交际性的练习帮助学生学会在交际中运用这一结构。操练时要注意学生的偏误，特别是语序问题和介词误加的问题，要对偏误进行适当纠正。

1. 替换练习。

替换练习是一个机械性的操练，有利于学生掌握语言规则，避免语序问题。

| 为 | 锻炼身体， | 我每天早上跑步。 |
| 我 | 为锻炼身体， | 每天早上跑步。 |

　　提高汉语水平　　每周看一部看中国电影

　　让爸爸妈妈放心　　经常和他们视频通话

2. 将"为"放在合适的位置上。

A 我 B 出国留学，C 爸爸 D 花了很多钱。

A 迎接 B 我的朋友，C 我做了 D 一桌子中国菜。

A 大学生 B 救落水儿童 C 献出了 D 宝贵的生命。

3. 完成句子。

_____，我们最好再检查一遍。（为……）

我_____去超市打工。（为……）

4. 游戏法。

进行"找朋友"游戏。

游戏任务：给学生发不同颜色的卡片，蓝色卡片上写出动作行为，红色卡片上写出动作行为的原因。全班同学分组领取卡片，要求学生根据卡片上的内容找到朋友并说出句子，最快说出句子的两位学生获胜。

蓝色卡片内容：（动作）打扮得非常漂亮，每天都去驾校，做测试题……

红色卡片内容：（原因）找到男朋友，学会开车，通过 HSK 考试……

游戏结束后教师纠正偏误，总结规则，对学习者的表现进行评价。

5. 交际性练习。

和同学们说一说你学习汉语的原因，如："我为找一份好工作学习汉语。"

二、"给"的课堂教学

介词"给"的意义和用法较多，可以介引交付或传递类动作的接受者、动作的受益或受害者，可以表命令，"朝、向、对"，被动。我们以介词短语"给＋

表人 N/NP/Pron"作状语的"动作者 + 给 + 表人 N/NP/Pron+ 交付传递类、服务损害类 V/VP"结构为例来进行讲解。

（一）导入环节

"给"构成的介词结构类型较多，且介词短语"给……"既可用作状语也可用作补语，在导入时，一定要注意引导学生说出的句子是符合所讲的结构的。直接讲介词"给"的用法比较抽象，建议从学生已经学习过的动词"给"入手进行导入。

1. 以旧带新 + 动作演示导入。

通过对动词"给"的回顾引入介词"给"的用法，引导学生说出"动作者 + 给 + 表人 N/NP/Pron+ 交付 / 传递 / 服务 / 损害类 V/VP"结构的句子。

教师：麦红，我给你一杯水。（教师边说边给麦红准备好的水）

教师：我给了麦红什么？

学生：水 / 老师给麦红一杯水……

教师：麦红，我给你倒了一杯水。（教师边说边做动作）

教师：我给麦红倒了什么？（"倒"重读）

学生：老师给麦红水 / 倒水……

教师：老师给麦红倒了一杯水。（板书例句）

教师：秀贤，我给你一个小礼物。（教师边说边把礼物给秀贤）

教师：我给秀贤送了什么？（"送"重读）

学生回答：老师给秀贤送了一个小礼物。（板书例句）

2. 情景导入（打电话给麦红）。

教师：老师在做什么？

学生：打电话。

教师：老师给谁打电话？

学生：麦红 / 打电话麦红……

教师：老师给麦红打电话。（板书例句）

3. PPT 图片导入（PPT 展示春节包饺子的照片）。

教师：老师在做什么。

学生：老师在包饺子。

教师：对，过年的时候中国人吃饺子，老师给家人包饺子。（板书例句）

（二）讲解环节

讲解这一结构时，要注意说清楚介词"给"的宾语、动词性结构以及动作的发出者和承受者的位置，给出句子的基本框架，要说明"给……"介词短语限制的动宾结构应该具有"交付""传递""服务""损害"等潜在语义。

1. 讲解归纳。

根据导入阶段的句子"老师给麦红倒了一杯水""老师给秀贤送了一个小礼物"进行讲解："秀贤"在"给"的后面，记为 O_1；"一个小礼物"在"送"的后面，记为 O_2，所以句子是"S+给+O_1+V+O_2"。在例句下面板书结构，细化结构，主语"老师"是动作的发出者，"秀贤"是表示人的名词，"送"是交付传递类意义的动词，所以结构可以细化为"动作者 + 给 + 表人 N/NP/Pron+ 交付传递类 V/VP"结构，结构板书在例句下。"给……"限制"服务损害类"动词的讲解方式同上，最后总结并板书规则：动作者 + 给 + 表人 N/NP/Pron+ 交付传递类、服务损害类 V/VP。学生对"交付传递""服务损害"等表述的理解可能存在障碍，需要通过这类动词的举例和语境设置帮助学生理解其含义。

2. 问答法。

（根据导入阶段的句子"老师给麦红打电话"进行交流）

教师：我们和朋友联系还有哪方式呢？用"给"怎么说？

学生：微信 / 发信息 / 留言 / 发邮件 / 写信……

教师：我们可以给朋友发微信。（板书例句，讲解规则）我们还可以给朋友……（引导学生说句子）

学生：我给朋友写信 / 我给朋友发邮件……

总结并板书规则：动作者 + 给 + 表人 N/NP/Pron+ 交付传递类 V/VP。

（根据导入阶段的句子"老师给家人包饺子"进行交流）

教师：大家给家人或者朋友做过什么事情呢？

学生：买菜 / 打扫卫生……

教师：麦红给妈妈买过菜。（板书例句，讲解规则，引导学生说句子）

学生：我给舍友买奶茶 / 我给妈妈修理手机……

总结并板书规则：动作者 + 给 + 表人 N/NP/Pron+ 服务损害类 V/VP。

（三）操练环节

在介词"给"的操练环节，要注意纠正学生的偏误，特别是语序问题、动词选择问题、近义介词误用问题，如"我送麦红给一支笔""我给你请求一件事""跑步给身体有好处"等。操练时要根据学生偏误情况再次进行规则的说明。

1. 判断正误。

（1）我给妈妈写了一封信。（　　　　）

（2）老师给我叫了一个好听的中国名字。（　　　　）

（3）爸爸给我们告诉一个好消息。（　　　　）

2. 选词填空。

向　　　为　　　给　　　对

（1）妈妈每个月都（　　　　）姥姥寄五百块钱。

（2）老师（　　　　）同学们的进步感到高兴。

（3）看中国电影（　　　　）学习汉语有帮助。

（4）他天天（　　　　）我借钱，可是我也没有钱。

3. 快问快答。

教师在黑板上板书关键词，如添麻烦、看病、介绍、打电话等，要求学生用所学结构说句子，快问快答。

教师：你没有告诉你的朋友就去他的家，会怎么样？

学生：我会给我的朋友添麻烦。（关键词：添麻烦）

教师：你生病了去医院，医生会做什么？

学生：医生会给我看病、打针。（关键词：看病、打针）

（教师提供关键词，选择学习水平较高的学生发问）

学生1：我和你的朋友第一次见面，你应该做什么？

学生2：我给你介绍我的朋友。（关键词：介绍）

学生1：你要找我，但是不知道我在什么地方，你应该怎么做？

学生2：我给你打电话。（关键词：打电话）

4. 情景法。

情景1：今天是麦红的生日，大家给麦红准备了不同的礼物，围绕这一情景进行表演。关键词：送、生日卡、唱、生日歌……

情景2：你去朋友家做客，不小心打碎了水杯，围绕这一情景进行表演。关键词：添麻烦、倒水、拖地……

5. 交际性练习。

打电话和家人，说一说你的朋友给你过生日的事情，使用"动作者 + 给 + 表人 N/NP/Pron+ 交付传递类、服务损害类 V/VP"说句子。关键词：给、打电话、送礼物、买花、布置房间等。

第五节　"跟""和""同""与"偏误分析与教学

"跟""和""同""与"既可以作介词，也可以作连词。作为介词，"跟""和""同""与"前后成分的位置不能互换，如有状语，可放在介词短语之前，介词不能省略。作为连词，"跟""和""同""与"前后成分位置可以互换，状语不能放在连词前，可以省略。例如：

（1）我今天跟张主任汇报了最近的工作。（介词，"跟"不能省略，"我""张主任"不能互换位置）

（2）我跟张主任一起去了成都。（连词，"跟"可以省略，"我""张主任"可以互换位置）

在此，我们讨论作为介词的"跟""和""同""与"的偏误分析与教学。

一、"跟""和""同""与"偏误概述

（一）使用语境

这四个介词的主要用法是引出与事，构成介词短语后可以表协同、参与、关联、比较等意义。以"跟"为例：

（3）父亲的姐姐跟我们一块儿住。（表协同）

（4）跟二姐商议吧，一个小姑娘可有什么主意呢？（表参与，双方共同动作）

（5）他也学会跟朋友们借钱，借了还是不想还。（表参与，单方发出动作）

（6）这跟你有密切关系！甚至于跟王掌柜也有关系！（表关联）

（7）他们开始吵架了！真跟钟表一样准！（表比较）

【典型偏误案例】

（8）＊我认为音乐是对人们很有帮助，甚至会防治病的，就是跟人们离不开的一种文化艺术。

（9）＊所以我完全同意跟我们谈论的题目。

（10）＊这是跟现代社会复杂，学校教育不够严格所致。

例（8）并无表协同、参与、关联、比较等含义，"人们"并非与事，且判断

动词"是"可以直接加宾语"人们离不开的一种文化艺术",无须"跟"介引。例（9）中，"我们谈论的题目"是受事而非与事，"同意"可以直接加宾语"我们谈论的题目"，不能用"跟"介引。例（10）在表示关联时应该说"跟……有关系"，不能说"跟……所致"，"现代社会复杂，学校教育不够严格所致"可以直接作"是"的宾语，无须"跟"介引。

（11）*爸爸经常我说："每一个人在生活中都要有自己的目的。"

（12）*最近很多男女比自己年龄大或小的人交往。

这两句的偏误原因是学习者意识到在表达时应该将句中的与事放在动词前，但没有用介词"跟"介引。例（11）中，"我"是"爸爸""说"的对象，应该用"跟"来介引，表示这一意义也可以用"对"。例（12）中的"交往"为双向动词，表示双方参与发出的动作，应该用"跟"介引动作的参与者，正确的表达是"跟比自己年龄大或小的人交往"。

（二）使用规则

根据陆庆和、吕叔湘的观点，本组介词的结构规则总结如表7-23所示。

表7-23　介词"跟""和""同""与"的使用规则

介词	语法意义	结　构	句法成分	举　例
跟、和、同、与	引出与事	引进动作协同的对象，表协同	跟＋指人 N/NP/Pron（一起/一块儿）……	作状语，除表协同的"一起/一块儿"外，其他状语一般放在介词短语前	（1）敢不照我的话办，就跟招弟一起去见阎王！
		引进双方共同动作的对象，双方参与动作	跟＋指人 N/NP/Pron＋双向动词（谈话、讨论、见面、比赛、下棋、商量、交换等）		（2）你早点儿跟他商量商量。
		引进单方动作的对象，指示与动作有关的对方，单方发出动作	跟＋指人 N/NP/Pron＋交际有关的单向动词（说、道歉、开玩笑、发脾气、撒娇等）或者索取类的动词（要、借、打听、了解等）		（3）他停了手，也正色道："我哪有工夫哪有心思跟你开玩笑？"
		引进关联对象，表示与某事物的联系	跟……有关 跟……成了……		（4）不过丁公子如果真的跟小姐成了好友，总不好意思再找她的老太爷去决斗吧。
		引进比较对象，表比较	跟……比，…… 跟……相同/不同/一样/差不多/比不了		（5）跟常班长一样，他永远不肯落后。

【典型偏误案例】

（13）*在社会上最重要的是会说话，交流跟别人。

（14）*我的老师跟我经常说要认真学习。

（15）*我道歉爸爸妈妈，我没有听他们说的话。

（16）*父亲的工作是汽车有关的，自然对汽车感兴趣。

（17）*我希望以后我的父母一样，有一个美满的家。

介词"跟"构成的基本结构是"跟……"位于中心语之前作状语，若句子中有其他状语，除"一起／一块儿"外，介词短语一般放在其他类型的状语之后。例（13）中的"跟别人"应该放在中心语"交流"前作状语。例（14）中的"跟我"应该放在表示频率的状语"经常"之后。例（15）中，"道歉"不能直接带宾语"爸爸妈妈"，应该用"跟＋指人 N/NP/Pron＋交际有关的单向动词"结构，改为"我跟我的爸爸妈妈道歉"。例（16）的固定结构"跟……有关"中介词"跟"遗漏，需要用介词"跟"介引出关联的对象"汽车"。例（17）引进比较对象时"跟……一样"结构中遗漏介词"跟"，需要用"跟"介引比较的对象"我的父母"。

（三）"跟""和""同""与"及"在""从""向"等的使用条件对比

相对"对""对于""关于"等介引对象的介词来说，"跟""和""同""与"的意义及用法比较简单，且这四个介词在语法功能上差异不大，主要差别是语体色彩的差别，一般来说，"跟"与"和"常用在口语中，"同"和"与"常用在书面语中。"跟""和""同""与"这四个介词的区别见表 7-24。

表 7-24　介词"跟""和""同""与"的用法辨析

介词	语体色彩	用　法
跟	常用于口语	谓语动词是"道歉""道谢""发脾气"等词语时，多用"跟"
和	常用于口语	一般不用于"学""争取""要求""了解"等动词前
同	常用于书面语	一般不用在索取类的动词（要、借、打听、了解等）前
与	常用于书面语	一般不用在索取类的动词（要、借、打听、了解等）前

使用"跟""和""同""与"最大的难点在于这组介词与其他介词之间的辨析，学习者学习介词"跟"时，会出现和介词"在""从""向""对""给"混淆的情况，所以本组介词和其他介词的辨析是非常重要的。

1．"跟"和"在"。

介词"跟"和"在"的用法对比见表 7-25。"跟"和"在"区别起来比较容易，因为这两个介词分属于不同的类别，对象介词"跟"用来介引动作的与事，时空介词"在"一般用来介引时间、处所、范围，也可以介引条件、行为主体，所以这一组介词的辨析关键在于分清介引内容。介引内容比较明确的句子中，多数学习者可以选择正确的介词，但"跟"和"在"有相似的结构，若学习者遇到比较相似的介引内容，往往会因为不清楚介引的具体是什么而出现介词混淆。

表 7-25　介词"跟"和"在"的对比

介词	类似结构	举　例
跟	跟 +N（V 的对象）+V	跟贵公司合作
	跟 + 人 +V	跟老李借的
	跟 + 方位 / 处所 / 范围 + 相比	跟上海相比，……
在	在 +N（V 的处所方位）+V	在贵公司工作
	在 + 人 + 这儿 / 那儿 / 方位词 +V	在老李那儿借的
	在 + 方位 / 处所 / 范围	在上海，……

【典型偏误案例】

（18）*成年之后难以改正的长处与短处大都是在这段时间的教育有关。

（19）*而且如果我要在圈子里的朋友谈话、聊天的话，不知道这些流行歌曲，我会被看做跟不上时代的人。

（20）*由于他跟我前面走路，那么臭的烟味飘到我这边，我感到很不舒服。

（21）*虽然可以打电话，但是我很想跟你们面前说：我的父母，谢谢。

（22）*所以如果我可以跟贵公司工作的话，我可给贵公司很多的好处。

"跟"是一个对象介词，主要作用是介引对象；"在"是一个时空介词，主要作用是介引处所，以上偏误是学习者对介引对象不清导致的。例（18）应该用"跟"介引"有关"的对象"这段时间的教育"。例（19）应该用"跟"介引谈话的对象"圈子里的朋友"。例（20）介词介引的是"走路"的方位"我前面"而不是对象"我"，应该改为"在我前面走路"。例（21）介词介引的是"说"的方位"你们面前"而不是对象"你们"，应该改为"在你们面前说"。例（22）介引的是"工作"的处所"贵公司"，应该改为"在贵公司工作"。

2."跟"和"从"。

"跟"和"从"是分属于不同类别的介词，两者的用法对比见表 7-26。学习者在学习这一组介词时出现的混淆偏误并不多，HSK 语料库中这两个介词的混淆偏误共 22 条，其中应该用"跟"误用为"从"的 19 条，应该用"从"误用为"跟"的 3 条，除一例是"从……来看"结构中介词错用外，其他 21 例都是"跟 + 人 +V"和"从 + 人 + 这儿 / 那儿 / 方位词 +V"结构的介词混淆。

表 7-26　介词"跟"和"从"的对比

介词	类似结构	举　例
跟	跟 + 人 +V	跟爸爸妈妈借钱
从	从 + 人 + 这儿 / 那儿 / 方位词 +V	从爸爸妈妈那儿借钱

【典型偏误案例】

（23）* 我们从父母学会很多事情。

（24）* 所以，很多中学生会跟他们身上学会吸烟，造成人体危害。

（25）* 跟这样的角度来看，可以说工作的日子都被看成是假期。

学习者错用"跟"和"从"的原因是这两个介词在表意义的领域有重叠，结构上也比较类似，可以说"跟某人学习……"，也可以说"从某人那儿 / 那里 / 身上 + 学习……"，例（23）和例（24）均是这一原因。在例（25）中，"从……来看"是固定结构，无"跟……来看"这一结构。

3."跟"和"向"。

"向"不仅是一个对象介词，还是一个时空介词。作为对象介词，"向"可以介引动作行为指向的对象；作为时空介词，"向"可以介引动作行为的方向。"跟"作为一个对象介词，和"向"既有共性又有差异，两者的语法意义及用法对比见表 7-27。

表 7-27　介词"跟"和"向"的对比

语法意义及用法		跟	向
引进单方动作的对象，指示与动作有关的对方，单方发出动作	限制表示消极情绪的心理动词	我的舍友经常跟我抱怨作业太多。	我的舍友经常向我抱怨作业太多。
	限制具有索取、询问义的动词，如借、要、讨、收购、求助、打听、学习、咨询、说明等	安比跟老师借了一本书。	安比向老师借了一本书。
	限制非"面对面"给予义动词，如捐款、赠予、赠送等	—	向灾区人民捐款

续表

语法意义及用法		跟	向
介引空间，引进动作行为的方向	介词 + 方位、处所词语 +V	—	她一言不发地低着头向前走。
引进动作协同的对象，表协同	介词 + 指人 N/NP/Pron（一起 / 一块儿）……	我跟你一块儿走。	—
引进双方共同动作的对象，双方参与动作	介词 + 指人 N/NP/Pron+ 双向动词，如谈话、讨论、见面、比赛、下棋、商量、交换等	我跟我的朋友见面。	—
引进关联对象，表示与某事物有无联系	介词……有关 介词……成……	这事儿一定跟他有关。	—
引进比较对象，表比较	介词……比，…… 跟……相同 / 不同 / 一样 / 差不多 / 比不了	我跟他们比不了。	—
语体色彩		口语	书面语

【典型偏误案例】

（26）＊当我醒来时听到医生向我父母谈话，才发现人已躺在医院。

（27）＊孩子出生后，父母每天向孩子说话。

此类偏误出现的原因是由于"向"和"跟"都可以用于引进动作的对象，如"向 / 跟先进工作者学习"。"跟……"可以限制双向动词，也可以限制表示索取、询问义的单向动词，"向……"限制的动词一般为单向动词。例（26）和例（27）中，"谈话""说话"都是双向动词，从表达的意义上看"我父母""孩子"也参与到动作"谈话""说话"中，所以这两例都应该用介词"跟"。

4."跟"和"对"。

"跟"和"对"都是对象介词，都可以介引出动作的对象。但这两个介词所介引的对象在语义上是有区别的，"跟"主要介引动作协同的对象、双方共同动作的对象、单方动作的对象、关联对象、比较对象，"对"主要介引面对的对象、关涉的对象、针对的对象。同为对象介词，"跟"和"对"有共同的意义和用法，在表达共同意义时可以替换使用。"跟"和"对"的用法辨析见表 7–28。

表 7-28 介词"跟"和"对"的用法辨析

语法意义及用法		跟	对
引进单方动作的对象，指示与动作有关的对象	介词 + 指人 N/NP/Pron+ 交际有关的单向动词，如说、道歉、开玩笑、发脾气、撒娇等	他停了手，也正色道："我哪有工夫哪有心思跟你开玩笑？"	他面貌虽丑，人却忠厚痴情，他不会对女人发脾气。
	介词 + 指人 N/NP/Pron+ 索取类的单向动词（要、借、打听、了解等）	她跟我打听你。	—
引进动作协同的对象，表协同	介词 + 指人 N/NP/Pron（一起 / 一块儿）……	敢不照我的话办，就跟招弟一起去见阎王！	—
引进双方共同动作的对象，双方参与动作	介词 + 指人 N/NP/Pron+ 双向动词，如谈话、讨论、见面、比赛、下棋、商量、交换等。	跟二姐商议吧，一个小姑娘可有什么主意呢。	—
引进关联对象，表示与某事物有无联系	介词……有关 介词……成……	这跟你有密切关系！他最后跟我成了好朋友。	—
引进比较对象，表比较	介词……比，…… 介词……相同 / 不同 / 一样 / 差不多 / 比不了	真跟钟表一样准！	—
介引动作行为、性状关涉的对象	引进有无类动作的对象；引进感知、思考、认识的对象；表"对待"	—	他对中国的风俗不太了解。她对人很热情。
介引针对的对象	针对某人或某事采取行动或对策	—	对表现优秀的同志，我们应该予以表扬。

【典型偏误案例】

（28）＊这对我丝毫无缘。

（29）＊我妈喜欢对我闹着玩儿，我从小到现在一直被她开玩笑长大的。

（30）＊我认为吃绿色食品更重要，是因为吃东西是对人的生命有关的。

"跟"可以引进关联的对象。例（28）应该用"跟"引出关联的对象"我"，构成介词短语"跟我"限制双方之间的关系"丝毫无缘"。例（29）中"闹着玩儿"这个动作是"妈妈"和"我"都参与，所以应该用"跟"。"对"在介引对象时，介引的都是动作发出者单方面动作的对象，"跟"在介引对象时，可以引进双方共同动作的对象。例（30）"跟……有关"为固定格式。

（31）＊通过在中国留学的很辛苦的经验，我很可能成为跟谁都很随和的人。

（32）*跟她有意见，她难道感觉不到你对她的态度吗?

介引动作行为、性状关涉的对象，表"对待"应该用"对"。例（31）指的是"对待他人随和"，所以应该用介词"对"介引关涉的对象"谁"。引进有无类动作的对象，只能用介词"对"，构成"对……有/不利、有/无害、有/没意见……"结构，例（32）正确的表达是"对她有意见"。

5."给"和"跟"

介词"给"和"跟"的用法辨析见表7-29。

表7-29　介词"给"和"跟"的用法辨析

语法意义及用法		给	跟
引进单方动作的对象	介引言语、交际类动作（说、讲解、道歉、发脾气等）的对象	我应该给你说对不起。	我应该跟你说对不起。
	介引索取类的动作（要、借、打听、了解等）的对象	—	她跟我打听你。
引进动作协同的对象，表协同		—	敢不照我的话办，就跟招弟一起去见阎王!
引进双方动作的对象，双方参与动作		—	跟二姐商议吧。
引进关联对象，表示与某事物有无联系		—	这跟你有密切关系!
引进比较对象，表比较		—	南边打响啦! 真跟钟表一样准!
介引受益/受害者，服务、施惠、消极、损害义动作对象		给大家赢得时间 给大家添麻烦了	—
引进交付、传递的接受者		他给马车夫付了工钱，便走进家里。	—
表被动		我像突然给人卡住了脖子似地喘起了粗气。	—

【典型偏误案例】

（33）*她跟我辅导时，除了学习问题以外，别的什么都不说。

（34）*老师可以在上课时跟学生传播知识，让学生知道，那个时期是学生应该注重读书的时期，不该谈恋爱的。

例（33）应该用介词"给"介引动作"辅导"的受益者"我"，例（34）应该用介词"给"引进"传播知识"的接受者"我"。

（35）*现在时间不早了，以后再给你们联系。

（36）*所以我觉得我应该感谢他抽空儿给我一起玩儿。

介引双方共同动作的对象，动词是表示双方参与的动作时，只能用介词"跟"。例（35）中的"联系"是表示双方参与动作的动词，应该用介词"跟"。介引动作协同的对象，搭配"一起""一块儿"时，只能用介词"跟"。例（36）中，"一起玩儿"表示协同的动作，所以应该用"跟"。

二、"跟""和""同""与"偏误教学难点

难点一："跟……比 / 有关 / 一样"等比较句结构

（37）*生命具有跟任何其他东西也比不了的重要性。

（38）*我觉得跟绿色食品和不挨饿相比，绿色食品是第二位的。

（39）*农民不得不用农药的原因也是空气污染、环境污染有关的。

（40）*他们希望别人也是自己的父母一样，一心地照顾自己。

介词"跟"可以引进比较的对象，构成"跟……一样 / 相反 / 差不多 / 类似 / 相同等""A 跟 / 和 B 相比 / 比起来，……""跟 A 相比，B……""A 跟 B 比不了"等结构。学习者学习了这些介词结构后，没有分清表达方式，就会出现偏误。

"A 跟 B 比不了"是 B 更强大，如"在学习方面，我跟你比不了"。例（37）中，"生命"出现在 A 的位置，不能说"A 生命"跟"B 任何东西"比不了，这在语义上不通。例（38）中，"绿色食品和不挨饿相比……"是用"A 和 B 相比 / 比起来，……"结构表示比较，出现在"A 绿色食品"前的"跟"多余。例（39）是固定结构"跟……有关"中介词"跟"的遗漏，应该用介词"跟"介引"空气污染、环境污染"。例(40)是固定结构"跟……一样"中介词"跟"的遗漏。在口语中，"跟……一样"如果用于表示事物的共同点或比喻，"跟"可以省略，如"她笑得跟花儿一样"也可以说成"她笑得花儿一样"。用于表示比较时，介词"跟"不能省略，例（40）并非比喻，应该为"希望别人也是跟自己的父母一样"。

难点二："像……一样"和"跟 / 和……一样"结构杂糅

（41）*他们好像跟我爸爸妈妈一样热情地招待了我。

（42）*我的爸爸很爱说："我小的时候，不像跟你那样弱。"

"像 / 好像……一样""跟……一样"结构表示两个事物之间具有的共同点时，"像 / 好像"和"跟"不能同时出现。例（41）可以说"他们好像我爸爸妈妈一样"或者"他们跟我爸爸妈妈一样"。例（42）应该改为"不像你那样弱"。

难点三：动宾结构与"跟……+V"结构错用

（43）＊我在此跟这个情况说明一下。

（44）＊在另一天，我又见面了另一个朋友。

（45）＊我对我的女朋友说，我希望交往你。

出现此类偏误的原因是学习者对动词的特点把握不清，不知道哪类动词可以受"跟……"限制，哪类动词应该直接带宾语。例（43）中，"这个情况"是"说明一下"的内容，而非关联对象，"说明"可以直接带宾语"这个情况"，应该改为"我在此说明一下这个情况"。例（44）中的动词"见面"、例（45）中的动词"交往"不能直接带宾语，正确的表达应该用介词"跟"介引对象"另一个朋友""你"，并将"跟……"放在动词之前。可以看出，此类偏误中往往既存在遗漏或误加介词的问题，又存在错序的问题。

难点四："跟……"与中心语的语序问题

（46）＊你可以认识一些有跟你一样爱好的人。

（47）＊我经常在外边不常住跟我父母在一起。

例（46）是介词短语"跟……"和中心语错序，"跟你"应该放在中心语"有"前作状语。例（47）中的"跟我父母"应该放在中心语"住"前作状语。

难点五："跟""和""同""与"及"在""从"等介词辨析

这组词语辨析前面已经进行了分析，不再赘述。

三、"跟""和""同""与"教学建议

（一）注意对比分析

以英语为母语的学习者使用介词"跟"的偏误率非常高，学习者往往会将"跟"和"with"的用法等同起来，所以我们要注意学习者母语和目的语的对比分析。"跟"和"with"有共同的用法，都可表示共同或协同，如"跟她朋友住""lives with her friends"；都可以引出与动作有关的对方，如"跟他讨论""discuss with him"；都可以介引比较的对象，如"跟他比""make a comparison with him"。"跟"和"with"的差异在于，"with"还能表示具有、动作的凭借、对待等语义，这些语义是"跟"不具备的，学习者认识不到这类差异，就会出现"我看见一只鸟跟漂亮的羽毛""老师跟微笑鼓励我们""我跟他不太满意"等偏误。从语序的对比来看，"with"构成介词短语作状语时一般放在谓语动词之后，而"跟……"作状语时出现在谓语动词前或句首。

（二）介词的讲解与易混淆介词的辨析

介词"跟"可以采用格式法教学，给出格式说明与介词"跟"关系密切的成分，即"跟"后的宾语、介词短语"跟……"限制的动词的特点。介词"跟"引入人与事，限制的动词包括双向动词、交际有关的单向动词、索取类的单向动词等，注意在教学中不能一次性将所有用法都讲完，要循序渐进地教学。

学习者受母语和目的语负迁移的影响，会出现"跟"和"对""在"等介词用法混淆，所以在讲授完这些介词后要进行归纳整理，突出介词"跟"的独特用法，减少混淆。

【教学示范案例】

这组介词的意义和用法基本相同，差异在搭配的个别动词和语体色彩方面，在此以介词"跟"引进比较对象，构成"跟……一样／不一样"结构为例进行讲解。

（一）导入环节

"跟……一样／不一样"结构比较容易理解，可以结合情景、借助教室中的物品进行导入，注意板书典型例句。

（教师展示玛丽的课本和安比的课本）

教师：这是玛丽的课本，这是安比的课本。玛丽的课本跟安比的课本一样。这是老师的课本，老师的课本跟玛丽的课本一样吗？（板书例句）

学生：不是／不一样……

教师：老师的课本跟玛丽的课本不一样。（板书例句）

（二）讲解环节

讲解介词"跟"表对比意义时要注意的几个问题。第一，要给出肯定、否定和疑问句的结构："A 跟 B 一样／不一样""A 跟 B 一样吗？""A 跟 B 一样不一样？"第二，在"A 跟 B 一样"后可以加动词或形容词，动词限于部分心理动词和能愿动词，形容词限于性质形容词，且动词和形容词不能受程度副词的限制。第三，进行人或事物的某一方面的比较，中心语要放在 A 或 B 的后面，不能放在句末，如"我的生日跟玛丽的生日不一样"，不能说"我跟玛丽不一样的生日"。

1. 归纳法。

我们可以根据导入阶段展示的例句进行讲解。

例句 1：玛丽的课本跟安比的课本一样。

例句 2：老师的课本跟玛丽的课本不一样。

例句 3：老师的课本跟玛丽的课本一样吗？

归纳规则：陈述句 A 跟 B 一样 / 不一样，疑问句 A 跟 B 一样吗？ A 跟 B 一样不一样？强调中心语"课本"的位置。

2. 图片法。

（展示玛丽的宿舍照片和安比的宿舍照片）

教师：安比的宿舍怎么样？玛丽的宿舍怎么样？

学生：干净 / 漂亮 / 很好……

教师：安比的宿舍跟玛丽的宿舍一样干净。

板书规则：A 跟 B 一样 +Adj，强调 Adj 是表示性质的形容词，且之前不能有"很""非常"等程度副词。

（展示看电影的照片）

教师：安比，老师喜欢看电影，你喜欢看电影吗？

安比：喜欢。

教师：安比跟老师一样喜欢看电影。（板书例句）

（展示做饭的照片）

教师：麦红，你会做饭吗？

麦红：会。

教师：我也会，我和麦红一样会做饭。

板书规则：A 跟 B 一样 +V，强调动词是心理动词或是能愿动词，且在这些动词前不能有"很""非常"等程度副词。

（三）操练环节

练习的设计要多样化，在操练过程中要注意纠正学生的偏误，特别是在"跟……一样 / 不一样"中介词"跟"遗漏、语序方面的偏误，操练结束后根据偏误情况再次强调规则。

1. 根据句子进行问答。

老师的杯子是红色的，安比的杯子是蓝色的。

问：＿＿＿＿＿＿＿＿＿？

答：＿＿＿＿＿＿＿＿＿。

安比的爱好是看电影，金龙俊的爱好是打游戏。

问：＿＿＿＿＿＿＿＿＿？

答：＿＿＿＿＿＿＿＿＿。

大山喜欢成龙，老师也喜欢成龙。

问：_____?

答：_____。

2. 判断正误。如果句子是错误的，修改句子中的错误。

我的宿舍跟麦红一样特别干净。

我喜欢学习汉语跟安比一样。

安比跟大山一样会唱歌。

操练示例：图 7-9 和图 7-10 上的时间不一样，图 7-9 和图 7-10 上的松鼠一样可爱。

| 图 7-9 | 图 7-10 |

3. 情景法。

学生观察师生的着装、书本、水杯等，用"A 跟 B 一样 / 不一样"说句子。

4. 交际练习。

交际练习 1：两人一组进行采访活动，了解对方的爱好、生日、喜欢做的事情、学习汉语的原因等，采访后两人一组向全班同学汇报彼此相同和不同的地方。

交际练习 2：中国最重要的节日是春节，说一说你的国家最重要的节日，和中国的春节有哪些一样和不一样的地方。

第六节 "根据"和"按照"偏误分析与教学

"根据"和"按照"一般用在主语前后，引出方式或依据，相对其他组的介词来说，这组介词的使用规则较为简单，教学中可以结合语义特点和使用规则纠正偏误。

一、"根据"和"按照"偏误概述

（一）使用语境

"根据"和"按照"都是表示方式或依据的介词，其主要功能是介引动作行为的方式或依据。这两个词语有时可以互换使用，但在意义的侧重点上略有不同。"根据"强调以某种事物或动作作为行动、结论的前提或基础，这个前提或基础和行动、结论之间存在一定的推理关系，如例（1）。"按照"强调以事物或动作为遵循的标准，这个遵循标准和行为、结论之间不存在推理关系，如例（2）。

（1）根据目前的情况，搬迁是没有必要的。

（2）她按照图纸做衣服。

例（1）中，"搬迁是没有必要的"是从"目前的情况"推理出来的，所以应该用"根据"介引依据"目前的情况"。例（2）中，"做衣服"是直接依靠"图纸"，不需要推理，所以用介词"按照"介引依据"图纸"。

【典型偏误案例】

（3）*吸烟并不是小小的问题，所以我们应该认真遵守根据政府的规定。

（4）*根据不少科学家指出，幼年时代的孩子记忆力较强，头脑细胞最活跃。

（5）*可是按照用更智慧的方法来解决就是关键。

以上各例是学习者在无须依据类介词的地方误加介词而导致的偏误。"根据"表示以某种事物或动作为前提或基础。例（3）中的"遵守"和"政府的规定"可以构成动宾结构，无需介词"根据"介引。例（4）中，"不少科学家"是动作"指出"的发出者，而不是动作的前提或基础，介词"根据"多余。"按照"表示遵循某种标准，例（5）已经有介词"用"表示凭借，介词"按照"多余。

（6）*以上理由，我对分班教育肯定不同意。

（7）*一般的人情来说，哪有主人让客人抬水的，这真不像话。

（8）*我觉得周围的人应该病人的意思去做。

以上各例缺少依据类介词，导致语义关系模糊不清。例（6）中，"我对分班教育肯定不同意"的依据是"以上理由"，所有"以上理由"应该用介词"根据"介引，正确的表达是："根据以上理由，我对分班教育肯定不同意。"例（7）中，学习者在使用"根据……来说"表示事物的依据时，遗漏介词"根据"。例（8）中，"去做"遵循的是"病人的意思"，所以应该用"按照"介引遵循的标准"病人的意思"，正确的表达是："我觉得周围的人应该按照病人的意思去做。"

（二）使用规则

1."根据"的使用规则。

"根据"是一个兼类词，兼有名词、动词、介词的功能，在此我们仅讨论其作为介词的用法，其语法意义和结构见表7-30。

表7-30　介词"根据"的使用规则

介词	语法意义	结　构	举　例
根据	以某事物为前提或基础	根据+N/NP，出现在主语前后，用在主语前时有停顿	（1）根据中国神话，三山是神仙居住的地方。 （2）妞子是个姑娘，韵梅能根据自己的经验为妞子的将来好好安排安排。
	以某动作行为为前提或基础	根据+VP，出现在主语前后，用在主语前时有停顿	（3）陆焉识是在凌晨四点钟突然醒来的，这个钟点是他上路以后根据鸡鸣估摸的。
	某种结论的前提	根据……来说/来看，一般用在句首	（4）根据这一点来说，库安泰弟兄的要求自然无可批驳。

【典型偏误案例】

（9）*现代人正在学先进的知识，不想学过去的观念，这是根据现代生活的要求来看，理所当然的。

（10）*这样做行不行，往往根据法律的解释有不同的看法。

"根据"介引某种结论的前提时一般用在句首。例（9）中，"根据现代生活的要求来看"应该放在主语"这"之前，改为"根据现代生话的要求来看，这是理所当然的"。例（10）是介词短语"根据法律的解释"与表示频率的状语"往往"错序，正确的表达应该是"根据法律的解释往往有不同的看法"。

2."按照"的使用规则。

"按照"的语法意义和结构见表7-31。

表7-31　介词"按照"的使用规则

介词	语法意义	结　构	举　例
按照	表示遵循某种标准	按照+N/NP，出现在主语前后，用在主语前时有停顿	（1）按照惯例，这时保姆洗碗，小林给孩子洗澡，老婆应该上床睡觉。 （2）按照双方的"君子协定"，第二天一清早马扩就去找刘锜。
		按照+V/VP，出现在主语前后，用在主语前时有停顿	（3）时间尚未确定，先按照明天一早出发做准备。
		按照……来说，一般用在句首	（4）按照作者自己的话来说，都是两难选择。

【典型偏误案例】

（11）＊这是按照法律没有什么罪的。

（12）＊不过他们只说了按照自己的看法对对方不满意的方面。

（13）＊家人的要求，按照我报考了医科大学。

介词短语"按照……"应该放在句首或者主谓之间。例（11）中，"按照法律"应该放在主语"这"之前，或"这"和谓语核心"是"之间。例（12）中，"按照自己的看法"应该放在谓语动词"说"之前，正确的表达是："不过他们只按照自己的看法说了对对方不满意的方面。"例（13）中的介词"按照"和介引的宾语"家人的要求"错序，应该改为："按照家人的要求，我报考了医科大学。"

（三）"根据""按照""通过"等的使用条件对比

学习者使用表示凭借、依据义的介词"根据""按照"时，往往会将这组介词和"通过""随着"等介词混淆，这是由于学习者对这些介词介引的对象不够清楚导致的。这几个词使用条件的对比见表 7–32。

表 7–32 "根据""按照""通过""随着""由于"介引对象的对比

介　词	介引对象
根据	介引动作的前提或基础，强调推测，"根据……"可以限制推测意义动词
按照	介引动作行为遵守的标准，强调标准，"按照……"一般不限制推测意义动词
通过	介引动作的媒介或手段
随着	介引动态性条件
由于	介引原因

【"根据"的典型偏误案例】

（14）＊根据媒体我知道了不少有关绿色食品给人们的影响。

（15）＊流行歌曲是根据时代的潮流，体现出人们当时所喜爱的歌曲。

（16）＊根据 1989 年是旅游年，我公司的收入不断增加，现在已经达到国家旅游业的发展目的。

介词"通过"介引的是动作的媒介或手段，"根据"介引的是动作的前提或基础。例（14）中，"我知道了不少有关绿色食品给人们的影响"的媒介是"媒体"，所以应该用介引动作媒介的介词"通过"，正确的表达是"通过媒体我知道了……"。介词"随着"一般介引的是动态性的条件，"根据"一般介引的是静态性的前提或基础。例（15）中，"时代的潮流"是动态性的，所以用介词"随着"介引更合适，正确的表达是"流行歌曲是随着时代的潮流……"。介词"由于"介引原因、目的，例（16）中，"我公司的收入不断增加，现在已经达到国家旅游业的发展目的"的原因是"1989 年是旅游年"，所以应该用介引原因的介词"由于"，正确的表达是"由于 1989 年是旅游年，我公司的收入不断增加"。

【"按照"的典型偏误案例】

（17）＊所以对我们消费者的愿望是不用化肥和农药，吃未经污染的食品。

（18）＊一些流行歌曲的词、曲及风格都符合现代人的爱好去"量身定作"。

（19）＊我想干什么，不想干什么，都随着父母和学校的要求做。

（20）＊老师按照我们说的话，可以知道我们的汉语水平。

"按照"介引动作行为遵循的标准，"对"介引动作行为的对象。例（17）中，"不用化肥和农药"是遵循"消费者的愿望"这一标准，所以应该用介词"按照"。例（18）中，"去量身定做"遵循的标准是"现代人的爱好"，所以应该用介词"按照"介引"现代人的爱好"。"符合"是动词，无介引功能。介词"随着"一般介引的是动态性的条件，"按照"一般介引的是静态性的某种标准。例（19）中，"做"遵循的标准"父母和学校的要求"是静态的，所以应该用介词"按照"来介引，正确的表达是"都按照父母和学校的要求做"。例（20）的句意有明显的"推测"意义，"知道我们的汉语水平"是凭借"我们说的话"推理出来的，所以应该用介词"根据"介引对象"我们说的话"。

二、"根据"和"按照"偏误教学难点

难点一：介词短语"根据／按照……"的位置

学习者受母语负迁移的影响，往往会将介词短语"根据／按照……"放在句末，说出"我们努力完成口语练习根据老师的要求"这样的句子来。我们在教学中需要对介词短语"根据／按照……"的位置做出明确说明，避免语序偏误。

难点二：介词"根据／按照"限制的中心语缺失

学习者初学介词短语"根据／按照……"时经常会出现中心语缺失的偏误。

（21）＊孩子不喜欢补习，喜欢和朋友玩儿，我们应该按照孩子的意思。

（22）＊这是根据我的经验。

例（21）中，"按照孩子的意思"后缺少中心语，导致句子语义不完整，应改为"我们应该按照孩子的意思做"。例（22）介词短语"根据我的经验"后缺少限制的

中心语，应改为"这是根据我的经验得出的"，或改为"这是我的经验"。

难点三："根据／按照"和"随着"的混淆

这组词语辨析在前面已进行了分析，不再赘述。

三、"根据"和"按照"教学建议

（一）注意语义特点

"根据"和"按照"表示依据的前提或基础，教学时要注意给学生讲清楚这两个介词的语义特点。"根据"往往表示凭借对象与行为、结论之间有推测关系，"按照"一般不表推测，只以凭借对象为遵循的标准。"根据"和"按照"介引的一般是静态的前提或基础，如果注意不到这一点，学习者往往会将这两个介词和"随着"混淆，出现"按照时代变化流行歌曲也有了很大的变化"这样的偏误。

（二）注意语序

介词短语"按照／根据……"可以出现在句首或主谓之间，固定框架"按照／根据……来说"一般放在句首。学习者受母语的影响，会出现将介词短语放在句尾、或放在谓语核心之后的错序偏误。在教学时，要能够预测到学习者语序方面的偏误并进行有效纠错。

【教学示范案例】

介词"根据"和"按照"的差异在于"按照"更强调遵循的前提或基础是某种"标准"。这两个介词的基本结构大致相同，我们以"根据"表示"以某种事物为前提或基础"这一意义构成"根据+N/NP"结构为例，来说明这一组介词的教学建议。

（一）导入环节

"根据"介引的是凭借的事物，并以"凭借的事物"为基础推测出结论，因此，导入环节所举的例子应尽量和学生的日常生活、学习结合起来，设计"推测"情景。

1. PPT 图片导入。

教师：现在大约是什么时间？（展示太阳落山的照片）

学生：6 点／7 点／晚上……

教师：我们根据天色能知道时间。（板书例句）

教师：我们上课的时候可以吃东西吗？（展示课堂守则）

学生：不可以。

教师：为什么？（指课堂守则）

学生：规则／因为课堂的规则……

教师：对。根据课堂守则，我们上课时不能吃东西。（板书例句）

2. 情景导入。

教师：学习新课前老师先做什么？

学生：复习 / 考生词……

教师：你们怎么知道的？

学生：每天复习 / 老师每节课复习……

教师：对。根据老师的习惯，我们讲新课前要先复习。（板书例句）

（二）讲解环节

讲解介词"根据"时，要说明这一介词的基本用法是引出"表示依据的前提或基础"，且这个"前提或基础"一般是已知的、静态的，结论可以是在这一基础上推测出来的，介词短语限制的动词可以是包含"推测"意义的。介词短语"根据……"要放在句首或主谓之间。

1. 格式法。

通过导入部分例句，总结格式。

例句 1：我们根据天色能知道时间。

例句 2：根据课堂守则，我们上课时不能吃东西。

例句 3：根据老师的习惯，我们讲新课前要先复习。

句子格式：

"根据" + N/NP　VP。

"根据" + N/NP，　小句。

"根据" + 依据的前提，前提之下出现的结论或事件。

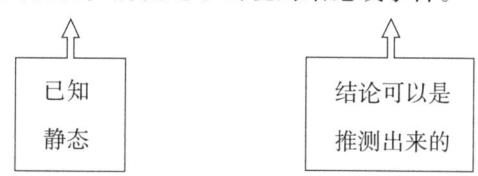

讲解时注意：介词短语的位置和基本意义的说明。

2. 卡片 + 讲授。

准备颜色不同的卡片，红色卡片上写出依据的前提，蓝色卡片上写出这一前提下的结论或事件。

教师：大家读。（展示红色卡片）

学生：学校的制度。

教师：读。（展示蓝色卡片）

学生：宿舍不能做饭。

教师："学校的制度"大家都知道，可以说"根据学校的制度，宿舍不能做饭"。

利用卡片展示讲解后，板书规则。

（三）操练环节

操练环节要有针对性地预测和纠正学习者的偏误，如韩国学习者、以英语为母语的学习者学习"按照"与"根据"，受母语负迁移的影响比较严重。要结合语境进行操练，帮助学习者掌握介词的用法。

1. 判断正误。

根据汉语水平的提高，我越来越有信心了。

根据学校的安排，本周日全校师生在校园内植树。

我们制定了课堂守则根据大家的意见。

2. 完成句子。

根据同学们的建议，明天＿＿＿＿＿＿＿＿＿＿＿。

根据老师的要求，我们＿＿＿＿＿＿＿＿＿＿＿。

我根据学校的安排＿＿＿＿＿＿＿＿＿＿＿。

3. 看图（图7-11、图7-12）说话。

图7-11

图7-12

图7-11关键词：命令、做动作；图7-12关键词：放假时间、制订旅游计划。

4. 用"根据"说一说下面的情况。

史书记载，武则天是中国历史上唯一的女皇帝。

我每天都看天气预报，然后选择出行的交通工具。

5. 交际性练习。

完成调查表7-33，并用"根据"说句子。

表 7-33

根　据	树叶的颜色	课堂表现	现在的汉语水平	……	……
结　论	知道季节	给出分数	？	……	……

例如：根据树叶的颜色，我们可以知道季节。

思考和练习

1. 辨析下列词语。

（1）"在"和"从"

（2）"向""朝""往"

（3）"对""对于""关于"

（4）"为"和"给"

（5）"跟"和"从"

（6）"根据"和"按照"

2. 汉语学习者在"在""从"和处所、方位、时间词搭配中存在的问题主要集中在哪些方面？试举例说明。

3. 可以用在"向／往 +N/NP"前的动词有哪些特点？请举例说明。

4. 讲介词"对"时，一位老师举例"我对事不对人"，这个例子合适吗？为什么？

5. 举例说一说不同词性的"给"。

6. 举例说明介词 "跟""和""同""与"的使用规则及其差别。

7. 说一说介词"根据"的教学难点。

8. 纠正下列偏误并说明原因。

（1）母亲把我寄托乡下外婆家。

（2）他小的时候，从母亲受到了很多影响。

（3）我比较喜欢有历史性的小说，因其内容能够得到丰富的知识。

（4）在这非常时期，更应该采取开放的态度，让孩子们往多方面去学习。

（5）我想表示向你们我的心意。

（6）它是社会文化的一部分，应该好的方向去发展。

（7）在中国，对说汉语的外国人有很多工作的机会。

（8）对于太大的声音就成了噪音，使人无法承受。

（9）对了，我忘了一个消息告诉给你们。

（10）这段时间内我可以做准备我的未来。

（11）这种措施不但能为城市的环境更整洁，而且还能减少"二手烟"。

（12）我刚到中国，跟中国的节日还不太了解。

（13）我今天要见面我的朋友。

（14）根据医学表示，吸烟极有可能使人得癌症。

（15）虽然吸烟是个人的事情，但是跟别的事情一样还是要按照场合。

9. 请选择本章学习的一个介词，设计操练方案，至少使用三种操练方法。

10. 结合本章的学习，谈一谈你对本章所学介词的新认识。

第八章 关联词偏误分析与教学

【学习要点提示】

知识要点：掌握关联词的概念和类型，熟悉联合类关联词语和偏正类关联词语的使用语境、使用规则等知识，掌握关联词偏误教学难点和教学建议。

技能要点：能够辨析易混淆的关联词语，合理分析关联词偏误，做到结合关联词偏误教学难点和关联词教学建议指导教学。

情感要点：熟悉汉语关联词全貌，更好地了解汉语中这一词类的特点。

关联词语包括连接分句的连词和连接分句、表示关联的副词。关联词语用于复句中，根据分句间的意义关系，复句可以分为联合复句和偏正复句两大类，关联词语也可以分别归入这两类进行分析，我们将之称为联合类关联词和偏正类关联词。

第一节 联合类关联词偏误分析与教学

一、联合类关联词偏误概述

（一）使用语境

根据分句间的意义关系划分，联合类关联词可以分为并列、顺承、解说、选择和递进五类，用于连接表示这五种关系的复句。

表并列：既……又……，一边……一边……，不是……而是……。

表顺承：首先……然后（接着）……，就，便，继而。

表解说：即。

表选择：或者……或者……，是……还是……，要么……要么……，不是……就是……，宁可……也不……，与其……不如……。

表递进：不但（不仅）……而且……，不但（不仅）……还……，连……也……，何况，反而

其中，表解说的关联词语使用较少，解说复句中一般不用关联词语。表并列、顺承、选择、递进的关联词语均是教学中的重难点。

（二）使用规则

不同关联词在复句中有不同的出现位置，可以根据其出现位置进行分类。

A 类　第一分句中出现：既，首先，先，不但，不仅，宁可，尚且，与其。

B 类　第二分句中出现：而是，接着，然后，就是，不如，而且，还，反而。

C 类　前后分句中重复出现：又，一边，或者（或），要么。

关联词的位置还与句子的主语有关，我们可以将之分为三类。

甲类　出现在分句主语前：然后，于是，何况。

乙类　出现在分句主语后：既，不但不，尚且。

丙类　出现在分句主语前后均可。这种情况又可细分为两类，无论分句主语相同与否都可前可后的关联词为丙 1 类，因分句主语不同而位置不同的关联词为丙 2 类。

丙 1：既然，尽管。

（1）既然你来了，就不要走了。　　　　　（分句主语相同，关联词在主语前）

（2）你既然来了，就不要走了。　　　　　（分句主语相同，关联词在主语后）

（3）既然你要 AA 制，我们就各自付吧。　（分句主语不同，关联词在主语前）

（4）你既然要 AA 制，我们就各自付吧。　（分句主语不同，关联词在主语后）

丙 2：不但，不仅，别说，与其，宁可，宁愿。

丙 2 类关联词的位置与分句主语相关，分句主语相同时出现在主语后面，分句主语不同时一般出现在主语前面。例如：

（5）我不仅喜欢旅游，还 / 也喜欢阅读。（分句主语相同，关联词在主语后）

（6）不仅我喜欢旅游，妹妹也喜欢。　　　（分句主语不同，关联词在主语前）

可以看出，联合类关联词的出现位置是比较复杂的，特别是丙 2 类的关联词

是联合类关联词中偏误率最高的。

【典型偏误案例】

学习者对关联词所连接的分句意义不清楚，使用语境判断不明时，就会出现关联词遗漏、误加等偏误；学习者对关联词的位置掌握不清时，就会出现语序方面的偏误。

（7）＊她一边工作，教育我们子女。

（8）＊我认为流行歌曲一边让人很开心，让人平静。

（9）＊这个也不是你自己的事，为了你还有你的国家。

（10）＊不只是因为我继承了他对艺术的兴趣，而且原因还在于他从来不限制我的自由，未曾影响我对任何事物的选择。

（11）＊另外一个和尚说："你应该先喝，我喝。"

（12）＊不仅抽烟对自己的身体有害，而且会影响别人。

（13）＊公共场所是很多人流动的地方，其中有的人吸烟，而且有的人不吸烟。

（14）＊自己不但有水喝，别人也会感激你。

例（7）应该用关联词"一边……一边……"连接表示并列的分句，第二个关联词"一边"遗漏造成了偏误。例（8）中的关联词"一边"多余，"一边……一边……"连接的是动作性较强的句子，"让人开心"和"让人平静"动作性不强，不能用这个关联词语连接。例（9）是并列关系中表示对举的关联词"不是……而是"的偏误，遗漏了第二个分句中的"而是"。例（10）是递进关系和并列关系的关联词语混用导致的错误，"不只是……还……"表示递进关系，学习者误将其理解为"不是……而且……"的并列关系，故应改为"不只是因为我继承了他对艺术的兴趣，原因还在于他从来不限制我的自由"。例（11）中的第二个分句前缺少表示顺承关系的"然后"，导致语义不清。例（12）中，"不仅"是丙2类关联词，前后分句主语相同，"不仅"应出现在主语后面，故应改为："抽烟不仅对自己的身体有害，而且会影响别人。"例（13）中，"有的……有的……"表示并列关系，没有递进关系，故第二个分句前的"而且"多余。例（14）中，丙2类关联词"不但"位置错误，两个分句的主语分别是"自己"和"别人"，主语不同时，"不但"要出现在主语前，故应改为："不但自己有水喝，别人也会感激你。"

（三）易混淆联合类关联词使用条件辨析

有的关联词在用法或者构形上比较相似，这就导致学习者容易出现关联词语混淆的问题，教学中需要注意对用法相似、构形相似的关联词进行辨析。

1. "或者" 和 "还是"。

"或者" 和 "还是" 用法相似，通过表 8-1 可以看出二者的区别。

表 8-1 "或者" 和 "还是" 的用法辨析

关联词	语 义	搭 配	例 句
或者	表未定选择，用于陈述句	单用 或者……或者……	你去，或者我去，我们要及时解决问题。 或者你去，或者我去，我们要及时解决问题。
还是	表未定选择，用于疑问句	单用 是……还是……	你去，还是我去？ 是你去，还是我去？

【典型偏误案例】

（15）＊特别是有些朋友找我，还是找我的同屋时，聊天儿的声音太大。

（16）＊和困难环境斗争或者失去信心不拼命而承认失败呢？

例（15）是陈述句，句中的 "还是" 应该用 "或者"。例（16）是疑问句，句中的 "或者" 应该用 "还是"。

2. "而且" 和 "而是"。

"而且" 和 "而是" 构形相似，通过表 8-2 可以看出二者的区别。

表 8-2 "而且" 和 "而是" 的用法辨析

关联词	语 义	搭 配	例 句
而且	表递进	单用 不但（不仅）……而且……	不但我喜欢看电影，而且我的妹妹也喜欢看电影。
而是	表对举并列	单用 不是（并非）……而是……	不是我喜欢看电影，而是我的妹妹喜欢看电影。

【典型偏误案例】

（17）＊抽烟不但危害抽烟者的健康，而是也会危害抽烟者旁边的人。

（18）＊其实我不是对您生气，而且对自己生气。

例（17）中，与 "不但" 搭配的应该是 "而且"，构成 "不但……而且……"，表递进关系。例（18）中，与 "不是" 搭配的应该是 "而是"，构成 "不是……而是……"，表对举并列关系。

3. "也" 和 "还"。

"也" 和 "还" 是一组用法相似的关联词语，通过表 8-3 可以看出二者的区别。

表 8-3 "也"和"还"的用法辨析

关联词	语 义	搭 配	例 句
也	表递进：类似动作的并列或添加	主语相同 不仅（不只/不但）……也……	他不仅爱唱歌，也爱跳舞。
	表递进：类似动作的并列或添加	主语不同 不仅（不只/不但）……也……	不仅孩子喜欢去游乐场，大人也喜欢。
还	表递进：类似动作的并列或添加	主语相同 不仅（不只/不但）……还……	他不仅爱唱歌，还爱跳舞。
	表递进：和偏句对比，正句突出程度上的加深，强调进一步添加	主语相同 不仅（不只/不但）……还……	他不仅爱唱歌，还得过奖呢。

【典型偏误案例】

（19）* 不只是直接吸烟，就是间接吸烟还影响到身体健康。

（20）* 现代的医学已经发达得多了，也在不断地进步。

例（19）分句的主语分别是"直接吸烟"和"间接吸烟"，主语不同时应该用"不仅（不只/不但）……也……"，故应改为："不只是直接吸烟，就是间接吸烟也影响到身体健康。"例（20）正句突出进一步添加，应该用"不仅（不只/不但）……还……"，故应改为："现代的医学已经发达得多了，还在不断地进步。"

二、联合类关联词偏误教学难点

难点一：关联词的位置

在联合类关联词使用规则中已经提到，关联词的位置比较复杂。从偏误情况来看，学习者关联词语位置的偏误集中在和主语核心、谓语核心、状语的错序上。

1. 关联词和主语的位置。

（21）* 不但我在上海学习，也在上海工作。

（22）* 身体不但受到病魔的折磨，心灵上亦可能遭受折磨。

（23）* 宁愿我每天很辛苦，也不希望家里乱。

关联词和主语的位置偏误主要集中在用于前一分句中的丙 2 类关联词语，其基本规则为：前后分句主语相同时，关联词在主语后面；分句主语不同时，关联词在主语前面。例（21）中，前后分句主语相同，关联词应该在主语"我"的后面，故应改为："我不但在上海学习，也在上海工作。"例（22）中，前后两个分句的主语分别是"身体""心灵上"，"不但"应该出现在主语"身体"之前。例（23）

中的两个分句的主语相同，"宁愿"应放在主语"我"之后。

2. 关联词和谓语核心的位置。

（24）＊这会威胁不但正在饥饿中的人，而且会给我们很大的影响。

（25）＊爸，妈，我要先说声"谢谢你们"，你们是不但我父母而且是朋友。

（26）＊所以中国的古代传说是不仅很有意思的，而且一学这些传说可以学习好多东西，明白很多的道理。

关联词的位置变化与分句主语相同与否有关，但一般不会出现在谓语核心词之后，学习者经常会出现将第一分句中的关联词放在谓语核心之后的偏误。例（24）中的"不但"应该出现在主语"这"和"会威胁"之间。例（25）中，"不但"应该放在谓语核心"是"之前。例（26）中，"不仅"应该放在谓语核心"是"之前。

3. 关联词和状语的位置。

（27）＊这样一来，有钱人一边能吃绿色食品、不担心自己的健康，一边帮助挨饿的人。

（28）＊因为我是老大，所以从小替你们不仅照顾弟弟而且做家务。

例（27）中的能愿动词状语"能"要放在关联词"一边"之前，因为"能"所限制的是"一边吃绿色食品、不担心自己的健康，一边帮助挨饿的人"。例（28）中，介词短语状语"替你们"表示对象，"不仅"说明递进前的范围。在多项状语中，表示对象的状语是出现在表示范围的状语之后的，所以"替你们"应该放在关联词"不仅"之后，中心语"照顾"之前。

难点二：联合类关联词混淆偏误

关联词混淆问题在教学中非常常见，特别是用法相似和具有相同语素的构形相似的关联词语，我们需要从语义、搭配、语用的角度进行分析，其典型偏误在前面已做分析，不再赘述。

三、联合类关联词教学建议

（一）注意关联词语的搭配

"既……又……"和"又……又……"都是并列关系，但"又"可以单用，而"既"不可以。"不是"可以和"而是"搭配，也可以和"就是"搭配，组合不同表示的意义不同，"不是……而是"是并列关系，"不是……就是……"是选择关系。"不但"和"也"组合的"不但……也……"可以出现在分句主语一致和不一致的复句中，

"不但"和"还"组合的"不但……还……"只出现在分句主语一致的复句中。"不但"一般和"而且"连用，"不但不"一般和"反而"连用。在教学中，成组的关联词语可以让学习者成组地进行记忆。

（二）注意关联词语的位置分布

关联词语的位置分布主要从两大方面分析，一是出现在前一个分句还是后一个分句，二是关联词与分句中主语的语序，特别是主语不同位置、不同的丙 2 类关联词是教学的一个重点。

（三）注意语义和语用教学

同为并列关系，"既……又……"是平列，"不是……而是……"是对举。同为选择关系，"不是……就是……"是未定选择，"与其……不如……"是已定选择。"不但……而且"和"尚且……何况……"都是递进关系，但前者是一般递进，后者是有对比的衬托递进。

从语体色彩来看，有的关联词语口语色彩浓一些，如"一会儿……一会儿……""要么……要么……""接着"等；有的关联词语书面语色彩浓一些，如"继而""与其……不如""尚且……何况……"等。

再如用于递进复句的"不但不……反而……"，其基本语义背景的阐释可通过线索图 8-1 呈现。其中，甲情况是"反而"后面引导的部分能够存在和成立的先决条件，是不能省略的。丙情况是"反而"后述的内容和直接引导的句子，也不可省略。根据具体的语句语义和语言环境可对乙进行适当地调整或省略。

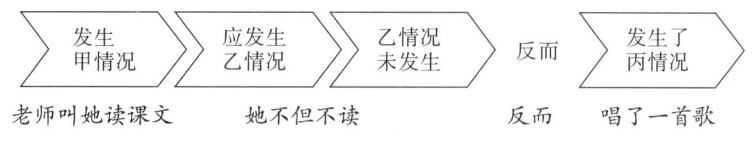

图 8-1

（四）注意用法或构形相近的关联词语之间的辨析

表并列的"一边……一边……"和"又……又……"，表选择的"或者"和"还是"在用法上有关联，表递进的"而且"和表转折的"而"在构形上相近，要注意类似关联词语的辨析。

四、联合类关联词教学示范案例

关联词的基本教学思路是相似的，讲解的重点都在于说明关联词的位置、搭配、语义、语用，操练的重点是帮助学习者恰当地运用关联词语进行交际。我们以表递进关系的"不但……而且……"为例提出联合类关联词语的教学建议。

（一）分句主语相同的"不但……而且……"

在引入环节，教师可以引导学生说一些描述某一现象的单句，再引出用"不但……而且……"的复句。教师应先导入 1~2 个句子，然后引导学生说出至少 2 个句子。

1. 导入环节。

老师：昨天的考试怎么样？

学生：时间很紧张。

学生：考试很难。

……

老师：昨天的考试不但很难，而且时间很紧张。（板书例句）

老师：上个周末的旅行怎么样？

学生：上个周末的旅行玩儿得很开心。

学生：累。

学生：吃了美食。

……

老师：上周末的旅行不但玩儿得很开心，而且吃到了美食。（板书例句）

2. 讲解环节。

例：昨天的考试难。昨天的考试时间很紧张。

　　昨天的考试不但很难，而且时间很紧张。

例：上周末的旅行我们玩儿得很开心。上周末的旅行我们吃到了美食。

　　上周末的旅行我们不但玩儿得很开心，而且吃到了美食。

要结合例子讲解"不但……而且……"的递进意义和用法，让学生能够注意到主语是相同的，关联词语的位置是在主语之后。在语义方面，要说明表达的重点在后半句，后半句可以是对前半句程度上的深化，也可以是范围上的扩充，前后形成递进关系，关联词语"而且"也可以单用。

3. 操练环节。

除去词语替换、仿写等机械、半机械的练习，教学中也可以通过句子接龙、给定话题表达等方式进行操练。要注意讲解完分句主语相同的"不但……而且……"后，只需训练分句主语相同的句子，帮助学生掌握分句主语相同的情况下关联词语的位置。

句子接龙时教师先给出话题，学生围绕话题用"不但……而且……"接龙。

话题：说一说喜欢的明星。

老师：*** 不但漂亮……

学生：*** 不但漂亮，而且唱歌很好听。*** 不但唱歌好听……

学生 2：*** 不但唱歌好听，而且会跳舞。*** 不但会跳舞……

……

教师也可以给出话题，要求学生用"不但……而且……"进行表达，可以口语和写作结合，提高学生口语和书面语的成段表达能力。操练完后再次总结规则并纠错。

话题：说一说（写一写）你喜欢的城市。

（二）分句主语不同的"不但……而且……"

1. 导入环节。

一般来说，课堂教学中先讲解主语相同的"不但……而且……"，可以由主语相同的情况导入，引出主语不同的"不但……而且……"的句子。

老师：大家参加元旦晚会吗？（引导学生用不但……而且……说句子）

学生：我们不但参加元旦晚会，而且准备了节目。

老师：同学们参加元旦晚会，老师也参加元旦晚会。

老师：不但同学们参加元旦晚会，而且老师也参加元旦晚会。（板书例句）

老师：昨天谁打扫宿舍了？

麦红：昨天我打扫宿舍了。

大山：我也打扫宿舍了。

教师：我们用"不但……而且……"怎么说？（教师引导，先说出"不但"）

学生：不但麦红打扫了宿舍，而且大山也打扫了。（板书例句）

2. 讲解环节。

例：不但同学们参加元旦晚会，而且老师也参加元旦晚会。

例：不但麦红打扫了宿舍，而且大山也打扫了。

通过对比分句主语相同和主语不同的句子讲解关联词的使用，说明前后分句如果主语不同，"不但"的位置要放在主语前，注意讲解时可以多分析例子，少用术语，应该在板书上标注清楚关联词语的位置。从语义上来看，表达的重点在后半句，前后两个分句是不同主体围绕同一事件的相同行为。关联词语"不但"和"而且"可以省略其一，也可以都省略，后一分句中搭配的副词"也"可以起到关联作用。

3. 操练环节。

分句主语不同的"不但……而且……"在操练方法上和主语相同的"不但……
而且……"没有本质区别。需要注意的是，教师要设计主语不同的句子和话题开
展接龙活动和给定话题表达的训练。另外，讲解完分句主语不同的"不但……而
且……"后，需要对分句主语相同和分句主语不同的句子进行辨析训练，进一步
帮助学习者分清关联词语的位置、搭配和语义。两种类型的句子操练完后，需要
再次进行规则总结。

第二节　偏正类关联词偏误分析与教学

一、偏正类关联词偏误概述

（一）使用语境

根据分句间的意义关系划分，偏正类关联词可分为条件、假设、因果、目的、
转折等五类，用于连接这五种关系的复句。

表条件：只要……就……，只有……才……，无论（不论）……都……。

表假设：如果（要是）……就……，即使……也……，再……也……。

表因果：因为……所以……，既然……那么（就）……，由于，因此。

表目的：以求，以便，为了，以免，免得。

表转折：虽然……但是……，可是，然而，却，不过，只是。

（二）使用规则

偏正类关联词有的只用于偏句，有的只用于正句，一般偏句在前、正句在后，
我们可以根据用于偏句还是用于正句对关联词进行分类。

A 类　只用于偏句：只要，只有，无论（不论），如果（要是），即使，因为，
既然，虽然。

B 类　只用于正句：所以，那么，因此，以求，以免，但是，可是，然而，却，
不过，只是。

偏正类关联词的位置与句子的主语有关，我们可将之分为以下三类。

甲类　出现在主语前：那么，所以，因此，以免，但是，可是，然而。

乙类　出现在主语后：固然，之所以。

丙类　出现在主语前后均可。这种情况又可分为丙1类和丙2类两类。丙1类的关联词不管正句和偏句的主语相同与否，都既可以出现在主语前也可以出现在主语后。丙2类的关联词根据正句和偏句的主语相同与否有不同的位置。

丙1类：只要，如果（要是），即使，如果，因为，既然，由于，虽然，尽管。

（1）只要我们努力，就能学好语言。　（分句主语相同，关联词在主语前）

（2）我们只要努力，就能学好语言。　（分句主语相同，关联词在主语后）

（3）只要我们为了国家的发展而努力奋斗，国家就会越来越好。（分句主语不同，关联词在主语前）

（4）我们只要为了国家的发展而努力奋斗，国家就会越来越好。（分句主语不同，关联词在主语后）

丙2类：只有，无论，不仅，哪怕，为了。

丙2类关联词的位置与分句主语相关，分句主语相同时一般出现在主语后面，分句主语不同时一般出现在主语前面。例如：

（5）你只有认真复习，才能通过考试。（分句主语相同，关联词在主语后）

（6）只有孩子健康，父母才能安心。（分句主语不同，关联词在主语前）

（7）我为了考上大学，每天12点睡觉。（分句主语相同，关联词在主语后）

（8）为了我考上大学，妈妈每天陪我学习。（分句主语不同，关联词在主语前）

【典型偏误案例】

（9）＊您的身体健康，一切就都好了。

（10）＊有不少人只要不管吃什么，一天能吃点就行，不知道绿色食品是什么。

（11）＊家人希望让病人回家，医院的医生也不会同意的。

（12）＊他们虽然即使没有参与许多的言教，但他们的一举一动都有形无形地在教着他们的孩子。

（13）＊哥哥无论怎么苦口婆心地劝我，我还是把它当耳边风。

（14）＊因老人家是因为长大后搬迁来印尼的，这里的话也说得不好。

（15）＊为了好多人就没有机会考上大学，因为只有一部分的考生可以考上。

（16）＊虽然年纪一天天地长大，我更体会到了这一点。

例（9）中的偏句表示条件，应用表条件的关联词"只要"，构成"只要……就……"

表示充足条件，故全句应改为："只要您的身体健康，一切就都好了。"例（10）是无条件句，偏句表示的是排除一切条件，正句表示的是不管什么条件下都会出现的结果。"不管……就……"已经表示了这一意义，"只要"多余。例（11）中的偏句表示假设，正句表示这一假设下的结果，故应该改为："即使家人希望让病人回家，医院的医生也不会同意的。"例（12）表示转折关系，偏句并非假设，故表示假设的关联词语"即使"应该删掉。例（13）中，"无论"是丙2类关联词，本句中两个分句的主语不同，"无论"应该用在主语"哥哥"前面，故应改为："无论哥哥怎么苦口婆心地劝我，我还是把它当耳边风。"例（14）的句首已经使用关联词"因"表明了因果关系，句中的"因为"多余。例（15）"因为"引导的偏句在后，说明了原因，无论从结构还是意义上来看，"为了"都是多余的，应该删除。例（16）中前后分句的意思并不是相反或相对的，没有转折关系，"虽然"多余。

（三）易混淆偏正类关联词使用条件辨析

形近、用法相似的关联词语的混淆偏误较多，教学中需要对这类关联词语的使用条件进行辨析。

1."只要"和"只有"。

"只要"和"只有"用法相似且形近，通过表8-4可以看出二者的区别。

表8-4 "只要"和"只有"的用法辨析

关联词	语 义	搭 配	例 句
只要	表示充足条件	只要……就…… "只要"在分句主语前后均可	分句主语相同： 只要我有时间，就去旅游。 我只要有时间，就去旅游。 分句主语不同： 只要你听多说，口语水平就能提高。 你只要多听多说，口语水平就能提高。
只有	表示必要条件	只有……才…… 分句主语相同时，"只有"出现在主语后面。分句主语不同时，"只有"一般出现在主语前面	分句主语相同： 我只有努力练习，才能提高汉语水平。 分句主语不同： 只有冬天到了，你才能看到雪景。

【典型偏误案例】

（17）*只有父母和子女努力互相了解，互相爱，代沟的问题就会慢慢解决的。

（18）*只要跟别人合作，才能成功。

例（17）和例（18）是表示条件的关联词语混淆造成的偏误。例（17）中的偏句是充足条件，应该用"只要……就……"。例（18）中的偏句是必要条件，应该用"只有……才……"。

2. "如果"和"即使"。

"如果"和"即使"用法相似，通过表8-5可以看出二者的区别。

表8-5 "如果"和"即使"的用法辨析

关联词	语 义	搭 配	例 句
如果	表示一致假设，假设与结果一致	如果……就……	如果没有作业，我就可以出去玩儿。
即使	表示相背假设，假设与结果不一致	即使……也（还）……	即使没有作业，我也会自己听写生词。

【典型偏误案例】

（19）＊即使用化肥或农药，能救活几亿人的性命的话，使用化肥也是可以的。

（20）＊我们面对别人会反对的事情，如果你的想法非常好，也怕说出来。

这两个句子是表示假设的关联词语混淆造成的偏误。例（19）是一致假设，应该使用"如果"，改为"如果用化肥或者农药……"。例（20）是相背假设，应该使用"即使"，改为"即使你的想法非常好……"。

3. "因为"和"由于"。

"因为"和"由于"用法相似，通过表8-6可以看出二者的区别。

表8-6 "因为"和"由于"的用法辨析

关联词	语 义	搭 配	例 句
因为	表因果，解释客观结果产生的原因	单用 因为……所以…… 偏句可前可后	因为他在公共场合吸烟，所以被罚款100元。 他被罚款100元，因为他在公共场合吸烟。
	表因果，解释主观想法、决定、结论产生的理由		因为你是学生，所以必须遵守课堂纪律。
由于	表因果，解释客观结果产生的原因	单用 由于……所以…… 偏句一般在前	由于他在公共场合吸烟，所以被罚款100元。

【典型偏误案例】

（21）＊有时到密集的商业中心去买东西时，时常都是感到很不习惯，由于我呼吸的空气都是烟。

（22）＊煤、石油、天然气等石化燃料，虽然很方便，但是应该节约，由于它的存量是有限的。

这两个句子应该用"因为"来引出表原因的偏句，"由于"引出表原因时，偏句一般要出现在正句之前，故应分别改为"因为我呼吸的空气都是烟""因为它的存量是有限的"。

4."于是"和"所以"。

"于是"和"所以"用法相似，通过表8-7可以看出二者的区别。

表8-7　"于是"和"所以"的用法辨析

关联词	语　义	搭　配	例　句
于是	表因果，兼有承接意义，重在叙述和说明原因	单用 因为……于是……	因为上一份工作很累，于是我换了现在的工作。
所以	表因果，重在叙述和说明原因	单用 因为……所以……	因为上一份工作很累，所以我换了现在的工作。
	可以用于推理因果		你是老师，所以他一定会听你的。

【典型偏误案例】

（23）＊因为我在日本学过汉语，于是我的分班考试的成绩比较好。

（24）＊门没有开，于是老师应该没来学校。

例（23）中的偏句表示原因，正句表示结果，偏句和正句之间只有因果意义，没有承接意义，应该使用关联词"因为……所以……"，故应改为："因为我在日本学过汉语，所以我的分班考试的成绩比较好。"例（24）同样仅表因果，且有推论意，应该使用"所以"，即改为"所以老师应该没来学校"。

5."从而"和"因而"。

"从而"和"因而"用法相似且形近，通过表8-8可以看出二者的区别。

表8-8　"从而"和"因而"的用法辨析

关联词	语　义	搭　配	例　句
从而	表顺承，强调根据条件或原因引出后续情况	单用，一般不连接带主语的分句	他靠着不懈奋斗顺利通过了高考，从而开始了期待已久的大学生活。 我们要多阅读，从而增加自己的词汇量。
因而	表因果，强调因为前面的原因而出现的结果	单用 由于……因而……	南湖公园风景很好，因而很多人来这里游玩。

【典型偏误案例】

（25）*在中国的一段时间里我给母亲写了相当多的信，从而我对母亲了解得比过去深了。

此句强调因为"写了相当多的信"这个原因，所以"我对母亲了解得比过去更深了"，应该使用表因果的关联词"因而"。"从而"表示顺承，语义上不如"因而"恰当，即应改为"……因而我对母亲了解得比过去深了"。

6."尽管"和"不管"。

"尽管"和"不管"是一组形近的关联词语，通过表8-9可以看出二者的区别。

表8-9　"尽管"和"不管"的用法辨析

关联词	语　义	搭　配	例　句
尽管	表转折，偏句说明一种事实	尽管……但是（可是）…… 偏句为单一的谓语肯定式或否定式	尽管我不想去，但是还是去了。
不管	表条件，用于无条件的条件句，偏句表假定条件	不管……都…… 偏句中有表示任指的疑问代词或谓语用"肯定＋否定"式	不管谁劝他，他都不理。 不管我想不想去，我都得去。

【典型偏误案例】

（26）*不管会有害于人的健康，我也得用化肥和农药生产大量的农作物，让他们好好地吃个饱。

（27）*尽管什么情况，都资助我学习，鼓励我学习，真感谢你们。

例（26）和例（27）是表示转折的"尽管"和表示条件的"不管"使用混淆。从结构上来看，例（26）的偏句的谓语为肯定式，表示的是转折关系，所以应该改为"尽管会有害于人的健康……"。从结构上来看，例（27）的偏句中有表示任指的疑问代词"什么"；从语义上来看，例（27）表示的是条件关系，在任何条件下都会出现"资助我学习，鼓励我学习"这样的结果，所以应该改为"不管什么情况……"。

7."也"和"还"。

"也"和"还"是一组用法相似的关联词语，通过表8-10可以看出二者的区别。

【典型偏误案例】

（28）*这些公共设施是不属于自己的，但人们还得爱护它们。

（29）*他不仅没有通过考试，还他的朋友没有通过。

例（28）表转折关系，虽然"公共设施是不属于自己的"，但与隐含的对比项"属于自己"具有相同的结果，即"得爱护它们"，"也"表示类比，强调结果相同，故应改为"但人们也得爱护它们"。例（29）从语义上看表示"通过考试"这一动作重复发生，故应改为："不仅他没有通过考试，他的朋友也没有通过。"

表 8-10　"也"和"还"的用法辨析

关联词	语　义	搭　配	例　句
也	表转折或假设：隐含类比和对照，表示结果相同的意思	与表转折的关联词共现即使……也……	即使你不出门，也可以买到各种想要的东西。
	表递进、类比、范围扩大、同类动作重复发生	不仅（不只/不但）……也……	参加这次活动的不仅有老师，也有学生。 不仅老李来帮忙，老张也来了。
还	表转折：表示程度尚未达到某一标准	与表转折的关联词共现	虽然我生在西安，但对西安的了解还不够。
	表转折：表示状态的持续		尽管天晴了，可温度还是很低。
	表递进、范围扩大、程度加深	不仅（不只/不但）……还……	参加这次活动的不仅有老师，还有学生。 他不但来了，还带来了帮手。

二、偏正类关联词偏误教学难点

难点一：关联词的位置

（30）*我们做无论什么，应该要有先见之明和计划。

（31）*只要做到爱护环境，就我们有好的环境。

（32）*我们为了有好生活，爸爸妈妈每天努力工作。

例（30）中，谓语动词与关联词错序，应改为："我们无论做什么，应该要有先见之明和计划。"例（31）中，"我们"和关联副词"就"语序错误，应改为"……我们就有好的环境"。例（32）中，"为了"是丙 2 类关联词，主语不同时，"为了"应出现在主语前，故应改为："为了我们有好生活，爸爸妈妈每天努力工作。"

难点二：关联词混淆偏误

这一问题在前面已做分析，不再赘述。我们无法穷尽学习者的所有混淆偏误案例，教学中需要根据实际情况进行分析，对常见的易混淆关联词做好辨析准备和偏误预测。

难点三：关联词语与状语的组合

关联词语和状语搭配要符合语义和结构规则，不管是同一分句内的关联词和其他状语的组合，还是偏句中关联词与正句中作状语的"都""也"的组合，都是学习者经常出现偏误的地方。

（33）* 虽然汉语多么难，但是我要学好。

（34）* 尽管她病得怎么厉害，但是仍坚持上课。

（35）* 不仅是大人，小孩子都因没有东西吃而死掉。

（36）* 无论在怎样的情况下去判断，也自然产生出很多主观和客观的理论。

例（33）和例（34）中表转折关系的"虽然""尽管"引出的偏句是陈述事实，不是假设的情况，不能和疑问代词组合，故应分别改为"虽然汉语特别难……""尽管她病得非常厉害……"

例（35）"不仅"与正句中表示关联的状语"都"搭配不当，因而产生偏误，应改为"不仅……也……"。"也"的基本意义是类比、范围的扩大，常表示并列和对照。"都"的基本意义是总括，本句"不仅是大人（因没有东西吃而死掉）"和"小孩子因没有东西吃而死掉"形成对照，没有"总括"意义，所以应该用"也"，即"小孩子也因没有东西吃而死掉"。

例（36）中的"无论"与正句中表示关联的状语"也"搭配不当，产生偏误，应改为"无论……都……"。无条件复句的正句是肯定句，且复句表示动作的量是指总量时，用"都"不用"也"。本句正句"自然产生出很多主观和客观的理论"是肯定句，正句强调"产生出很多主观和客观的理论"的"总量"，所以应改为："无论在怎样的情况下去判断，都自然产生出很多主观和客观的理论。"

三、偏正类关联词教学建议

偏正类关联词与联合类关联词的教学注意事项无本质差别，不再赘述。

【教学示范案例】

此处以转折关系的"虽然……但是……"为例提出偏正类关联词语的教学建议。

（一）导入环节

可以采用问答导入、图片导入等方法展开教学。

在用问答法导入时，教师可以先导入符合一般逻辑的句子，然后对其进行否定，进而引出转折关系。

教师：昨天下雨了，老师有没有去超市呢？

学生：老师没有去超市。

教师：不对。昨天下雨了，老师去超市了。我们可以说："虽然昨天下雨了，但是老师去超市了。"（标记"虽然……但是……"）

在用图片法导入时，教师设计情景、事态等有转折的图片，先要求学生看第一张图片说句子，随后对学生说出的句子进行否定，引出转折关系。

教师展示图片。图1为小明同学带病考试，图2为小明同学考试成绩很好。

教师：小明同学怎么了？（展示图1）

学生：生病了。

教师：小明同学考试时生病了，他的成绩怎么样呢？

学生：成绩不好 / 生病影响成绩……

教师：不是，小明同学成绩很好。我们可以说："虽然小明同学考试时生病了，但是他的考试成绩很好。"（展示图片2）

（二）讲解环节

可以采用情景法、归纳加演绎法等方法进行讲解，注意讲清楚"虽然……但是……"的语义、语用以及使用语境，帮助学习者理解转折关系并能够进行初步表达。

例：下雨了（一般情况）不去超市　　下雨了（转折语义）去超市了

虽然昨天下雨了，但是老师去超市了。

昨天虽然下雨了，但是老师去超市了。

考试时生病了（一般情况）成绩不好

考试时生病了（转折语义）成绩很好

例：虽然小明同学考试时生病了，但是他的考试成绩很好。

小明同学虽然考试时生病了，但是他的考试成绩很好。

在语义上，讲解时要说明"虽然……但是……"连接的前后分句表达的意思并非一般逻辑，而是发生了转折。"虽然"引导的句子是陈述事实，"但是"引导的分句是说明在这种事实下出现了非常规情况。因为前一分句是陈述事实，所以分句中不能有疑问代词，学生可能出现"虽然汉语多么难，但是我要学好汉语"这样的偏误，讲解时需要向学生说明疑问代词不能出现在前一分句中。

在规则上，讲解时要说明"虽然……但是……"连接分句时所处的位置，"虽然"可以出现在主语前，也可以出现在主语后，"但是"出现在第二个分句句首。两个分句的主语可以一致也可以不一致，只要在逻辑上构成转折关系即可。注意少用术语，多讲例子，最后总结规则。

（三）操练环节

除去填空、词语替换等机械、半机械的练习，教学中也可以采用句子接龙、情景表达等方式进行操练。

使用句子接龙的方法时，可以由教师开始，围绕不同的话题用"虽然……但是……"说句子。例如：

教师：虽然我很喜欢唱歌……

学生：虽然我很喜欢唱歌，但是我不经常去KTV。虽然昨天下雨了……

学生2：虽然昨天下雨了，但是我去超市了。我虽然很爱学习汉语……

也可以围绕同一话题说句子。例如：

教师：虽然汉语很难……

学生1：虽然汉语很难，但是我想学好汉语。虽然我想学好汉语……

学生2：虽然我想学好汉语，但是我不够努力。虽然我不够努力……

接龙活动开始时教师要说明规则并展示规则，避免因学生不清楚规则而导致活动失败。

使用情景法操练时，教师可以给定情景，要求学生在特定情景下用"虽然……但是……"说句子，如：天气很热。

学生：虽然天气很热，但是我想去散步。

学生：天气虽然很热，但是我很喜欢这样的天气。

操练结束后要再次总结规则并纠正学习者的偏误。

思考和练习

1.辨析下列几组关联词语。

（1）"不是……而是……"　"是……不是……"　"不是……就是……"和"是……还是……"

（2）"或者"和"还是"

（3）"而且"和"而是"

（4）"既……又……"　"又……又……"和"一边……一边……"

（5）"只要"和"只有"

（6）"从而"和"因而"

（7）"尽管"和"不管"

2.关联词语教学要注意哪些方面?

3.纠正下列偏误并说明原因。

（1）一边见到你们，一边帮助你们。

（2）我上大学以前是很听话的孩子，所以有的时候我想干什么，不想干什么，但是都按照父母和学校的要求做。

（3）原因是因为警察无法控制个人的抽烟习惯，只好把责任归在公共场所管理员的身上。

（4）如果我在这儿刚刚得了胃病，所以不能随便吃东西。

（5）我母亲不管我干了不好的事情也不会生气。

（6）他们不仅在韩国喜欢他们的歌迷特别多，不只是喜欢他们的歌，还很喜欢他们的为人。

（7）虽然爱莫能助，可以尽量满足病人要求。

（8）在无论怎么样的情况下，帮助她活下去，才是最重要的。

（9）因为时代不同了，社会发展了，只要转变观念才跟得上现在的时代。

（10）我家里五口人，三个孩子，我妈妈所以没有办法找工作。

4.试设计关联词语"因为……所以……"的教学方案。

5.结合本章的学习，说一说你对关联词语的新认识。

第九章 动态助词偏误分析与教学

【学习要点提示】

知识要点：掌握动态助词"着""了""过"的使用语境、使用条件、使用规则等知识，能够辨别动态助词"了$_1$"和语气助词"了$_2$"。掌握动态助词偏误教学难点和教学建议。

技能要点：能够分析动态助词的偏误案例，能够预测常见偏误，做到结合动态助词偏误教学难点和动态助词教学建议指导教学。

情感要点：熟悉汉语动态助词全貌，更好地了解汉语这一词类的特点。

助词是汉语表达结构关系的重要手段，依附在实词、短语或者句子后面起语法作用。汉语属于孤立语，语法意义常通过语序与虚词来表现，没有严格意义的形态变化。动态助词因为有表示动作状态的作用，可以体现一种过去、现在、将来的动态变化，常被误用作是形态标志。因此，动态助词的偏误在学习者的口语和书面语使用中出现得较多。在对外汉语教学中，动态助词是语法教学中的重难点。其复杂的语法变化规律，常常使学习者感到困惑，从而产生畏难心理。尤其是"着""了""过"，这几个词用在形容词或动词的后面分别表示动作的进行或者状态的持续、动作状态已经成为事实、曾经发生过的事或者有过的状态这三种情况，因其使用频率高、用法复杂而成为对外汉语教学的难点之一。

第一节　动态助词"着"偏误分析与教学

一、动态助词"着"偏误概述

（一）使用语境

动态助词"着"的使用主要有以下几种情况：

1. 表示动作的持续，体现动态特征。例如：

她追着公交车跑。

2. 表示状态的持续，体现静态特征。例如：

窗子开着，灯亮着。

3. 既表示动作的进行，又表示动作或状态的持续，一般跟在形容词和动词的后面。例如：

他抬起头充满期盼地看着她。

若汉语学习者对"着"的用法掌握不全，就会在使用过程中出现错误。

【典型偏误案例】

（1）＊我和草原上的牧民一起唱歌着，跳舞着。

（2）＊那些男生正在理发着。

（3）＊过很愉快的日子。

（4）＊她们穿很漂亮的衣服。

例（1）和例（2）中"唱歌""跳舞""理发"属于离合词，动态助词"着"要放在这个动宾结构的宾语前，需要分别改成"唱着歌""跳着舞""理着发"。例（3）和例（4）中的动词后面需要加上"着"，这里表达的是一种状态的持续。

（二）使用条件

并非所有的动词后都可以加上动态助词"着"，能够带"着"的动词主要有三类：强持续性动词、次强持续性动词、弱持续性动词。弱持续性动词不经常带动态助词"着"，一般也不能在动词后只带"着"成句，往往需要补出宾语，如"他在看着电视。"

强持续性动词：追，哭，睡，举，坚持，打量，保留，照顾，关心等。

次强持续性动词：开，挂，拿，扎，抹，戴等。

弱持续性动词：听，看，跳，走，吵，讲等。

还有一些动词不能带"着"，如关系动词、非持续性动词、大部分的状态动词。一些典型的偏误就是由于对动词的类别分析错误而产生的。

【典型偏误案例】

（5）*马丽给着我书，让我好好读。

（6）*我丢失着我的钥匙。

（7）*天上的云像着一只猫。

（8）*他长大后成为着一名军人。

例（5）和例（6）中的"给""丢失"是非持续性动词。例（7）和例（8）中的"像""成为"是关系动词，这些动词后不能加动态助词"着"。

（三）使用规则

1. 动词 + 着。

"动词 + 着"是最简单也是最基础的句式，常见的表达有以下两种。

A. 非主谓句"动词 + 着"。

"动词 + 着"表示祈使或打算，可以独立成句。例如：

坐着！　听着！　慢着！　躺着！

B. 主谓句"主语 + 动词 + 着"。

可以分为两种情况，这样的句式可以表动作进行的状态，也可以表主语静止的状态。

（9）王同学在马路上跑着。（动态）

（10）汽车在高速公路上行驶着。（动态）

（11）今天的晚饭在桌子上放着。（静态）

（12）秧苗在田里插着。（静态）

2. 主语 + 动词 + 着 + 宾语。

这类句型分为以下两种情况。

A. 施事 + 动作 + 受事。例如：

同学们打扫着教室。

B. 处所 + 动词 + 施事。例如：

山上下着雨。

3. 动词 1+ 着 + 动词 2。

"动词 1+ 着 + 动词 2"是汉语中出现频率较高的一种句式，主要存在以下几种关系。

A. 动词 1 体现动词 2 的手段与方式，动词 2 是动词 1 的结果或目的。

（13）饭留着给孩子吃。

（14）她忙着写论文。

B. 可以表示两个动作同时发生或先后进行。

（15）你跟着大部队慢慢走。

（16）饭炒着吃。

C. 动词 1 的动作在进行过程中出现了动词 2 的动作。

（17）她说着说着就哭了。

4. 处所词 + 动词 + 着 + 宾语。

在存在句中，很多情况下都可以在动词后加"着"表存在，表现一个动作完成之后宾语的存在状况。这里的"着"不能被"正在""在"所替代。这种句型可以分为宾语是施事和受事两种。

（18）屋里坐着一个人。（施事）

（19）墙上挂着一幅字。（受事）

除去以上规则外，还要注意"动词 + 着"和"在 + 动词"的用法是不一样的。首先，"动词 + 着"更加偏向于描述事物的状态，"在 + 动词"则强调动作正在进行。"在 + 动词"构成的短语不能自由地充当定语，"动词 + 着"可以。"动词 + 着"更加强调语义信息的背景化，"在 + 动词"则偏向前景化。

二、动态助词"着"偏误教学难点

学习者在学习动态助词"着"时，因其不理解动态助词"着"的基本使用条件和规则，就会出现偏误。

难点一：准确判断句中有无"动作或状态持续"义

1. 有"动作或状态持续"义时遗漏"着"。

在学习动态助词"着"的过程中，这种偏误类型出现得比较多，学习者对语境不够理解，不知道需要用"着"表示"状态持续"意义就会遗漏"着"。部分学习者受母语负迁移的影响，会将"着"理解为"-ing"，忽略"着"表"状态持续"这一常见用法。

（20）＊那时候可以说过很懒的生活。

（21）＊我永远忘不了我入队的时候看我背影的爸爸、妈妈的眼睛。

（22）＊那时候当然带自己的随身听，一边听一边走路。

在以上的例句中，结合语境可以看出都表示动作状态的持续，故需要加上"着"。例（20）是持续"过着很懒的生活"。例（21）是持续"看着我背影"，在表示"持续"意义的同时，本句中的"着"也表示进行。例（22）是动作"带"结束后"带着随声听"这一状态的持续。

2.无"动作或状态持续"义时误加"着"。

学习者初学"着"之后，会将"着"的用法过度泛化，产生误加的偏误。

（23）＊现在我一个人住在北京，我多么孤独，多么想念着父母！

（24）＊如果有着必须做的工作最好尽快和按时来完成。

（25）＊离开着你们，我一个人在这里生活已经习惯了。

例（23）"想念"前加程度副词后，不能再加"着"表示状态持续。例（24）中"有"是一个表示存在的动词，不能表示状态持续，所以不能说"有着"。例（25）中"离开"是一个非持续动词，所以其后不能加"着"。

表示持续是"着"的基本用法，用"着"与动词、语境均有关联，我们需要帮助学生掌握可以用"着"的常见动词和语境，准确判断句中有无"持续"义。

难点二：固定结构中"着"的遗漏

1."动词1+着+动词2"结构中遗漏"着"。

这一结构可表示三类意义：动词1是动作2的方式或手段，两个动作同时发生或先后进行，动词1的动作在进行过程中出现了动词2的动作。动词1后要加"着"，学习者对规则掌握不清就会出现偏误。

（26）＊当时不到一岁的我，倒是丁点也不恋家，也不闹要找爸爸妈妈。

（27）＊这样的交流中，孩子学考虑别人的心情、别人的想法等。

（28）＊我们很高兴递给他钱，他拿三张票回来了。

（29）＊"孩子看父亲的后背长大"，你知道这句日本的俗话吗？

例（26）"找爸爸妈妈"是以"闹"这种手段或方式进行，动词1"闹"后需要加"着"。例（27）"学"和"考虑别人的心情、别人的想法"两个动作同时发生，动词1"学"后需要加"着"。例（28）"拿"和"回来"两个动作先后进行，同时"拿着三张票"也表示动作状态的持续，动词1"拿"后需要加"着"。例（29）是动作1"看"进行的过程中出现动词2"长大"，所以"看"后需要加"着"。

2.存在句中遗漏"着"。

部分表示肢体动作的动词如坐、站、躺、睡和可表示事物存在的动作动词挂、放、摆等常用在存现句中，这时动词后需要加"着"表示状态的持续。

（30）＊教室里坐两个奇奇怪怪的人。

（31）＊桌子上放老师的水杯。

例（30）中的"坐"是肢体动作，例（31）中的"放"是表示"杯子"存在的状态，两个句子都需要加"着"表示状态持续。

难点三：离合词中"着"的位置

相对于遗漏来说，由于顺序不正确造成的错误在汉语学习者学习的过程中出现的频率相对要小一些。谓语动词是离合词时，受目的语负迁移的影响，学习者经常出现偏误，如表示理发、洗澡、唱歌、鼓掌、操心、排队、散步、上课等动作的持续或进行，动态助词"着"要放在离合词的中间。

（32）＊虽然天气还是非常炎热，同学们仍在教室上课着。

（33）＊节目开始前，观众们鼓掌着欢迎演员们上台。

（34）＊他洗澡着，电话响了。

（35）＊老师摇头着否定了他给出的答案。

例（32）至例（35）均是离合词中"着"的位置错误，正确的表达应该是"上着课""鼓着掌""洗着澡""摇着头"。

难点四："着"和其他词语的混淆

此类偏误也是经常出现的，从发生的频率来看，此类偏误的出现率仅次于遗漏类偏误。

1.介词"在"与动态助词"着"的混淆。

（36）＊这个小区里有一栋楼住在英国人。

（37）＊他骑着马上，和我们打招呼。

（38）＊你把学生证带着身上，不要弄丢了。

介词"在"一般介引处所。例（36）表示"住"这一动作的持续，应该说"住着英国人"。例（37）中的"马上"是动作"骑"的处所，应该说"骑在马上"。例（38）中的"身上"是"带学生证"的处所，应该说"带在身上"。

2.结构助词"地"与动态助词"着"的混淆。

（39）＊张老师慌慌张张着走过来。

（40）＊我的女儿高兴着打开圣诞礼物。

例（39）和例（40）并非表示状态的持续，仅是表示一种情态，"慌慌张张"限制"走"作状语，"高高兴兴"限制"打开"作状语，所以不能用表示动态的助词"着"，而应该用表示结构的助词"地"。

3. 句末语气词"的"与动态助词"着"的混淆。

（41）* 小朋友手里的风车不停地转的。

（42）* 灯开的，她一定在宿舍。

（43）* 她的生活也挺忙着。

"着"表示动作或状态的持续，句末语气词"的"表示确定语气。例（41）表示"转"这一状态的持续，例（42）表示"开"这一动作的持续，所以应分别改为"风车不停地转着""灯开着"。例（43）的句意没有持续意义，应该用"的"表示确定语气，可改为："她的生活也挺忙的。"

除去以上三种类型的混淆外，"着"和动态助词"了"的混淆也非常常见，我们将在本章第二节加以说明。

三、动态助词"着"教学建议

1. 从教学内容来看，在讲解动态助词"着"时，首先要注重"着"的意义和用法分析。"着"的用法比较多，具体怎么用，需要根据不同句子表达的语义进行判断。采用循序渐进的方式，先讲解最基础的用法，之后再不断渗入特殊的用法，从简单到复杂，进行分层次教学。不要一次性将"着"全部的语法内容抛给学生，单纯枯燥地进行语法输入是不可取的。

2. 从教学方法来看，在动态助词"着"的讲授过程中，我们可以运用演示法，在讲授的同时，多给学生举一些生动且贴合实际的例子，让学生加深理解与记忆。还可以让学生根据老师举的例子造句，检验学生是否理解掌握。除了演示法，还可以运用提问法，教师和学生互动，提高学生的口语表达能力。运用句式归纳法总结"着"的语法点，帮助学生串联语法点，复习巩固，总结出清晰的语法格式，方便学生记忆。

3. 从教学策略来看，学生有时会刻意回避带有"着"的存现句，用"有"代替，如学生不说"桌子上放着一只水杯"，而说"桌子上有一只水杯"。教师对两个句子进行辨析，鼓励学生运用合适的表达方式。此外，还要强调"着"和"了"、"着"和"在"等易混淆词语的区别，防止学生误用。

【教学示范案例】

这里以有"着"字的存在句为例，展示"着"的语法教学要点。带"着"的存在句在语义上表示某种状态的存在和持续，可以描写某个地方的摆设、人物样貌、穿衣打扮等。

（一）导入环节

采取情景法进行导入，如结合教室布置、老师或学生的服饰引入，还可以用图片法引入语法点。例如：

教师：课桌上有什么？

学生：水杯。

教师：有几只？

学生：一只。

教师：水杯是自己来的吗？

学生：不是，有人放。

教师：我们可以说桌子上放着一只杯子。（板书例句）

（二）讲解环节

在该环节教师要多为学生展示例句，最好用到学生已经学过的汉语词汇，在展示例句后要讲解规则，讲练结合。例如：

桌子上　放着　一只　水杯。

墙上　挂着　一幅　国画。

教室里　坐着　很多　留学生。

教师分析例句后，可以采用归纳法带领学生归纳出基本的语法结构"处所 +V+ 着 +（多少）+ 东西 / 人"。

紧接着可以以老师的穿着为语言材料，引导学生说句子：

（老师）上身　穿着　一件　衬衣。

（老师）下身　穿着　一条　牛仔裤。

（老师）手里　拿着　一朵 花。

师生说出句子后，归纳出"（某人）人体部位 +V+ 着 +（多少）+ 东西 / 人"。

要注意主语是处所和主语是人体部位的差异，我们应该分为两种结构进行教学，这样会使语法点更加清晰明了，也能够使学生循序渐进理解语法结构，避免造成混淆。结构清晰了，才便于在操练环节中渗透语义和语用知识。

（三）操练环节

利用多媒体或者图片展示某个地方的摆设、人物样貌、穿衣打扮等，让学生根据所学的语法结构看图说出完整的句子，这是最常用的操练方式。

在有课文背景的情况下，可根据课文内容进行问答，达到操练的目的。因为语法的讲解是为课文学习做铺垫的，也是课文讲解预热的部分，课文本身就有大量的关于本课语法结构的句子，我们可以充分利用课文的句子进行操练。

基本的操练结束后，还可以设置游戏。如"找不同"游戏，给学生展示两幅相似而又不同的图片，让学生用带"着"的存在句进行描述。再如"找朋友"游戏，一位学生用带"着"的存在句进行表达，描述某位学生的穿衣打扮，让其他学生猜描述的人是谁。游戏可以增加操练的趣味性，帮助学生更好地掌握"着"的用法。

第二节 动态助词"了"偏误分析与教学

一、动态助词"了"偏误概述

"了"是对外汉语教学中的一个难点，也是学习者偏误率非常高的一个知识点，这一方面是因为学习者语言系统和汉语语言系统的差异，另一方面是因为"了"本身的复杂性及教学中存在的一些问题。

（一）动态助词"了$_1$"和语气助词"了$_2$"

在讨论动态助词"了$_1$"之前，我们对动态助词"了$_1$"和语气助词"了$_2$"做一个简单的区分，这是进行"了$_1$"偏误纠正和教学的前提。

1. 意义的差别。

"了$_1$"表示动作的完成，"了$_2$"表示情况的变化或新情况的出现。

2. 结构的差别。

A 句中动词或形容词后的"了"一般为"了$_1$"。

B 句尾名词、数量词后的"了"一般为"了$_2$"

C 句尾动词或形容词后的"了"一般为"了$_2$"或"了$_{1+2}$"，仅仅表示事态变化的是"了$_2$"，既表示变化又表示完成的是"了$_{1+2}$"。

（1）我买了去北京的机票。（了$_1$，动作完成）

（2）哎呀，几年不见，大小伙子了。（了$_2$，情况变化）

（3）要下雨了。（了$_2$，表示事态即将出现变化）

（4）花开了，树绿了。（了$_{1+2}$，既表示变化又表示完成）

对"了$_1$""了$_2$"有一个简单的认识，才能对动态助词"了$_1$"进行偏误分析和教学。

（二）动态助词"了$_1$"的使用语境

动态助词"了$_1$"一般用在动词或形容词后，表示动作在某一时间的完成和终结。在说明终结性动作，表达终结、完成的语境下，句中的动词或形容词后可以用"了$_1$"。例如：

（5）她皱着眉，不吭一声，进了一间小房间。（了$_1$在动词"进"后，动作"进"终结）

（6）他耸耸肩，走了进去。（了$_1$在动词"走"后，动作"走"终结）

（7）四散的人并没有一个回过头来，那面凉棚上的锣鼓在热闹地敲着，更使他们的脚步快了一些。（了$_1$在形容词"快"后，状态"脚步快"终结）

汉语学习者若不理解句子的"终结、完成"情状，对语境判断不清，就会出现偏误。

【典型偏误案例】

（8）*听了我的话，他笑一下。

（9）*学校当局认为我有教学的才干，就让我参加印尼文教部举办的华人教师资格考试，过关了，我也拿到教师许可证。

（10）*总之那个假期彻底地改变我的童年与未来。

（11）*上个星期，我一个人去香港。

例（8）"笑"是已完成的动作，需要在动词"笑"后加上动态助词"了$_1$"。例（9）"拿到"这一动作已经完成，应该改为"拿到了"。例（10）"改变童年与未来"是"那个假期"完成的事实，"改变"后应加"了"。例（11）"去香港"已经完成，应该改为"去了香港"。

（三）动态助词"了$_1$"的使用条件

大多数的动词可以和动态助词"了$_1$"搭配，表示动作的完成，但以下情况不能出现"了$_1$"：

1.如果动词不表示变化或完成，只是一种事物的存在、关系的说明或观点的确定、愿望的表达等，不用"了₁"。

2. 表示经常性或规律性的动作，不能用"了₁"。

3. 如句子表示的不是具体过程而是多次动作，一般不加"了₁"。

4. 句子中用副词"没或没有"否定动词状态时，不加"了₁"。

5. 动词是连续紧凑的动作，通常不加"了₁"。

【典型偏误案例】

（12）* 我这些年有了一个男朋友。

（13）* 她是了我的姐姐。

（14）* 老师认为了我是对的。

（15）* 我希望了考上好的大学。

（16）* 我经常学习了汉语三个小时。

（17）* 我反复劝了她，不要去海边。

（18）* 我没有去了北京。

（19）* 她打开电脑写了作业。

例（12）"有"表示事物的存在，例（13）"是"表示关系的说明，例（14）"认为"表示观点的确定，例（15）"希望"表示愿望的表达，例（16）中的动作具有经常性，例（17）"反复"表示多次动作，例（18）否定词"没有"表否定，例（19）"打开"和"写"是两个连接紧凑的动作。以上各例动词后都不能加"了₁"。

（四）动态助词"了₁"的使用规则

1. 动词 +"了₁"+ 宾语。

（20）我收到了妈妈写的信。

（21）我买了一本书。

句子的宾语一般是动作所涉及的特定对象，如"妈妈的信"；或是受数量短语限制，如"一本书"，动词前不能出现"想""要""可以"等能愿动词和否定副词。

2. 动 / 形容词 +"了₁"+ 数量补语。

（22）我在西安学习了三年。

（23）这姑娘高了一些。

3. 动 +"了₁"+ 数量补语 + 宾语。

（24）我在西安学了三年汉语。

（25）我在图书馆看了三小时书。

4. 动 + 补语 + "了₁" + 宾语。

（26）果子挂满了树枝。

（27）商店里挤满了人。

（28）广场上飞来了一群鸽子。

5. 动 + 宾 + 动 + "了₁" + 数量补语。

（29）我看书看了三个小时。

（30）我跑上海跑了三次。

6. 连谓句中的"了₁"。

A. 动词 + "了₁"（+ 宾语）+ 动词 / 形容词。

（31）我们吃了（饭）再走。

（32）老师听了（那件事）很高兴。

这类结构的特点是：表示前后动作连续发生，前后动作有先后顺序，第一个动作结束后才出现第二个动作，先"吃饭""听"，然后"走""高兴"。"了₁"的位置在第一个动词后。

B. 动词（+ 宾语）+ 动词 + "了₁" + 宾语。

（33）我去（超市）买了些水果。

（34）我去（图书馆）借了几本书。

这类结构的特点是第二个动作发生后，第一个动作所表示的行为并没有终结，是伴随着第二个动作存在的。"去超市"后"在超市卖水果"，"去图书馆"后"在图书馆借书"。"了₁"的位置在第二个动词后。

7. 兼语句中的"了₁"。

（35）老板去年派我去了一趟桂林。

（36）她请大家吃了一顿饭。

兼语句中，"了₁"的位置在第二个动词后。

8. 离合词和"了₁"。

（37）理了发　洗了澡

离合词中，"了₁"的位置在词语中间。

9. 含有"了₁"的句子的否定结构。

含有"了₁"的句子变为否定句，一般要在动词前加"没"并删去动词后的"了₁"。如果宾语前有数量短语作定语，则数量短语也要删除。

（38）我收到了妈妈写的信。　　　　　我没收到妈妈写的信。

（39）我买了一本书。　　　　　　我没买书。

（40）我去超市买了些水果。　　　我没去超市买水果。

（41）老板去年派我去了一趟桂林。　老板去年没派我去桂林。

（42）理了发　洗了澡　　　　　　没理发　没洗澡

【典型偏误案例】

（43）*我喝了水。

（44）*我来中国后住三年了北京。

（45）*我写汉字了三个小时。

（46）*我去了西安参观大雁塔。

（47）*星期天我理发了，洗衣服了。

　　例（43）应改为"我喝了一瓶水"，肯定句中宾语一般需要受数量短语或其他成分的限制。例（44）是"动词＋'了₁'＋数量补语"结构偏误，"住了三年"而不是"住三年了"，状语"北京"位置错误，应改为："我来中国后在北京住了三年。"例（45）中，"了₁"前的动词"写"遗漏。例（46）是连谓句B类，"了₁"要放在第二个动词"参观"后。例（47）中的"理发""洗衣服"是离合词，"了₁"要放在离合词中间。

二、动态助词"了₁"偏误教学难点

难点一：准确判断句中有无"完成"义

1. 有"完成"义时遗漏"了₁"。

　　动态助词"了₁"的遗漏偏误比较普遍。汉语缺乏词形变化，动词缺少形态上的标志，表示事情"完成"这一含义只能通过句中表示时间的词语或整体句意来理解，这就导致学习者容易出现偏误。

（48）*前天，我们逛颐和园。

（49）*早上七点的时候，我买两个包子。

（50）*在到家之前，我给爸爸打一个电话。

（51）*丽丽考上全国最好的大学。

　　例（48）有表示过去时间的词"前天"，例（49）和例（50）有表示过去时间的描述，所以句中动词"逛""买""打"后应该加动态助词"了₁"表示动作在过去的时间段已完成。例（51）从句意上看是已经完成的事情，且"考上"的补语"上"有完成之意，所以应该说："丽丽考上了全国最好的大学。"

2.无"完成"义时误加"了₁"。

学生刚刚接触"了₁"时，会形成在表示过去动作的动词后都要加"了₁"这样一个误区，将"了₁"过度泛化，出现在无"完成"义的动词后或句子里。我们要给学生说清楚"了₁"的使用条件，动词不表示动作完成，只表示经常性或规律性的动作、多次动作、连续紧凑的动作时，不能用"了₁"；句子中用副词"没"或"没有"否定动词状态时，不加"了₁"。

（52）＊我计划了去旅行，等这学期结束。

（53）＊三年前，有位中国志愿者帮我妈妈治好了病，所以我决定了学习汉语。

（54）＊他常常告诉了我，天下没有白吃的午餐。

（55）＊我们每天都会学汉语了。

（56）＊他一边吃饭，一边玩了手机。

（57）＊我昨天没写了作业，老师批评了我。

例（52）中"计划"不是完成的动作，所以不能说"计划了"。例（53）中"决定"和"学习"两个动作连续紧凑，所以不能在"决定"后加"了₁"。例（54）中"常常"表示经常，和"了₁"矛盾。例（55）中"每天"表示经常，和"了₁"矛盾。例（56）中"一边……一边……"表示动作进行，动词后不能用"了₁"。例（57）中否定词"没"后不能出现"了₁"。

难点二：动词和"了₁"的位置

"了₁"的位置偏误主要有两个方面，其一是特殊句式或词语中的"了₁"，如连谓句、兼语句、离合词中的"了₁"，因其位置的特殊性导致学习者出现偏误；其二是受句尾"了₂"的影响和干扰出现了目的语负迁移，误将"了₁"放在"了₂"的位置上。

（58）＊老师带了我们参观书法展览。

（59）＊有一天，我做菜时受伤了一点，而姐姐跑过来帮了我的忙。

（60）＊这个事实安慰我了。

例（58）是连谓句B类"了₁"的位置错误，"了"应在第二个动词"参观"后。例（59）中的"受伤"是离合词，应改为"受了一点伤"。例（60）是"了₁"和"了₂"混淆，句中的"了"表示完成，是"了₁"，应该放在动词"安慰"后。

难点三："了₁"和其他词语的混淆

1.动态助词"了₁"和结构助词的混淆。

（61）＊这是父亲给我留下了最深刻的印象。

（62）＊不能再忽视在世界上发生了任何污染，因为所有的污染都是我们亲手造成的。

（63）＊虽然这样我们仍应该感谢父母辛苦了教我们。

（64）＊最近两三年来政府也越来越多了设立禁烟区。

（65）＊亲爱的父亲、母亲：时间过了那么快！

（66）＊在纽约的地铁里，有一个人被坏人打了很厉害。

例（61）中的"留下"限制中心语"印象"，二者是所属关系，而非支配关系，所以应该改为："这是父亲给我留下的最深刻的印象。"例（62）中的"发生"限制"污染"，应该改为"发生的任何污染"。学习者出现"了₁"和"的"的混淆，原因在于这类定中结构的定语是动词，学习者将"了₁"的用法泛化，认为过去的事情都需要加"了₁"，没有弄清楚两个成分之间的关系，没分开"限制"和"支配"，教师在讲解的时候要说清楚这二者的区别。例（63）中的"辛苦"限制"教我们"，例（64）中的"越来越多"限制"设立禁烟区"，前后两个成分是限制关系，而非支配关系，故应分别改为"辛苦地教我们""越来越多地设立禁烟区"。例（65）中的"那么快"是对"过"的状态的补充说明。例（66）中的"很厉害"是对"打"的补充，应该将"了₁"改为"得"。因为"过""打"都是动词，且这两句中的动作已经完成，学习者没理解"快"和"过"、"很厉害"和"打"之间的关系，误用"了₁"。教师在讲解时要说清楚"支配"和"补充说明"的区别，说明能够出现在"了₁"后的补语一般为数量短语。

2. 动态助词"了₁"与动态助词"着"的混淆。

（67）＊世界各国的某些城市政府现在都出台着禁止吸烟的规定。

（68）＊在别人看来我度过着挺悠闲的假期。

（69）＊两个和尚在山上的庙里好好地过了日子。

（70）＊现在我们常常看到在公共场所写了"禁止吸烟"。

动态助词"了₁"一般表示动作完成，"着"一般表示动作或状态持续，学习者若分不清这两个词语的语法意义，就会出现混淆。例（67）"出台规定"已经完成，应该说"出台了"。例（68）从句意上看"度过挺悠闲的假期"已完成，应该说"度过了挺悠闲的假期"。例（69）表示的是"过日子"这一动作的持续，所以应该说"过着日子"。例（70）是"写"这一动作结束后所呈现的状态的持续，所以应该说"写着'禁止吸烟'"。

3. 动态助词"了₁"和语气助词"了₂"的混淆。

"了₁"最大的特点是用于动词后，倾向表示明确、具体、可以量化的动作，常常有表数量、时间的词语，甚至在"了₁"后加上虚化数量成分。例如：

（71）他学了个手艺。

（72）我们在北京住了三天。

"了₂"最大的特点是位于句尾，表变化，对动词语义的表达较笼统，不一定要有时间或数量词语共现。只有在提示听话人注意新信息的句式"主语 + 动词 + 了₁+ 数量词 +（宾语）+ 了₂"和"主语 + 时间词 + 没（有）+ 动词 +（宾语）+ 了₂"中有数量词、时间词。例如：

（73）她学了三年汉语了。

（74）我两天没有见他了。

（75）*吃午饭了以后，我就休息了。（一次性动作完成应在动词后用"了₁"）

（76）*经过这几个月了，我终于明白事情的来龙去脉了。（相对完整的时间结束，应在动词后用"了₁"而不是在句末用"了₂"）

"了₁"也经常和动态助词"过"出现混淆，我们将在本章第三节进行说明。

三、动态助词"了₁"教学建议

（一）教学内容

要分清动态助词"了₁"和语气助词"了₂"，因为语气助词"了₂"的意义和用法远比"了₁"复杂，所以在学习者最初接触"了₁"时，讲解规则和举例时不要出现"了₂"和"了₁₊₂"，只讲"了₁"的用法，否则教师容易陷入越讲越难的困境，学习者也会混淆规则，产生畏难情绪。

对"了₁"和"了₂"，应首先讲解动态助词"了₁"表完成的基本意义，说明"了₁"的基本使用条件和使用规则，再讲解"了₂"体现变化、感叹、提醒等语气，说明"了₂"一般放在句子的末尾。这样可以避免学生分不清"了₁"和"了₂"而出现困扰。要注意不同阶段"了₁"和"了₂"的各类用法，不断复现知识。

（二）教学方法

注重对比教学，讲授动态助词"了₁"可以运用对比教学法，将汉语和学生母语进行对比，找出两种语言的相同之处与不同之处，强调"了₁"并不是过去时态与完成时态的标志。让学生了解不能将汉语中的动态助词与母语中的知识点重合，减少学生母语负迁移的影响。这就对教师有了更高的要求，需要教师大致了解学生母语的语法结构，找出语言中对应的相似又不同的语法点。

将分阶段教学与集中教学相结合。"了₁"在各个学习阶段都常见，但又没有专门的模块去系统地讲解"了₁"，再加上一次性讲解所有关于"了₁"的语法知识又过于复杂，因此点拨教学、分阶段教学和集中教学相结合就显得非常重要。在课文中、练习中、作文中遇到"了₁"，教师可以随机讲解，点拨学生，但仅仅点拨又缺乏系统性。因此，教师可分阶段、分等级对语法点进行集中梳理。遇到"了₁"的新用法，教师可以将之与学过的"了₁"放在一起进行综合讲授，使学生对语法点有一个循序渐进的积累过程。

采用格式法教学，讲解时不要使用专业术语，不然容易造成学生理解上的困难，应尽量引导学生从句子的语义上感知用法。语法规则过于复杂时，可以采用格式法教学。比如"她弹了三个小时琴"和"她弹琴弹了三个小时"，可以直接给学生展示"V 了 + 时段 +O"和"V+O+V 了 + 时段"，方便教学与学生理解。

教学中应该运用多种方式，生动地展示语法点，如 PPT、动画、表演等，增加课堂的趣味性。

【教学示范案例】

我们结合"动词 + 了₁+ 宾语"这一基本结构来进行课堂教学示范。该结构比较简单，我们仅以此展示一个教学的思路。

（一）导入环节

1. 实物展示 + 提问导入。

教师可以通过"实物 + 提问"直接引入"了₁"。

师：大家看，今天早上老师收到了什么？（展示收到的物品）

生：鲜花 / 礼物 / 信 / 巧克力……

师：我们说"今天早上老师收到了一束鲜花"。（板书例句，彩笔标注"了"）

2. 图片展示 + 问答导入。

师：大家在做什么？（展示大家前一天出游的照片）

生：参观大雁塔。

师：我们什么时候去的呢？

生：昨天。

师：我们可以说"昨天我们参观了大雁塔"。（板书例句，彩笔标注"了"）

（二）讲解环节

结合导入阶段的例句进行讲解，因为这一结构和意义相对来说比较简单，教师可以引导学生发现规则，理解"了₁"的语法意义。

例句：老师收到了一束鲜花。 昨天我们参观了大雁塔。

师：大家看"了"在什么地方出现？

生："收到"和"参观"后面。

师：对，那我们说的是什么时候的事情？

生：昨天 / 今天早上。

师："收到""参观"这两件事情做完了吗？

生：做完了。

师：所以大家想一想，什么时候要说"了"呢？

生：做完的事情。

师：对，在某段时间里，这件事情做完了，我们可以说"收到了""参观了"。

教师板书规则"V+ 了 +O"，说明"了"表示动作在某一时间完成，介绍可以进入这一结构的动词和不能用于这一结构的动词。在讲解过程中要注意讲练结合，这时学生可能会出现各类偏误，说出"我有了一个男朋友""我叫了麦红"等句子，教师要结合学生的偏误再次说明动词的特点。

在肯定句讲解完后，应该进行否定句的讲解。注意变否定句时，要在动词前加"没"，并删去动词后的"了"。如果宾语前有数量短语作定语，则数量短语也需要删除。如"今天早上老师收到了一束鲜花"，变为否定句应是"今天早上老师没有收到鲜花"。

（三）操练环节

这一环节可以通过句子变换、连词成句练习帮助学生初步掌握"了₁"的基本意义和在句中的位置。通过对话练习，可以使学生进一步感知"了₁"表示完成的意义，并训练学生在真实交际中使用"了₁"的能力。

1. 句子变换。

我想买一本词典。（昨天） 变换：我昨天买了一本词典。 我昨天没买词典。

我要写一篇作文。（昨天的汉语课上）

我要看一部电影。（昨天晚上）

2. 连词成句。

我　　了　　一百元　　花

我　　买　　苹果　　了　　一斤

我　　写　　一封　　信　　了

3. 对话练习。

围绕话题进行对话：说一说昨天你做了什么。

第三节 动态助词"过"偏误分析与教学

一、动态助词"过"偏误概述

（一）使用语境

动态助词"过"用在动词或形容词后，表示曾经发生或存在的动作与状态，还可以表示发生的动作已经完成或实现。"过"跟在动词后，体现动作结束或曾经有过这样的事，强调有过某种经历与经验。"过"跟在形容词后，一部分需要说明时间，有和现在作比较的意味。

（1）我们吃过饭再走吧。（动词后，强调动作完成）

（2）我说过这件事不能听他的。（动词后，强调动作曾经发生）

（3）这里是热闹过一阵的，现在也萧条了。（形容词后，表示过去的状态）

（二）使用条件

大多数动词都可以和"过"搭配，表示动作的结束或曾经发生过。但有个别类型的动词不能与"过"搭配，主要包括以下几类。

1. 时间期限内只能出现一次的动词。

（4）＊我出生过。

（5）＊我毕业过。

（6）＊学校放学过。

2. 部分认知类动词。

（7）＊我认识过这个人。

（8）＊我懂过爸爸说的话。

（9）＊我知道过这件事。

这类动词较少，可以要求学生逐一记忆，包括"认识""懂""知道""明白""认得"等。

3. 关系动词。

（10）＊她成为过我们的组长。

（11）＊她小时候像过她的爸爸。

"过"的位置一般出现在动词后，还需要注意以下几种特殊情况。

A. 动词谓语后带结果补语时，动态助词"过"一定要放在结果补语的后面。

（12）＊那位大夫治过好我的病。

B. 在连谓句中，"过"要放在句中第二个动词的后面。

（13）＊他去过游乐场玩过山车。

（14）＊我用过毛笔画画。

C. 如果句中有表示经常性意义的词语，不能使用动态助词"过"。

（15）＊我们经常聊过天。

（16）＊我每逢假期，都去过不少城市参观名胜古迹。

（三）使用规则

1. 动词＋过（＋宾语）。

这个句型在肯定句中主要体现有过某种经历。例如：

（17）我以前来过威尼斯。

（18）她学过艺术体操。

（19）来西安后，我去过大唐芙蓉园、大雁塔、回民街。

有时常在动词前加上有关时间的词。例如：

（20）我两年前见过她。

如果要表达否定意义，可以在动词的前面加上"没有"或"没"，构成否定形式"没有／没＋动词＋过（＋宾语）"。例如：

（21）他没学过英语。

（22）我没读过这本书。

（23）我没有说过谎。

2. 形容词＋过。

"形容词＋过"主要表现原来有过某种状态，但这种状态已经结束且现在不再具有这种状态。例如：

（24）我胖过。

（25）水清过。

3. 疑问句中的"过"。

用动态助词"过"可以询问对方有没有某种经验、经历，主要有以下三种表达方式。

A. 主语＋动词＋过（＋宾语）＋吗？　　　例如：你以前吃过羊肉泡馍吗？

B. 主语＋动词＋过（＋宾语）＋没有？　　例如：你去过九寨沟没有？

C. 主语＋动词＋没＋动词＋过（＋宾语）？　例如：你看没看过《哈利·波特》？

汉语学习者若对"过"的使用条件和规则掌握不清，就会出现偏误。

【典型偏误案例】

（26）*我看这篇短文后，觉得有道理。

（27）*现在我想不起来什么时候给你们写信。

（28）*我父母亲读中文，所以他们知道这短文。

（29）*我从来没吃辣的菜。

（30）*我明白过父母说的话。

例（26）是"看"这一动作完成后"觉得有道理"，所以应该说"看过"。例（27）中"写信"这个动作是曾经发生过的，所以应该说"写过信"。例（28）根据句意可以看出"读中文"是曾经的事情，所以应该说"读过中文"。例（29）是对过去某种经历的否定，所以应该说"从来没吃过"。例（30）中"明白"是不能加"过"的认知类动词，所以应该改为"我明白父母说的话"。

二、动态助词"过"偏误教学难点

难点一：准确判断句中有无"曾经发生"义

1. 有"曾经发生"义时遗漏"过"。

动态助词"过"的遗漏经常出现，尤其是在否定句中遗漏"过"的情况更为频繁。

（31）*我看许多美丽的风景，都没这里的漂亮。

（32）*我以前在路上见到边走边抽烟的人。

（33）*我还从来没有见这样的动物。

例（31）是用过去"看"的"风景"和现在做对比，强调曾经的经验，所以应改为"我看过许多美丽的风景"。例（32）中"以前"指明了时间，强调曾经有过这样的事，所以应改为"见到过边走边抽烟的人"。例（33）中"从来没有"强调曾经所不具备的经验，所以应改为"从来没有见过这样的动物"。可以看出，这三例偏误的共同之处在于句中都有"曾经发生"义，但是遗漏了助词"过"。

2.无"曾经发生"义时误加"过"。

句子中有每次、每天、常、常常、经常、第一次等词出现，学习者误加动态助词"过"。

（34）＊我第一次吃过臭豆腐，真是又臭又香，闻着非常臭，但是吃着很香。

（35）＊我常常读过中国的历史，感觉中国人经历了很多磨难，也很了不起。

（36）＊我每次都想过玩旋转木马。

表示动作经常进行、首次进行，无"曾经发生"义，这时动词后不能加"过"。因此，例（34）应改为"第一次吃臭豆腐"，例（35）应改为"我常常读中国的历史"，例（36）应改为"每次都想玩旋转木马"。

句子中表示了明确的时间以及表示现在或将来的时间，无"曾经发生"义，学习者误加动态助词"过"。

（37）＊我来过上海两天了，见到了我的朋友。

（38）＊自从离开你们，女儿没有一分钟不想念过你们！

（39）＊我们下午六点准时吃过饭，然后再去观赏夜景。

例（37）应改为"来上海两天了"，例（38）应改为"想念你们"，例（39）应改为"准时吃饭"。

难点二：动词和"过"的位置

动态助词"过"一般出现在动词后。但在离合词、连动句中，"过"的位置比较复杂，这就容易导致学习者出现偏误。

（40）＊这道菜我在北京吃一次过，味道简直无法形容，怎么说呢，就像是神仙吃的菜。

（41）＊我在那家店排队过，理发过。

（42）＊他没去过找他的包。

例（40）中的"过"应出现在动词"吃"后，不能放在中补短语"吃一次"后。例（41）中的"排队""理发"都是离合词，离合词中的"过"应放在两个语素中间，所以分别改为"排过队""理过发"。例（42）是连动句中"过"的位置错误，连动句中表示两个动作先后发生时，"过"一般放在第二个动词后，所以应改为"他没去找过他的包"。

难点三："过"和其他词语的混淆

1."到"和动态助词"过"的误代。

"过"和"到"出现在动词后意义上的差别主要为："动词＋过"强调过去

已经完成的事情或已有的经验，"动词＋到"可以表示现在和将来；"动词＋过"不一定有结果，"动词＋到"可以表示得到某种结果。

（43）＊总有一天，你会尝过爱情的滋味。

（44）＊你也会遇过困难，从而感受到生活的艰难。

（45）＊这一个学期我非常努力，我学过很多知识。

例（43）和例（44）都是对未然事件的假设，所以不能用"过"，应该分别改为"尝到爱情的滋味""你也会遇到困难"。例（45）在句意上有"获得知识"的潜在含义，用"学到很多知识"更合适。

2. 动态助词"过"和"了"的误代。

"过"和"了"意义上的差别主要为："动词＋过"强调过去已经完成的事情或已有的经验，"动词＋了"仅仅表示动作完成；"动词＋过"表示的动作已经完成，未延续到现在，"动词＋了"表示的动作可以是延续到现在的动作。

（46）＊因此我利用这次休假去过好多地方。

（47）＊学过几个月的时候汉语的发音很难，所以我练习发音，现在更难的是声调。

（48）＊亲爱的父亲母亲：不知多少年前给你们写了信，好像我从小时候一两次写信。

（49）＊我曾经在报纸上看到了一些报道。

例（46）并无"过去完成"的含义，仅仅表示"去好多地方"这一动作在"这次休假"这一时间完成，所以应改为"去了好多地方"。例（47）从句意上看，"学习汉语"这件事还在继续，"学"这一动作延续到了现在，所以应改为"学了几个月汉语的时候"。例（48）中的"不知多少年前"表示的时间是过去，"写信"是在说明过去已经完成的事情，所以应改为"给你们写过信"。例（49）中的"曾经"强调过去，"看到一些报道"是过去已经完成的事情，所以应改为"看到过一些报道"。

难点四：连用"过"和"了"导致偏误

有些句子既可以用动态助词"过"也可以用动态助词"了"，但连用"过"和"了"后造成句子的错误，此时可以删去一个动态助词来纠正偏误。

（50）＊在中国的时候，我参观过了许多名胜古迹。

（51）＊这个问题我从头到尾给它解释过了一遍。

（52）＊我看过了这份文件，没什么问题。

注意在纠正此类偏误的同时，还需要向学习者说明用"过"和"了"在语义上存在的差异，对"过"和"了"进行适当辨析。

三、动态助词"过"教学建议

可以运用语法意义分析法与情景法讲授动态助词"过"，先将知识点讲清楚，然后用贴合实际的情景进行情景演示，从而加深学生的印象。"过"的意义和用法相对来说不是很多，句型容易归类，语法点也比较容易细化，还可以运用归纳法，在详细讲解后归纳、总结要点。此外，要注意"过"和"了"的对比，"过"和"了"的混淆是常见的偏误，对二者进行对比分析尤为重要。

【教学示范案例】

下面以"动词＋过"这一基本结构为例进行教学说明。

（一）导入环节

通过提问导入，如：昨天看了/吃了什么？这样能将"了"和"过"进行比对。从"了"引导到"过"，提问的同时也可以展示图片，增加直观性。

教师：同学们，我们上个月做什么了？

学生：我们去了大雁塔。

教师：同学们去了大雁塔，大雁塔怎么样？

（学生发言）

教师：为什么大家知道大雁塔？因为我们去过。我们以前做了这个事情，现在知道了这个事情怎么样，就可以说"V＋过"，我们去过大雁塔。（板书）

教师：同学们看图片，这是老师昨天中午吃的饭。这是什么？

学生：凉皮。

教师：可以怎么说？

学生：老师昨天中午吃了凉皮。

教师：老师吃了凉皮，老师知道凉皮怎么样？好不好吃？

（学生发言）

教师：为什么我知道好吃？因为老师吃过。我们以前做了这个事情，现在知道了这个事情怎么样，就可以说"V＋过"，老师吃过凉皮。（板书）

（二）讲解环节

在讲解环节，教师可以运用导入时提供的素材，带入新的语法点，提问并让学生回答。例如：

你们去过大雁塔吗？

你们吃过凉皮吗？

因为"过"的用法相对较少，在讲"V+过"时可以解释得详细一些，细化语法点，为学生总结规则。可以结合学生的学习程度说明以下内容：

1. 常见的可以加"过"的动词，"V+过"表示动作完毕或者曾经有过这种事情。

2. 不可以带"过"的动词。

3. 不可以用"过"的句子，如句中有表示经常意义的词语，动词后不能用"过"。

4. "V+过"的否定式和疑问式。

5. "了"和"过"的辨析。学生一般都是学习了"了"后再学习"过"，因此，讲解二者的差异十分重要。

（三）操练环节

1. 替换句子。

例如：我想看这本小说。这本小说我看过。这本小说我没看过，你看过吗？

我们想讨论这个问题。

我问老师一个问题。

2. 快问快答。

展示一些著名的景点或播放歌曲、电影片段，引导学生互相提问。例如：

你去过长城吗？

你看过这部电影吗？

3. 交际活动。

设计课堂活动，确定一个主题，如"我知道的中国"，要求学生用"V+过"进行提问与回答，教师可以给出引导，如"我去过/吃过/看过/穿过……"，说出的句子最多且正确率高的学生获得奖励。

思考和练习

1. "了""着""过"所表示的动态分别是什么？

2. 说一说动态助词"了""着""过"的使用条件和使用规则。

3. 纠正下列偏误并说明原因。

（1）我没有写汉语作业了。

（2）明天吃饭就出发。

（3）我们一起去了旅游。

（4）知道她最近的情况，我非常难过了。

（5）我和弟弟每天晚上，会站着家里的小院等他回来。

（6）他们都会过着美满幸福的生活。

（7）现在我一个人住在西安，我多么孤独，多么想念着父母！

（8）我认识的朋友中抽烟着的人很多。

（9）我永远忘不了我离开的时候看我背影的爸爸、妈妈的眼睛。

（10）我从来没见一个遇到了麻烦在脸上还带着笑容的人。

（11）有一天，我对妈妈说过："为什么我的爸爸常常不在家？"

（12）每个人都不能不当老人，老人也有了年轻的时间。

4.辨析"动词＋过"和"动词＋到"。

5.动态助词"了"的偏误教学难点有哪些，试举例分析。

6.试设计"动词1＋着＋动词2"结构的教学方案。

7.结合本章的学习，说一说你对动态助词的新认识。

第十章　语气词偏误分析与教学

【学习要点提示】

知识要点：掌握常用语气词的使用语境，熟悉常见语气词的使用条件，能够对语气词进行辨别。掌握语气词偏误教学难点和语气词教学建议。

技能要点：能够分析语气词的偏误案例，可以预测常见偏误，做到结合语气词偏误教学难点和语气词教学建议指导教学。

情感要点：熟悉汉语语气词全貌，更好地了解和欣赏汉语这一词类的特点。

在现代汉语中，语气词是汉语表达语气的重要方式，使用频率极高，蕴含着丰富的信息内容，可以帮助说话者更好地表情达意。因此，语气词的使用在汉语交际中十分重要，也是汉语不同于其他语言的特点之一。

语气词是表示语气的虚词，一般位于句子末尾或句中有停顿的地方，它的作用在于表示语气。汉语中的语气可分为四大类：陈述语气、疑问语气、祈使语气和感叹语气。语气词常与语调、语气副词、句法格式等一起表达语气，不同语气词表示的语气不同，一些语气可以用多个语气词表达，同一个语气词也可以表达多种语气，语气词之间往往有密切联系，其细微差别需要我们特别关注。语气词"啊""吧""的""了""吗""呢"在汉语日常交际中使用频率较高，并且使用范围广泛、用法复杂多样，汉语学习者在使用过程中极易发生混淆。

第一节　语气词偏误概述

一、语气词使用语境

语气词意义空灵，其语法意义往往需要与具体的语言环境结合，不同的语境下，语气词的表达效果是不同的。语气词可以表达说话者的情感、态度，句子的语气表达一般通过语调及语气词来表现，不同的语气词会让句意产生变化。

（一）语气词"啊"的使用

语气词"啊"用于陈述句时，主要的作用是缓和句子语气，并使句子带上说话者的个人情感色彩。

（1）记得到时候通知我啊。

（2）明天我们一起去啊。

语气词"啊"用于祈使句中，缓和命令的语气，将语气转化成请求、商量、催促等，但比"吧"的语气强烈一些。

（3）快走啊！

（4）请坐啊！

语气词"啊"用于感叹句中，表示感叹、嘱咐、解释、提醒。

（5）多美的景色啊！

（6）这个公园真大啊！

语气词"啊"用于是非问、特指问、选择问和正反问四类疑问句中，可以使疑问语气变得舒缓。

（7）我们什么时候出门啊？（特指问句）

（8）我们下午去还是晚上去啊？（选择问句）

（9）她是你姐姐啊？（是非问句）

（10）你去不去啊？（正反问句）

"啊"还可以用于列举的语境中。

（11）草莓啊，香蕉啊，都是我爱吃的水果。

"啊"还可以用在表示假设的句子中，即假设复句或让步复句前一分句的末尾，表停顿。

（12）要想减肥啊，那就得运动。

（13）就算你不告诉我啊，我也知道。

带有"啊"的句子的一个共同特征是可以使说话者语气显得更平缓一些，不带"啊"的句子在语气表达上比较直接，"啊"缓和了急促、强硬之感。

很多学习者在使用汉语时，经常会因为没有正确使用语气词，出现遗漏、误加或误代等偏误现象，从而影响交际效果。

【典型偏误案例】

（14）* 原来那天看到的是他！

（15）* 去年我找到了工作，是一所高中的英语老师啊。

（16）* 如果没有你在，那我在中国该多么无聊呢！

在上述偏误案例中，例（14）为遗漏偏误，句尾应加上语气词"啊"，缓和语气，更能表现说话者的情绪，即改为："原来那天看到的是他啊！"例（15）中，句子在陈述事实，不需加语气词"啊"，加"啊"导致句子变得冗余，虽然学习者有使用语气词"啊"的意识，但由于对其使用规则掌握不全，出现了误加现象，应改为："去年我找到了工作，是一所高中的英语老师。"例（16）的句末语气词应该用"啊"，"啊"的语气要比"呢"强烈一些，且可以表达个人情感，故应改为："如果没有你在，那我在中国该多么无聊啊！"

（二）语气词"吧"的使用

语气词"吧"可以表示推测、建议、命令、商量等语气，可以起到舒缓语气的作用，语调一般使用降调。

在陈述句中，语气词"吧"表示一种推断的语气，说话人对自己的推断不确定，希望听话人给予回应，一般还多与大概、也许、可能等表示不确定意义的副词连用。

（17）这件事不会是你做的吧。

（18）这大概就是命中注定吧。

在疑问语句中，语气词"吧"表示猜测和推断，说话人希望得到对方的回应，或作出推测并希望得到确认，多与大概、也许、可能连用。

（19）也许明天会下雨吧？（是非问句）

（20）他有一米九吧？（是非问句）

在祈使句中，"吧"表示建议、命令、催促和商量等语气意义，这是"吧"最常见的一种用法。"啊"虽然也有这一用法，但"吧"比"啊"的语气缓和一些，"啊"的语气较强烈。

（21）快点走吧，一会儿赶不上车了。

（22）你快睡吧，时间不早了。

（23）我们一起去西安玩吧。

用于说话者对两种情况感到纠结、难以选择，我们可以感受到说话人矛盾的处境。例如：

（24）他送的礼物收下吧，不好，不收吧，也不好。

"好""行""可以"的后面加"吧"，在这样的语境中，往往带有一种不情愿的感情。

（25）好吧，就这么决定了。

（26）行吧，就按你说的做。

【典型偏误案例】

（27）＊我们明天一起去图书馆。

（28）＊我以后绝对不会惹你生气吧！

（29）＊你千万不要担心吧！我会照顾好自己的。

（30）＊我希望您照顾好自己吧！

例（27）为遗漏偏误，这个句子在语法上没有错误，但结合语境，缺少了一种商量的口气，也会让对方觉得说话者态度强硬，应改为："我们明天一起去图书馆吧。"例（28）中，说话者表达的是不会再惹对方生气的决心，语气是坚定的，因此，在这样的语言环境下，不能在句尾使用表示不确定语气的"吧"，应改为："我以后绝对不会惹你生气！"例（29）同样为误加偏误，在表示肯定语气的语境中，不应使用语气词"吧"。例（30）说话人在表达自己的祝愿、期盼，语气也是绝对的、坚定的，而在句末使用语气词"吧"，就让整个句子带有"大概""可能"之意，这与说话人意愿不符，故应改为："我希望您照顾好自己！"

（三）语气词"的"的使用

语气词"的"可以强调事情的实现，表示对已完成事件的时间、地点、对象、方式、材料等方面的确认，经常与副词"是"同时出现，有时"是"可以省略。例如：

（31）我们是去年买房的。

（32）苏珊是从尼日利亚来的。

（33）我跟老师一起去的。

语气词"的"可以表示对还没有发生的事情的肯定，是说话人主观性的表态，可以加强句子语气。例如：

（34）我们以后的日子一定会越过越好的。

（35）你放心，我决不会允许他欺负你的。

语气词"的"用在疑问句句末可以使疑问语气程度更深。例如：

（36）你昨天是怎么回家的？（特指问句）

（37）你是和谁一起来中国的？（特指问句）

语气词"的"在感叹句句末也是对感叹语气的进一步肯定和加强。例如：

（38）大卫这次期末考试考了第一名，他的努力都是值得的！

（39）这无疑是让人感到幸运的！

【典型偏误案例】

（40）* 我是二十年前来中国，那时候学汉语的外国人还不多。

（41）* 虽然我还年轻，但是很有社会经验的。

（42）* 虽然在父母的眼中我们还是小孩儿，但是我们已经可以帮他们的！

在上述偏误案例中，例（40）为遗漏偏误，说话者想要强调自己来中国的时间，应使用"是……的"这个句型，"的"处于句子末尾，表示肯定的语气，起强调作用。例（41）无须使用"的"加强语气，说话人在进行客观陈述时不需要加语气词"的"，且句中"但"已经强调了前后分句情况的不同，使用语气词"的"就导致了冗余，故应改为："虽然我还年轻，但是很有社会经验。"例（42）句末应该使用"了"来表示动作或状态的实现，而不是使用语气词"的"加强语气，所以应改为："虽然在父母的眼中我们还是小孩儿，但是我们已经可以帮他们了！"

（四）语气词"了$_2$"的使用

语气词"了$_2$"位于句末，表示句子提到的事情已经发生了改变，表示有新情况产生。有时"了$_1$"和"了$_2$"在句末连用，出现在句末谓词后的"了"往往是"了$_1$+了$_2$"，既表示完成又表示变化。"了$_2$"本身还有成句的作用。

语气词"了$_2$"可以强调已经发生的变化，目的是引起听话者对某个新情况的注意。例如：

（43）都十二点了，你怎么还在看电视？

（44）我妹妹现在已经上小学了。

语气词"了$_2$"可以表示即将发生的变化。例如：

（45）今天的作业快做完了。

（46）饭快好了，马上吃饭了。

语气词"了₂"可以表示说话人希望听话人中止某一行为的继续发生，加强句子的语气。例如：

（47）你别生气了，我不是有意的。

（48）一会儿你就别走了，晚上一起去吃饭吧。

语气词"了₂"还可以使用在表示可能会出现的某种状态或情况的假设条件下。例如：

（49）如果下雨就不去了。

（50）如果她不来我也不去了。

在表示感叹的语境中，"了₂"可以加强语气，用来加强积极或消极的情绪。例如：

（51）你最棒了！（积极）

（52）你要是能来参加我的生日派对，那就太好了！（积极）

（53）这件衣服太老气了。（消极）

（54）这次的考试题太难了。（消极）

在疑问句中，"了₂"在询问某一情况时可以突出强调语气。例如：

（55）你怎么了？

（56）你累了？

（57）你今年多大了？

"了₂"具有成句的作用。例如：

（58）又到周末了。

（59）我等三个小时了。

【典型偏误案例】

（60）＊时间过得真快，现在的我已经是中文系的研究生。

（61）＊我的哥哥已经35岁，但还没有结婚。

（62）＊别的孩子都送给父母礼物，但我还没准备什么礼物了。

（63）＊我昨天很晚才到学校了。

在上述偏误案例中，例（60）学习者在表达变化的完成或新情况的出现，所以应改为："时间过得真快，现在的我已经是中文系的研究生了。"例（61）"35岁"后应该加上语气词"了₂"，句子强调年龄已经发生的变化，提醒听话人注意

"35岁"这个新信息。例（62）说话者只是在陈述自己还没有准备礼物这一事实，在这种语境下，不需要加语气词"了₂"，故本句应改为："别的孩子都送给父母礼物，但我还没准备什么礼物呢。"例（63）中的"才"表示说话者认为动作"到学校"的发生时间较晚，超出了说话者的预想，在这种情况下不需要"了₂"，所以应改为："我昨天很晚才到学校。"

（五）语气词"吗"的使用

"吗"是学习者最早学习且使用频率最高的语气词，是十分典型的表示疑问语气的语气词，用于表示单纯的询问的疑问语境中，表示对某一情况的提问，希望得到对方肯定或否定的回答。"吗"只能用于是非问句，特指问句、正反问句和选择问句均不能用"吗"。例如：

（64）你是中国人吗？（是非问）

（65）你想吃点什么吗？（"什么"虚指，是是非问，不是特指问）

（66）*你是不是中国人吗？（正反问）

（67）*你是中国人，还是韩国人吗？（选择问）

（68）*你是哪里人吗？（特指问）

是非问的否定句多为反问，说话者已有答案，但存在质疑，因而提出疑问希望从对方口中得到相关信息。反问句中的"吗"还可以加强责备、质问的口气，使反问语气变得更加强烈。例如：

（69）我不是把书给你了吗？

（70）难道你不知道今天要上课吗？

（71）你这么做对得起父母吗？

"好""行""可以"等后面跟上"吗"提问，可以表达商量的语气。例如：

（72）你帮我关下窗户，可以吗？

（73）明天下午5点我去找你，好吗？

【典型偏误案例】

（74）*我不是说过我过得非常好？

（75）*你出国留学的事有没有什么进展吗？

（76）*哪个国家吗？

（77）*你怎么看待他这个人吗？

（78）*你去不去电影院吗？

例（74）中，学习者以语调上升的方式表达疑问语气，遗漏了语气词"吗"，应改为："我不是说过我过得非常好吗？"这个句子仅从结构上来说并没有问题，但是在"吗"的教学中要有意识地要求学生用语气词"吗"来表达疑问语气，避免学习者因回避而产生偏误。例（75）是正反疑问句，不能使用"吗"，应改为："你出国留学的事有没有什么进展呢？"例（76）和例（77）都是特指疑问句，不能用"吗"，应分别改为："哪个国家？""你怎么看待他这个人呢？"例（78）是正反问句，句末应该使用语气词"呢"，所以应改为："你去不去电影院呢？"

（六）语气词"呢"的使用

陈述句句末的语气词"呢"可以使陈述语气变得更加肯定，也可以表示强调、夸张的语气。用在表示进行的动词短语之后，表肯定语气，强调某事、某一现象正在进行或正处在某种状态。

（79）我也要走呢。（加强肯定语气）

（80）你今天心情挺好的呢。（加强肯定语气）

（81）我爸爸可厉害了，他还会潜水呢。（强调）

（82）我还能再吃三碗呢。（夸张）

（83）我回家的时候，她正看电视呢。（进行）

（84）我正想打电话给你呢。（进行）

语气词"呢"用在陈述句中，可以舒缓语气、表停顿，在具体的人名、地名、代词等后面加"呢"可以表列举，也是对内容的强调。

（85）过一会儿呢，我们一起去超市。（舒缓语气）

（86）我呢，喜欢喝茶。我妈妈呢，喜欢喝果汁。（表列举）

"呢"可以用在正反问、选择问和特指问句中，不能用在是非问句中。用在正反问句以及选择问句中，"呢"的作用是舒缓语气，表示商量、征求意见，希望对方可以作出选择或决定。

（87）最近上映了新的电影，要不要一起去看呢？（正反问）

（88）我们一会儿先看电影还是先吃饭呢？（选择问）

在特指疑问句中，语气词"呢"可以使语气变得缓和，一定程度上使问者和答者之间的距离感缩短。在同等情况下，"呢"的语气要比"啊"的语气轻得多，同时说话人在进行提问时，也带有对问题有所思索的意味。有时候"呢"会使用在说话人自问自答的设问句或自言自语的情况下。

（89）我们去哪里吃饭呢？（特指问）

（90）妹妹藏在哪儿了呢？哦，在这儿啊！（设问）

语气词"呢"用于反问句，会让反问语气变得缓和，说出来的句子让听话人更容易接受。例如：

（91）你怎么能说出这样的话呢？

（92）这儿哪里能比得上我们家呢？

"呢"还有一个常见用法是用于省略句句末，可用在省略了疑问代词、询问人或物处所的特指疑问句中。例如：

（93）爸爸呢？

（94）我的汉语书呢？

"呢"也可用于询问某人的意见、建议，这往往与语境有关，省略的部分一般都是说话双方都清楚的内容。例如：

（95）明天是星期天，我想去游乐场，你呢？

【典型偏误案例】

（96）*我的这篇作文主要是谈论如何缓解学习压力呢。

（97）*大家准备好了呢？

例（96）说话者是在陈述自己这篇文章谈论的主要内容，语气十分明确肯定，不需要使用语气词"呢"。例（97）为是非疑问句，句末应该用语气词"吗"。

二、语气词使用条件辨析

（一）语气词"啊"和"吧"的辨析

语气词"啊"和"吧"的用法辨析见表 10-1。

表 10-1 "啊"和"吧"的用法辨析

使用条件	啊	吧
陈述句句末	缓和语气，表示嘱咐、解释、提醒等 例：你要记得我啊。	无此用法
疑问句末尾	舒缓疑问语气，可用于是非问、特指问、正反问、选择问 例：你不去啊？ 是谁啊？ 你去不去啊？ 你是老师还是学生啊？	表猜测，常与"或许""一定""大概"等词连用。一般用于是非问 例：你不去吧？
反问句末尾	舒缓语气 例：谁知道是为什么啊？	无此用法
祈使句末尾	缓和命令语气，将语气转化成请求、商量、催促等 例：你说啊。	同"啊"，语气更加缓和 例：你说吧。

续表

使用条件		啊	吧
感叹句句尾		表示惊叹、喜悦、感叹等，带有主观色彩，使语气更加强烈，经常以固定搭配"多……啊""真……啊"等形式出现	语气较弱
句中停顿	引起注意	例：当时啊，好多人在看。	例：当时吧，好多人在看。
	表示列举	用在列举的项目后 例：这儿的山啊，水啊，都是我熟悉的地方。	无此用法
	表示举例	用在举例的词语或形式后，"比如/例如……啊""拿……来说啊" 例：拿这件事来说啊，确实是你不对。	同"啊" 例：拿这件事来说吧，确实是你不对。
	缓和语气	条件、假设复句的前一个分句后 例：只要你去啊，我一定配合你。 我要是会啊，就不麻烦你了。	相背假设复句的前一分句后 例：就是拼了他的老命吧，也没有办法。

【"啊"的典型偏误案例】

（98）* 他们是多爱自己的孩子！

（99）* 真是"无风不起浪"！

（100）* 我来中国留学以后，我的中文进步了很多啊。

例（98）是固定搭配"多……啊"，遗漏句末语气词"啊"，应改为："他们是多爱自己的孩子啊！"例（99）是固定搭配"真……啊"，语气词"啊"表达作者的强烈感情，应改为："真是'无风不起浪'啊！"这两个例子不用"啊"结构上并无问题，但语气会较为生硬，有讽刺意味。例（100）是陈述具体事实，不需要加"啊"，应改为："我来中国留学以后，我的中文进步了很多。"

【"吧"的典型偏误案例】

（101）* 房间有点儿小，住不下三个人啊？

（102）* 这个假期，你一定要跟我们北京旅游吧。

（103）* 总是有很多人关心我们，特别是我们的父母吧。

例（101）表示一种推测，句末应该用语气词"吧"。例（102）是确定的语气，"吧"带有不确定感情因素，应改为："这个假期，你一定要跟我们去北京旅游啊！"例（103）误加语气词"吧"，在语气肯定的句子中，加"吧"让句子语气变得矛盾，所以应改为："总是有很多人关心我们，特别是我们的父母。"

（二）语气词"的"和"了"的辨析

语气词"的"和"了"的用法辨析见表10-2。

表10-2　"的"和"了"的用法辨析

使用条件		的	了
陈述句句末	肯定句	加强对事实或推断的肯定。固定搭配为"是……的"。可与"一定""肯定"等副词搭配使用 例：他是坐飞机来的。 　　我是一定会去的。	表示对已然事实的确定或推断，强调新情况的出现 例：我们就这样说定了。　六点了。 表达积极或消极的情绪。固定搭配"太/最……了" 例：太难了。　最好了。
	否定句	加强否定语气 例：这样是不对的。	缓和语气，使话语更容易被对方接受。常见搭配"不要……了""别……了" 例：不要把衣服弄脏了。
疑问句末尾		表示惊讶语气 例：他是坐飞机来的？	表示对新情况、新现象的疑问 例：你做什么去了？
感叹句句末		对感叹语气的肯定和加强 例：这样的生活，真够她受的！	加强对新情况、新现象的感叹 例：这样的生活她过够了！

【"的"典型偏误案例】

（104）＊这件事我感到非常有意思的。

（105）＊我想和朋友出去旅行，但爸爸是不会同意了。

例（104）误加"的"，"非常"在语气上已经表示强调，所以应改为："这件事我感到非常有意思。"固定搭配"是……的"可强调句子中的某一成分，故例（105）应改为："我想和朋友出去旅行，但爸爸是不会同意的。"

【"了"的典型偏误案例】

（106）＊我有新的舍友。

（107）＊这些垃圾都是你扔了。

（108）＊这时我开始担心了，该怎么办了？

例（106）是对"有新的舍友"这一新情况的确定，遗漏语气词"了"，句子不完整，应改为："我有新的舍友了。"例（107）"的"和"了"混淆，本句仅表示对一般事实的肯定，没有新情况出现，所以应改为："这些垃圾都是你扔的。"例（108）句末应使用表疑问的语气词"呢"，应改为："这时我开始担心了，该怎么办呢？"

（三）语气词"吗"和"呢"的辨析

语气词"吗"和"呢"的用法辨析见表 10-3。

表 10-3　"吗"和"呢"的用法辨析

使用条件		呢	吗
陈述句	句末	表肯定、夸张语气，与"可""才""还"等搭配使用，形成"还……呢""才……呢"等固定搭配 例：他还会唱俄语歌呢。	无此用法
	句末	表肯定陈述语气，强调某事、某一现象正在进行或正处在某种状态，形成"正……呢"结构 例：我正写汉语作业呢。	无此用法
	句中	舒缓语气，在人名、地名、代词等后面加"呢" 例：他呢，一直都很喜欢独处。	无此用法
疑问句末尾		舒缓语气，可以用在正反问、选择问和特指问句中 例：你去不去呢？　你去上海还是北京呢？ 你去哪儿呢？	表示询问，用于是非问 例：你是西安人吗？
反问句末尾		常搭配疑问词"怎么""哪里"、能愿动词"能""会""可以"等，构成"怎么会……呢？""哪里能……呢？"等结构 例：你怎么能这样说呢？	使句子带有责备、质问语气，多与"难道""不就是""不是""岂"搭配出现 例：难道你没这样想的吗？
感叹句末尾		表达肯定、惊叹、喜悦、夸张等语气 例：我才不去呢！	无此用法
"好""行""可以"等后面		表达确定、轻松、可爱的语气 例：好呢。	表达一种商量的语气 例：好吗？

【"吗"的典型偏误案例】

（109）＊你有没有看到我的耳机吗？

（110）＊你怎么能把我的书扔了吗？

例（109）是正反疑问句，"吗"只能用于是非问，所以应改为："你有没有看到我的耳机呢？"例（110）是反问句，"怎么能"应与语气词"呢"搭配，故改为："你怎么能把我的书扔了呢？"

【"呢"的典型偏误案例】

（111）＊家里就我们两个人，做了这么多饭谁吃？

（112）＊但怎样才能更多地提高汉语水平，更流利地说汉语？

（113）＊我们应该多听父母的意见呢。

（114）* 你是我们的老师呢？

例（111）句末加上语气词"呢"，可适当缓和句子语气，故应改为："家里就我们两个人，做了这么多饭谁吃呢？"语气词"呢"可使句子带有自我思索的意味，所以例（112）应改为："但怎样才能更多地提高汉语水平，更流利地说汉语呢？"例（113）主要表达说话人的观点、看法，是肯定的陈述，误加了语气词"呢"，应改为："我们应该多听父母的意见。"例（114）是是非疑问句，语气词应用"吗"不用"呢"，即："你是我们的老师吗？"

第二节　语气词偏误教学难点

难点一：混淆语气词"啊"与"呢"

【典型偏误案例】

（1）* 如果没有你的帮助，那我该多么绝望呢！

（2）* 如果他不在身边，那我的中国生活该多么寂寞呢！

（3）* 我昨天把耳机放在哪儿了啊？

（4）* 刚开始我的汉语不好，原因在哪儿啊？因为我不好意思说。

例（1）和例（2）应该用语气词"啊"，学习者误用了"呢"。这两个语气词都可以用在表示感叹的语境中，"啊"往往表示说话者的强烈感情，"呢"没有强烈的主观色彩。"啊"用于感叹句的格式为"真……啊""多（么）……啊"，而"呢"用于感叹句的格式为"还……呢""可……呢""才……呢"等，学习者由于将两者混淆而造成误代偏误。

例（3）和例（4）应该用语气词"呢"，学习者误用了"啊"。语气词"呢"隐含着说话人在进行提问时也带有对问题有所思索的意味，可以用在说话人自问自答的设问句或自言自语的情况下。例（3）是自言自语，在这个语境中，说话人自身也对问题有所思索，使用语气词"呢"更能准确地表达出说话者的情感态度。例（4）是自问自答的设问句，用语气词"呢"更合适。

难点二：混淆语气词"啊"与"吧"

【典型偏误案例】

（5）＊我们一起走啊？

（6）＊你们生下我和弟弟，一直抚养到现在一定有许多辛苦啊！

（7）＊你们也别忘记吧！

（8）＊你得保重身体吧。

"吧"和"啊"都可用在疑问句中，但表达的语气不一样。"啊"表示的疑问语气强烈，带有对问题进一步深究的意味，而"吧"表示商量、估计或揣测，希望能够得到对方肯定的回答。例（5）表达商量的语气，应该用"吧"。

"吧"和"啊"都可用在感叹句中，"啊"可以加强感叹语气；"吧"的语气较弱，可以表示肯定性的推测。例（6）并非加强感叹，而是表示估计，并且是比较肯定的语气，应该用"吧"。

"吧"和"啊"都可用在祈使句中，但"吧"语气较缓和。例（7）和例（8）的语气比较强烈，应该用语气词"啊"。

难点三：混淆语气词"的"与"了"

【典型偏误案例】

（9）＊我是昨天坐飞机来了。

（10）＊快要死的时候，三个和尚说："我们应该帮助别人了。"

（11）＊挑那么重的水太辛苦的。

（12）＊虽然在父母的眼中我们还是小孩儿，但是我们已经可以帮他们的！

例（9）"是……的"结构错用为"是……了"，应该改为："我是昨天坐飞机来的。"出现此类偏误的一个重要原因是学习者误以为表示过去发生的事情的句子都要加"了"，看到句中的时间词"昨天"就会误用"了"。例（10）是加强对事实"应该帮助别人"的肯定，而非变化，故应该改为"我们应该帮助别人的"。例（11）是用"太＋形容词"表示感叹，这类句子的句尾常加语气词"了"成句，故应该改为："挑那么重的水太辛苦了。"例（12）是提醒听话人注意新情况"可以帮他们"，故应该改为"但是我们已经可以帮他们了"。

难点四：混淆语气词"吗"和"呢"

【典型偏误案例】

（13）＊两代人之间是否一定有"代沟"问题吗？

（14）＊为什么产生代沟吗？

（15）*"公众"不包括抽烟的人呢？

（16）*你能说今天穿什么颜色的衣服呢？

"吗"只用于是非问句，"呢"可以用在正反问、选择问和特指问句中。学习者学习了"吗"后，会将这个疑问语气词过度泛化使用，从而出现偏误。学习了"呢"后，因为不清楚疑问句的类型和语气词的选用，又会将这两个语气词混淆。例（13）是正反问，例（14）是特指问，都应该用语气词"呢"。例（15）和例（16）是是非问，都应该用语气词"吗"。例（16）去掉语气词后是"你能说今天穿什么颜色的衣服"，结构同陈述句，学习者看到句中有"什么"就误以为此句是特指问，出现偏误。需要注意学习者初步了解疑问句的类型后，会认为句中有疑问代词就是特指问，要向学习者说明疑问代词有不表示疑问，表示泛指和虚指的用法。

难点五：混淆动态助词"了₁"和语气词"了₂"

动态助词"了₁"出现在动词后，表示动作的完成或实现。一般来说，这个动作是具体的、量化的，句中往往有表示时间或数量的词语，如"我看了三小时书""刚刚去打了会儿球"。语气词"了₂"出现在句尾，表示变化，突出新情况的产生，如"我今天不回家了""下雨了"。学习者在学习了动态助词"了₁"和语气词"了₂"后，会出现用法混淆的情况。

【典型偏误案例】

（17）*我会了说汉语。

（18）*我父亲突然生我的气，打我了。

（19）*这个事实安慰我了。

（20）*以前我到过巴黎，在一个有名的服装学院留学两年了。

例（17）能愿动词后不能用动态助词"了₁"，此句表示情况的变化，由从不会说汉语变为会说汉语，所以应该改为："我会说汉语了。"例（18）表示"打我"这个动作的完成，是一个完整事件的结束，应该在动词"打"后加"了₁"而非句末加"了₂"，即"打了我"。例（19）是"安慰我"这个动作的完成，应该用"了₁"而非"了₂"，应该改为"安慰了我"。例（20）句的含义为"以前在有名的服装学院里留学"，现在已经结束了，并不是现在仍在留学，应该用"了₁"，改为"在一个有名的服装学院留学了两年"。

第三节　语气词教学建议

1.语气词意义较虚，学习者不好理解，且在不同语境下同一个语气词会产生不同的意义，教师要善于整理、归纳、辨析，讲清楚语气词的常见用法，并能够对语气词进行辨析。

2.注意不同类型的疑问句对疑问语气词的选择。"吗"只能用于是非问，不能用于特指问、选择问和正反问，"呢"则与此相反。此外，"吧"和"吗"、"啊"和"吧"也需要进行辨析。

3.不仅仅要讲清楚使用语气词的情况，还要说清楚不能使用语气词的情况。以"了$_2$"为例，句中有表示进行或持续的副词"正在"，句末不能用"了$_2$"，如不能说："我昨天回到宿舍时，正在下雨了。"

4.语气词"了$_2$"的教学一直是一个难点，学习者学习了"了$_2$"的各类用法后，要对其进行总结，说明不同语境下"了$_2$"的语法意义。

除去词语本身的难度，学习者还会出现"了$_1$"和"了$_2$"的混淆，"了$_2$"和"的"的混淆等。特别是"了$_1$"和"了$_2$"相当复杂，有的句子中只用"了$_1$"或"了$_2$"，有的句子中"了$_1$"和"了$_2$"出现在不同的位置，表示不同的意义，也有句尾出现"了$_{1+2}$"的情况。这一直是对外汉语教学中的重点和难点，到中、高级阶段，可以结合学习者的具体情况适当对二者进行辨析。例如：

他吃了两碗饭。　　（了$_1$）　　要下雨了。　　（了$_2$）

他去了上海。　　（了$_1$）　　他会说汉语了。（了$_2$）

这本书我看了三天。（了$_1$）　　树叶绿了。　　（了$_{1+2}$）

教师首先要让学习者观察这些句子之间有什么差别，随后再展开讲解。第一，语气词"了$_2$"与动态助词"了$_1$"的位置不同："了$_1$"一般位于句中动词后，"了$_2$"在句末表示语气。第二，两者语义不同：助词"了$_1$"强调动作在某一时间的完成，一般这一动作是具体的、量化的，如"吃了两碗饭""去了上海""看了三天"中的"了$_1$"表示动作已经完成。语气词"了$_2$"用于出现了新情况的句子中，如"他会说汉语了"。当"了"放在动词或形容词后既表示事态变化也表示动作或性状的完成，即"了＝了₁＋了₂"时，如"树叶绿了"，学生需要明确"了"作语气词和作动态助词的区别，避免出现混淆。

【教学示范案例】

（一）导入环节

1.通过师生对话，创设语境，导入语气词教学内容。可以设计一个学生感兴趣的话题，如谈论周末计划、旅行计划等，引导学生一起完成对话。例如：

"我们一起去逛街吧！"

"我们几点见呢？"

"我们先逛街还是先吃饭呢？"

2.挑选出一些影视剧中比较经典的片段在课堂上播放，让学生先初步感受语气词所处的语言环境，随后教师再将需要重点讲解的语气词结合例句展示出来，进行重点讲解，这样的导入方式可以提高学生的学习兴趣，同时语气词与日常对话相结合，也能使学生感知在不同语境下如何使用语气词。

（二）讲解环节

讲解时要根据学习者的汉语水平确定相应的教学目标和教学侧重点。

初级水平的学习者还未形成和掌握汉语表达规则，丰富的语气词又是汉语语法方面的一个特点，自然也就成为学习者学习的重点和难点。语气词本身没有实在含义，需要结合具体语言环境去讲解，要结合说话者想要表达的意愿，选择合适的语气词。初级阶段语气词讲解的重点应该是常见语气词的基本用法，以及一些常见语气词的基本意义的对比。如"吧"和"吗"虽然都表疑问，但在意义上存在着差异。老师可以说早上在食堂看到了李明，想要得到李明的证实，就会说："李明，你早上去食堂了吧？"如果老师没有看到李明，只是单纯问李明去没去，那问句就是："李明，你早上去食堂了吗？"讲解时要将意义和用法相近的语气词结合语境进行对比分析，帮助学习者辨别语气词的意义差异。因为语气词大量用于口语交际中，通过例句展示与情境教学，可以较好地帮助学习者了解语气词的意义及语法功能。

对于中、高级阶段的学习者而言，可以将某一个语气词的用法进行归类总结，帮助学习者认识某一个语气词在语言运用中的全貌。可以将不同语气词进行系统地归类讲解和辨析，也可以结合一些固定结构、常见格式进行讲解，提高交际中语气词使用的正确率。在讲解过程中，教师要将语气词与特定语境相结合，要特别注意相似但又有细微差别的语气词的使用语境，注意不同句式对语气词的选择，多举例。

（三）操练环节

课堂教学中要根据教学目标、教学内容，结合学习者母语背景、学习能力、汉语水平等方面设计符合学习者的操练环节，做到由易到难，重点突出。课堂操练需要采取多种方式，多层次、全方面地辅助教学内容的训练。操练时，应结合学习者日常生活相关的语境，营造较为真实的语境，促进学习者对语气词的理解，提升学习者的学习兴趣。兴趣爱好、出行交通工具、校园风景等话题均可讨论，如：

"你喜欢唱歌吧？" "我是坐公共汽车来的，你呢？"

因为语气词多用于日常交际中，因此，可以设置多种口语练习：①模仿跟读，体会语气词在句中的含义，提升汉语语感。②给影视剧中的人物配音。③设置相关语气词之间的对比练习。

思考和练习

1. 说一说以下语气词的使用语境。

（1）啊

（2）吧

（3）的

（4）吗

（5）呢

2. 辨析结构助词"的"和语气词"的"。

3. 辨析动态助词"了"和语气词"了"。

4. 纠正下列偏误并说明原因。

（1）你知道是为什么呢？

（2）以后不让你们操心呢！

（3）爸爸、妈妈，我现在4年级吧，快要毕业呀！

（4）你看，人类就是这么自私吗？

（5）虽然在你们的眼中我们还是小孩儿，但是我们已经能帮你们的！

（6）换句话说各个时代的观念以及思想都完全一致才怪的。

（7）你得保重身体吧。

（8）挑那么重的水太辛苦的。

（9）你是不是我们的老师吗？

5. 设计表示疑问的语气词"呢"和"吗"的教学方案。

6. 结合本章的学习，说一说你对语气词的新认识。

第十一章　离合词偏误分析与教学

【学习要点提示】

知识要点： 掌握离合词的构成、离合词的插入成分、离合词的使用规则等基本知识。熟悉离合词偏误教学难点和离合词教学建议。

技能要点： 具备分析离合词偏误的能力，能够预测并解决学习者的离合词偏误，能够合理运用离合词教学建议指导教学。

情感要点： 了解汉语离合词的独特之处，了解汉语离合词的特点。

在现代汉语合成词中，有一类词在其语素之间可以插入其他词语或成分，如"唱歌"可以在两个语素之间插入数量短语，扩展成"唱一首歌"；"见面"可以在两个语素之间插入动态助词，扩展成"见过面"或"见了面"。这类词在扩展之后是短语，在扩展之前（不包含任何插入成分时）是词。由于这些词的扩展形式受条件限制，即以短语形态出现受到约束，多数时候语素合在一起以"词"的形式出现，因此作为一种特殊的词法现象，通常被称为"离合词"。

第一节　离合词偏误概述

离合词能"离"能"合"，多数时候以普通合成词的形态出现——离合词"合"为常态。如果离合词要出现"离"的状态，必须符合扩展规则，相对于普通短语来说，离合词的扩展规则非常有限。

一、离合词的构成

（一）动宾式离合词

常见的离合词构成方式为动宾式，如唱歌、生气、上课、洗澡、看见等。这些离合词在未扩展的"合"的形式时多以动词、形容词的形式出现（表11-1）。

（1）在晚上的聚会上，他给大家唱了首歌。

（2）那次婚礼之后，我再也没有跟他见过面。

（3）为了晚上的宴会，她专门化了漂漂亮亮的妆。

（4）没想到十年没见，一见就生了场大气。

（5）如果想快速拿到那个证书，是要费不少劲的。

表11-1　扩展前词性为动词或形容词的部分动宾式离合词

扩展后形态（离）	扩展前形态（合）	扩展前词性
唱了首歌	唱歌	一般动词
见过面	见面	一般动词
化了漂漂亮亮的妆	化妆	一般动词
生了场大气	生气	心理动词
费不少劲	费劲	形容词 & 动词

从上述例句和表11-1可以看出，动宾式离合词的语素结合方式多为"动词（A）+名词（B）"结构。扩展（离）前的词性多为动词或形容词。如果扩展前的离合词词性为动词，这种离合词的变换形式有"AAB""A一AB""A不AB"（或"AB不AB"）和"A了AB"四种形式。以动宾式离合词"唱歌"为例：

（6）周末别忙工作了，我们找个地方吃吃饭，唱唱歌，放松一下。

（7）压力大的时候唱一唱歌，有助于放松心情。

（8）听说有知名歌手参加今天的剪彩，只是参加活动吗？唱不唱歌？

（9）昨天的聚会也没什么特别活动，看了看电影，唱了唱歌。

以上是一般动词性离合词的变换形式。如果扩展前的离合词词性为心理动词、形容词，那么它的变换形式为"A不AB"（或"AB不AB"）。例如：

（10）这种事儿换成你，你生不生气？

（11）他见到你的时候什么反应？吃不吃惊？

（12）这么简单的事儿，你这么着费劲不费劲呐！

除了上述动词性离合词和形容词性离合词外，也有些离合词在扩展前是副词（表 11-2），但比较少见。例如：

（13）他当着经理的面把合同拿走了。

（14）你这种做法有趁身份之便的嫌疑。

表 11-2 扩展前词性为副词的部分动宾式离合词

扩展后形态（离）	扩展前形态（合）	扩展前词性
当着经理的面	当面	副词
趁身份之便	趁便	副词

这种离合词无重叠式，在句中多作状语，扩展规则也较为严苛。

（二）动补式离合词

除了动宾式离合词外，常见的离合词构成方式还有动补式离合词，可以参见下面的例子和表 11-3。

（15）可能是最近她太累了，叫了她四次都叫不醒。

（16）他觉得这次获奖离不开部门提供的种种方便。

（17）你以为装把锁就能躲得开检查吗？

表 11-3 部分动补式离合词

扩展后形态（离）	扩展前形态（合）	扩展前词的组合方式
叫不醒	叫醒	补充式（动补）
离不开	离开	补充式（动补）
躲得开	躲开	补充式（动补）

二、离合词的插入成分

离合词可插入的词类有数量词、代词、否定词、动态助词，可插入的句子成分有数量补语、时量补语、结果补语、定语等。

（一）插入成分为词类

1. 数量词。

数量词是离合词插入成分中最为常见的词类之一，见表 11-4。

有时当离合词的插入成分为不定量数词或只有量词时，该组合中的量词不再表示数目，更多用来强调该动作行为或表达一种比较随便的语气。例如：

（18）放心吧，他睡个觉就缓过来了。

表 11-4 离合词中插入数量词

扩展前（合）	插入成分：数量词	扩展后（离）
跳舞	一支	跳一支舞
补课	两次	补两次课
上当	两回	上两回当

（19）你不用一点儿功，怎么脱颖而出？

例（18）中，用来扩展离合词的成分只有量词"个"，此处不表示具体数量，更多地是表达一种"不严重，没关系"的轻松语气。例（19）中，离合词的插入成分为不定量词"一点儿"，但并不指数量为"一点儿"，而是强调需要实施该动词所代表的动作。

2. 代词。

插入成分中的代词以人称代词最为常见，且在人称代词之后需要附加"的"，形成"动词＋人称代词＋的＋名词"的形式。例如：

（20）不是我不帮你的忙，确实是没时间。

（21）好好儿读你的书，家里的事不用你操心。

除人称代词外，疑问代词"什么"也常作为离合词的插入成分。例如：

（22）开什么车啊，走两分钟就到了。

3. 动态助词。

通过动态助词"着""了""过"进行扩展是离合词最常见的扩展形式之一，其常见形式为"动词＋着／了／过＋宾语"。例如：

（23）正吃着饭呢，一会儿再讨论这个。

（24）孩子们都孝敬你，你也是享了福了。

（25）备考那段时间没跑过步，没游过泳，健身的事儿都耽误了。

动态助词通常可以和其他插入成分同时出现。例如：

（26）一大早跑了两个小时步，累坏了！

（27）回来这么久，没做过一顿饭，没打扫过一次卫生，像什么话。

从例（26）和例（27）中可以看到，插入成分包括动态助词"了"或"过"，同时还包含时量补语（两个小时）或数量补语（一顿）。但需要注意的是，动态助词"着"与"补语"不能同时作为离合词的插入成分。例如：

（28）* 他上着两天班，没时间出去。

（29）*我们见着两次面，不熟悉。

（二）插入成分为补语

1. 数量补语。

数量补语是最常见的补语插入成分之一，一般为双音节词，如果有动态助词"了"和"过"，需要放在动态助词的后边。例如：

（30）我给他回过一封信。

（31）大家准备一下，这周要开好几个会。

2. 时量补语。

当插入成分为时量补语时，常见的形式为"动词＋时量补语＋宾语"。同样，如果和动态助词连用，需放在动态助词后，也可在宾语的前边加"的"。例如：

（32）他在那里读了四年书，学到了不少知识。

（33）这点儿小事不值得生一天的气。

3. 结果补语。

如果插入成分为结果补语，一般为单音节词，结果补语需放在动词后，且在补语和动词之间不能再有其他成分，只能用在"了"的前边。例如：

（34）辗转了好几个地区，他们总算见着了面。

（35）多亏邻里和相亲的资助，他那年才上成了学。

4. 趋向补语

与结果补语相同，插入的趋向补语多为单音节词，紧跟在动词后，用在动态助词的前边。例如：

（36）接到电话后，大人们终于放下了心。

（37）班长要带起头，要比普通同学更进步才对。

如果趋向补语是双音节词，离合词的扩展形式较为复杂。以"起来"为例，通常扩展后的结构为"动词＋起＋名词＋来"。例如：

（38）怎么突然就吵起架来？

（39）两个人就有一搭没一搭地聊起天儿来。

（三）其他插入成分

1. 否定词"不"。

部分离合词通过插入否定词"不"实现否定形式。例如：

（40）你实在放不下心就去一趟吧。

（41）这天气估计都上不了班了。

2. 定语成分。

离合词中插入定语成分，其主要意义是修饰离合词中的第二个语素。例如：

（42）这次对方吃了大亏，下次合作我们必须得多个心眼儿。

（43）那就早做打算走人吧，别在这儿受窝囊气。

三、离合词的使用规则

（一）宾语提前

由于大多数离合词后边都不能加宾语，因此，如果出现离合词后有宾语的情况，需要根据以下两个规则将宾语提前至指定位置。

1. 加介词将宾语提前至离合词前，其常见格式为"介词 + 宾语 + 离合词"。举例见表 11-5。

（44）明天你得去和你的老师见面。

（45）我不仅参加了他的活动，还跟他握手了！

（46）谢谢大家都过来给我帮忙。

表 11-5　离合词宾语提前规则 1

扩展前（合）	扩展前宾语	附加介词	扩展后（离）
见面	你的老师	和	和你的老师见面
握手	他	跟	跟他握手
帮忙	我	给	给我帮忙

由上述例句和表 11-5 可以看出，离合词扩展前语义上的宾语不能直接放在其后，需附加介词将"介词 + 宾语"都提前到离合词之前，形成扩展后"介宾短语 + 离合词"的形式。

2. 将宾语提前至离合词（AB）的两个语素之间，且一般情况下需要在宾语后加"的"，其常见格式为"A+ 宾语 + 的 +B"。举例见表 11-6。

（47）解释明白就行了，你别生他的气。

（48）这笔奖金可太丰厚了，必须得请我们的客。

表 11-6　离合词宾语提前规则 2

扩展前（合）	扩展前宾语	附加成分	扩展后（离）
生气	他	的	生他的气
请客	我们	的	请我们的客

（二）离合词倒装式

在动宾式离合词（AB）中，构成离合词的两个语素自由度较高，有时为了实现强调宾语的效果，如果离合词本身已经进行过扩展，且插入成分中包含动态助词、数量词、补语等，就可以将动宾式离合词中的宾语提前，形成离合词的倒装结构"B+A+限定插入成分"。举例见表11-7。

（49）酒喝着，肉吃着，人都在这儿，真是尽兴！

（50）舞跳了半天都没发现观众席里有她。

（51）书看不下去了，还是看一会儿电影吧。

表11-7　离合词的倒装结构

扩展前（合）	插入成分	插入成分类别	扩展后（离）	倒装后
喝酒	着	动态助词	喝着酒	酒喝着
吃肉	着	动态助词	吃着肉	肉吃着
跳舞	了、半天	动态助词、数量词	跳了半天舞	舞跳了半天
看书	不下去	补语	看不下去书	书看不下去

与离合词的常规扩展方式相比，其倒装式比较少见，受上下文影响较大。

第二节　离合词偏误教学难点

离合词作为一种特殊的词法现象，以"合"的形式出现较多，汉语学习者在学习时也是以"词"的概念进行认知。因此，对汉语学习者来说，离合词"离"的形式、规则学起来有一定难度，多数偏误都体现在"应离未离""离法有误"等方面。尤其是离合词的插入成分，无论对初级还是中、高级学习者，都是出现偏误最多的地方。

难点一："应离未离"的偏误

由于学习者对离合词的性质和规则了解不够，对使用离合词的"离"式有很强的回避心理，尤其是初学者，不知道应该什么时候"离"，在很多应该使用离合词扩展式的时候就会出现偏误。例如：

（1）＊他是我的同屋，我每天都<u>见面</u>他。（应为"和他见面"）

（2）＊今天我们<u>上课</u>一天，大家都很累。（应为"上一天课"）

（3）＊如果老师结婚，要<u>请客</u>我们。（应为"请我们的客"）

（4）＊他们<u>唱歌</u>着，<u>跳舞</u>着，一晚上都非常开心。（应为"唱着歌，跳着舞"）

由于学习者未能掌握离合词的扩展规则，在应该进行扩展的时候未扩展，尤其是在离合词后直接加宾语的偏误，在初级教学中十分常见。

难点二："离法有误"的偏误

离合词的特殊性体现在"离"上，要"离"必须通过插入成分扩展。学习者在有意识使用离合词并进行扩展的情况下，因为没有熟练掌握离合词插入成分的规则，在扩展离合词时出现偏误。部分离合词"离法有误"的偏误分析见表11-8。

（5）＊经理<u>当面</u>着他和我吵架。

（6）＊昨天她真的<u>很大</u>地生气了。

（7）＊因为他们的意见不同，所以<u>打架</u>起来。

（8）＊他已经<u>结过婚</u>一次了。

表 11-8　部分离合词"离法有误"的偏误分析

偏误形式	偏误成分	偏误类别	正确形式	插入成分规则
当面着他	着	多个插入成分（动态助词、代词）	当着他的面	动词＋着／了／过＋代词＋宾语
很大地生气了	很大、了	多个插入成分（定语成分、动态助词）	生了很大的气	动词＋着／了／过＋定语成分＋宾语
打架起来	起来	补语成分错位（趋向补语）	打起架来	动词＋起＋名词＋来
结过婚一次	过、一次	多个插入成分（数量词、动态助词）	结过一次婚	动词＋着／了／过＋数量词＋宾语

由上述偏误可以看出，汉语学习者在插入成分方面的偏误主要有以下五种情况：①动态助词错位；②定语成分错位；③补语成分错位；④数量词错位；⑤多个插入成分同时出现时乱序。

难点三：重叠形式的偏误

根据离合词重叠规则，常见的重叠式有"AAB""A了AB"和"A一AB"三种。学习者会根据所学的普通动词重叠规则，误用为"ABAB式""AB了AB式""AB一AB"等。例如：

（9）＊每天下班回家后，我<u>吃吃饭</u>，<u>洗澡洗澡</u>，和爸爸妈妈看电视。

（10）*周末我们先去了博物馆，然后去大雁塔拍照了拍照，晚上去了夜市。

（11）*让他们先热身一热身，再开始跑步。

由于目的语规则泛化，学习者在对离合词进行重叠时出现上述偏误。

第三节　离合词教学建议

针对教学中的偏误情况，提出如下建议。

（一）消除学生对于离合词的迷惑心态

对于汉语学习者来说，离合词的用法相较于普通词非常特殊，学生一方面难以快速理解并接受这种非常规的形式规则体系，另一方面由于离合词本身没有特别明确的识别规律，就导致了学生们的回避策略：能不用离合词就不用离合词。而在这种回避心态下，在碰到不得不用离合词的情况时一定会出错。在这种心态下再去学习、操练离合词，学习效果就大打折扣。因此，在该语言点的学习初期，教师应思考如何让学生更容易接受异于常规动词的特殊形式和特殊规则，还应提供大量的上下文语境去帮助学生认识到使用离合词的必要性，同时还要帮助学生正确认识该语言点的学习难度，克服回避心理和畏难心理。

（二）借用表达公式讲解规则

说明离合词的扩展规则是教学的重点也是难点，教师应按照循序渐进的原则进行分类教学，对于各项扩展原则对应的公式、结构，教师在课堂上应注意板书清晰。此外，对于插入成分导致的宾语位置的改变以及整个短语结构的重新排序，教师在讲解时可通过正误形式的对比加深学生对扩展形式的认识：何时用何种扩展规则，不同的插入成分有哪些特殊的限定要求等。由于离合词插入成分的偏误类型过多，教学中可以跟学生强调"只做到某种对的形式，除此形式外都为错误形式"，使复杂的规则简单化，更有利于学生对扩展规则和插入成分规律的掌握。

（三）多用对比

离合词的重叠式和其后不可附加宾语都是初级教学中较为重要的关注点。在教学中教师可以采取普通常用动词和离合词的附加结构、重叠形式的对比，使学生在了解形式结构的基础上对离合词的重叠式和不能再附加动词有一定的理性认识。对于前者，教师应保证学生有足够的练习量，在对比中练习重叠式；对于后者，教师应加大监督提醒的力度。

【教学示范案例】

（一）导入环节

在初级教学中讲解离合词，可以首先选择最常见的动宾式离合词，如睡觉、洗澡、唱歌、跳舞等。在导入环节中可以选择较为简单的插入成分，如数量词、时量补语等。可在板书中写出动词，再写出该动作持续的时间段，如"睡觉：15：00–17：00"，学生通过回答时间段（三个小时），确定该结构中的插入成分为时量补语"三个小时"。列出离合词及其插入成分后，再补齐句子中的其他成分，如主语、动态助词等，引导学生造句。也可选择插入成分为数量词，在教室中选择一名爱好音乐的学生进行唱歌表演，由此确定主语和动词，教师应注意板书，接着鼓励该学生唱2首或2首以上歌曲，将歌曲名称板书出来。表演结束后，让全体学生根据曲目总结出数量，教师同时板书，列出本句含离合词表述的所有成分，再进行讲解。

（二）讲解环节

1. 初级阶段。

初级阶段教学的讲解以离合词的概念、形式及最基本、最常见的使用规则为主。根据初级阶段所掌握的词汇量，教学可选择常见的动宾式离合词，在讲解概念、形式时可以与普通动词进行对比，或进行插入成分后扩展形式的正误对比，通过比较帮助学生初步认识离合词的外在形式。在讲解使用规则时，可以首先选取最简单的插入成分，如数量词、时量补语等。教师的板书需要严格按照扩展形式的公式进行排列，以帮助学生更清楚地观察、总结扩展规则。

初级阶段教学中尤其需要注意提醒学生离合词"不可再加宾语"的使用规则，初级学生的常见偏误"他见面我""我结婚她""老师聊天儿我"等，都是由于没有掌握不可附加宾语的规则造成的，教师应对此多加重视。

此外，由于离合词的重叠偏误较为普遍，在初级教学中需要帮助学生掌握离合词特殊的重叠规则，对该规则的教学同样可通过离合词与普通词的对比进行。

2. 中、高级阶段。

中、高级阶段的离合词教学中以复杂多样的插入成分及倒装形式为主。由于中、高级阶段学生已掌握较多的汉语词汇，因此在对离合词的辨别方面会有一定难度。教师可以结合课文、考题或练习题，带领学生做"常用离合词总结表"，同时需要做大量扩展练习，培养学生使用离合词的语感。

中、高级阶段教学中的插入成分中比较难的是"趋向补语"。补语作为汉语教学中的一个难点，已经是偏误的重灾区，离合词中的趋向补语尤其是复合趋向补语，对学生来说更是难上加难。因此，教师务必在插入成分的趋向补语部分重点讲解其结构形式。此外，中、高级阶段的离合词讲解最好结合上下文语境进行，使学生能更好地体会离合词在该句中的语法和语用意义。

离合词的倒装式虽不常用，但在中、高级阶段尤其是高级教学中应作为讲解内容，可以让学生掌握简单的倒装形式，并能够用该倒装式强调宾语。

（三）操练环节

在各个阶段的离合词教学中，机械操练必不可少，这对掌握扩展的形式和规则意义重大。如在初级阶段教学中，第一阶段的机械操练，给出词语和插入成分，学生根据扩展规则进行重复、替换等机械操练。第二阶段，只给出离合词，不给出插入成分，考查学生对扩展规则是否已熟练掌握，是否能够根据复合词说出合法的扩展形式。在操练的第一阶段和第二阶段，都可采用互动式教学，如教师通过动作展示插入成分，或学生分组进行替换练习、扩展练习等。第三阶段可以只给出语境，让学生根据上下文语境进行自主造句。该阶段的操练可以采用"你演我说"的游戏方式，每个表演为一个小单元，在每个单元的对话中需要根据规定说出 2~3 个包含离合词的句子。这样的练习结合了语言形式、语义和语用，可以帮助学生全面掌握离合词的使用规则。

在中、高级阶段的离合词教学中，一方面对于新的扩展规则要进行替换、重复等机械练习，另一方面对于离合词多种插入成分的综合练习应更多强调语境的作用，教师给出相应的上下文，学生说出包含离合词结构的句子。这类练习使学生对该语言点的掌握从语言结构层面上升到语用层面，有助于对语言点的全面掌握。

目前对离合词的判定和扩展规则虽然还没有完全统一，甚至对其定义也有一些争议，但作为一个常见同时又特殊的词法现象，在汉语教学中不仅不能回避，还应当重视其相关教学工作。根据其语法规则和偏误规律，教师应不断创新教学方法，提升离合词的教学效果。

思考和练习

　1.什么是离合词？说一说离合词的使用规则。

　2.离合词的插入成分有哪些？试举例说明。

3.离合词的偏误教学难点有哪些？试举例说明。

4.纠正下列偏误并说明原因。

（1）因为当时我刚当了兵回来老家生活。

（2）今年我毕业了大学，但由于我国的不好的经济情况我还找不到工作。

（3）结果他们每天好几次打架。

（4）为了孟子的教育，他的母亲搬家了三次。

（5）今年，我终于考上了开车的试，所以我常常借朋友的汽车开去学校。

（6）毕业后我曾在国内创意广告公司创意部任职总设计师。

5.选择一组动宾式离合词进行教学设计。

6.结合本章的学习，说一说你对离合词的新认识。

第十二章　结果补语偏误分析与教学

【学习要点提示】

　　知识要点：掌握结果补语的使用语境、语义特点、使用规则等基本知识。熟悉结果补语偏误教学难点和结果补语教学建议。

　　技能要点：具备分析结果补语偏误的能力，能够预测并解决学习者的结果补语偏误，能够合理运用结果补语教学建议指导教学。

　　情感要点：全面认识汉语结果补语这一句法成分，学会欣赏汉语句法成分的独特之处。

　　结果补语是补语的一种类型，也是学习者接触较早的补语。由于多数学习者的母语系统中并没有述补结构，加之汉语补语本身较为复杂，因此，在学习结果补语时会出现较多偏误。

第一节　结果补语偏误概述

一、结果补语使用语境

　　结果补语与中心语之间存在因果关系，且二者结合紧密，述语和补语之间不用"得"。当动作结束之后，需要表示动作产生的结果时，就需要使用结果补语进行补充说明，这是因为汉语中的动词一般表示行为动作、心理活动、存现方式等，强调的是动作的实施或方式，很少直接表示动作的结果。所以，当我们需要说明某一动作行为导致的结果时，就要使用结果补语。

结果补语出现在谓语动词之后，是对动作、行为结果的补充说明。结果补语一般由形容词充当，个别动词也可以用作结果补语。例如：

（1）她夸口自己能一拳<u>打碎</u>核桃。（"碎"是对"打"的结果的补充）

（2）他<u>整理好</u>行李，准备明天动身。（"好"是对"整理"的结果的补充）

（3）他不知道该怎样把这个故事<u>说完</u>。（"完"是对"说"的结果的补充）

（4）他<u>叫醒</u>她，要她说说她的想法。（"醒"是对"叫"的结果的补充）

【典型偏误案例】

（5）*今天的作业完了，我要和玛丽去酒吧。

（6）*我们要听到父母的话，因为他们的决定是为了我们。

（7）*我以前跟您去您工作的地方，看那里的环境，我真吃惊，父亲！

（8）*高中那年我家破产，就连饭也很难吃。

例（5）遗漏动词"做"。例（6）表示动作的实施过程，并不表示结果，无须结果补语"到"。例（7）表示"看"的结果，应该说"看到"。例（8）从语境来看，不是"饭也很难吃"，而是"饭也很难吃饱"，需要补出结果补语"饱"。

二、结果补语语义条件

结果补语表示的是动作行为的结果。一般来说，动作行为动词、个别心理活动动词能带结果补语，存现动词、能愿动词、趋向动词、判断动词等一般不带结果补语。作结果补语的动词或形容词是对这一动作结果的补充，对动词和之后的补语，我们可以将它们进行拆分，变为两个层次，其中结果是要表达的重点所在。

想明白　想（发生"想"这个动作）→想明白（"想"后的结果是"明白"）

切碎　　切（发生"切"这个动作）→切碎（"切"后的结果是"碎"）

结果补语的语义指向具有多向性。例如：

A组：语义指向主语。

我吃饱了	我吃	我饱了
我听明白了	我听	我明白了

B组：语义指向宾语。

她打碎了核桃	她打	核桃碎了
他整理好了行李	他整理	行李好了

C 组：语义指向动作。

我洗完了衣服　　　　　　我洗衣服　　　洗完了

【典型偏误案例】

（9）＊我希望大家要结婚的时候深深地想，尽量避免将来有离婚的问题。

（10）＊自己已经知道她的病决不会治疗的。

例（9）要表达的是"想"之后"清楚了"，所以应该改为"我希望大家要结婚的时候想清楚"。例（10）要表达的是"治疗"之后"好"，所以应该改为"她的病决不会治好的"。

三、结果补语使用规则

（一）基本结构

带有结果补语的句子的基本结构为"述语＋结果补语＋（宾语）"，"述语＋结果补语"可以出现在助词"了"或"过"之前，但一般不用于"着"之前。

（11）我看完三本书了。

（12）窗台上的花盆摔坏了。

（13）她哭肿了眼睛。

（14）我不记得你叫醒过我。

当句子中的动词是离合词时，动词需要重复，形成"述语＋宾语＋述语＋结果补语"结构。例如：

（15）考试考完了。

（16）唱歌唱累了。

中补结构和宾语一起出现时，如果结果补语指向施事主语，且表示动作完成后施事出现的状态，经常用"述语＋宾语＋述语＋结果补语"的重动结构。例如：

（17）我跳舞跳累了。（"累"是"我"动作"跳"完成后的状态）

（18）我看电影看困了。（"困"是"我"动作"看"完成后的状态）

如果结果补语语义指向宾语、动作或指向施事主语，但不表示动作完成后施事的状态，可用"述语＋结果补语（了）＋宾语"或"述语＋宾语＋述语＋结果补语"结构。例如：

（19）踢破了球　　　　踢球踢破了（指向宾语）

（20）洗完了衣服　　　　洗衣服洗完了（指向动作）

（21）我们打赢了球　　　我们打球打赢了（指向施事主语，但是不表示动作

完成后的状态，仅表示结果）

如果宾语是施事，则只能用"述语＋结果补语（了）＋宾语"结构。例如：

（22）我们跑丢了一只猫。

（二）结果补语的否定式和疑问式

1. 否定句中的结果补语。

因为结果补语的中心语和补语两个成分之间关系紧密，所以结果补语的否定式是在述补结构前加上否定词，是否定整个结构。例如：

打碎——没打碎

整理好——没整理好

说完——没说完

叫醒——没叫醒

如果句子是表假设或是动作未发生的，那么述补结构前的否定词应该用"不"。例如：

（23）一个人如果不学会善良这门学问，那么，其他任何学问对他都是有害的。

（24）它是一只鹰，不吃饱肚子是不会睡觉的。

（25）姐笑着扭身不说完那句话。

2. 疑问句中的结果补语。

动词＋结果补语＋了＋吗？

疑问句中的结果补语后一般加"了"，是针对动作及其结果出现后的提问。例如：

（26）厨房的窗户擦干净了吗？

（27）你吃饱了吗？

如果表示动作未结束的情况，结果补语后不加"了"，动词前经常有能愿动词状语。例如：

（28）这个情况需要我说完吗？

（29）谁能叫醒她呢？

（三）"把"字句与"被"字句中的结果补语

"把"字句与"被"字句中的述补结构位置没有变化，宾语位置出现了变化。

1. 把字句：把＋宾语＋动词＋结果。

（30）我把之前整理的内容全都删除干净了。

（31）我把杯子打碎了。

2. 被字句：宾语 + 被 + 动词 + 结果。

（32）教室的玻璃被顽皮的孩子打碎了。

（33）她被雷声吓哭了。

【典型偏误案例】

（34）*练习册上写汉字满了。

（35）*大山喝酒醉了。

（36）*我很喜欢她，和她表白了，但是她不听明白我的表白。

（37）*我把书看完书了。

例（34）结构错误，正确的结构应该是"述语 + 结果补语 + （宾语）"，故应改为："练习册上写满了汉字。"例（35）的结构应该是"述语 + 宾语 + 述语 + 结果补语"，故应改为："大山喝酒喝醉了。"例（36）是对"述语 + 结果补语"结构的否定，从语义判断是对已发生事情的否定，所以应改为"她没听明白我的表白"。例（37）"把"字句中的宾语"书"提前到了动词"看"之前，所以中补结构"看完"后不应该再出现宾语，应改为："我把书看完了。"

第二节　结果补语偏误教学难点

"中心语 + 结果补语"构成的中补短语从结构上看以中心语为核心，但语义往往强调结果，这种结构与意义的不一致性容易导致学习者出现偏误。再加之结果补语与宾语的语序问题、重动问题、补语类型问题等均是较为复杂的内容，这就更加大了结果补语教学的难度。

难点一：语义上强调结果补语，容易遗漏动词

（1）*作业完了。

（2）*我不小心破了一个杯子。

（3）*我们上课时要先开书。

以上偏误句中，语义上均是突出动作结果，当句子的语义强调结果补语时，学习者关注的焦点在补语上，就容易导致遗漏动词的偏误。例（1）应改为："作业做完了。"例（2）应改为："我不小心打破了一个杯子。"例（3）应改为："我们上课时要先翻开书。"

难点二：结果补语意义较"虚"，误用动词直接表结果

汉语中的动词一般强调动作的实施或者动作的方式，很少直接表示动作的结果，学习者认识不到动词的这一特点就会直接用动词表示结果，遗漏结果补语。此外，从结构上来看，中心语和补语两个成分有主次之分，学习者在学习中补短语时，往往已经学过了作中心语的动词，如果不能熟练掌握新的结构形式，就难以将两种成分连接起来，或者难以区分述补短语与动词，导致遗漏结果补语的偏误。

（4）*把这个问题考虑，就解决了人和人之间，乃至社会的分工问题。

（5）*我看她妹妹时，我觉得她那么瘦，个子也不高，跟我的朋友差不多。

（6）*如果这种行为是合法行为，那么社会变什么样？

例（4）中的动词"考虑"只能表示思考、探索问题的动作过程，但从句意上看，需要有"考虑"的结果，故应改为"把这个问题考虑好"。例（5）从语义上看，强调"看"的结果，应改为"我看见她妹妹时"。例（6）强调"变"的结果，应改为"变成什么样"。

难点三：结果补语的过度泛化

当学习者意识到汉语的多数动词无法表示结果时，会有意识地使用结果补语，甚至将其用到不需要的地方，如用在并非强调结果的语义环境中，出现结果补语过度泛化的偏误。

（7）*不管别人说的怎么样，都要礼貌地去听到。

（8）*怎样可以拥有良好的生活方式保持好健康呢？

（9）*子女应该明白到父母只是不想让他们走不正确的路。

以上各例都不是强调动作之后产生的结果，而是强调动作的过程或方式，学习者将结果补语过度泛化，导致了偏误。例（7）强调"听"的过程，而非结果；例（8）中的"保持"是一个持续性的动词，加上结果补语"好"就使动作趋向于终止，产生了句意上的矛盾；例（9）中的"明白"一词强调动作过程，不表示动作结果，不能带结果补语"到"。

难点四：注意句子中需要重复的动词

当"中心语+结果补语"结构中作中心语的谓语动词带有宾语，结果补语表示动作完成后的状态时，动词需要重叠后才能带结果补语。

（10）*他看电影困了。

（11）*我们打球累了。

例（10）中的动词"看"后有宾语"电影"，例（11）中的动词"打"后有宾语"球"，所以句子中的动词都应重叠，应分别改成"看电影看困了""打球打累了"。这两例不能分别改为"他看困了电影""我们打累了球"，因为这两例的补语都是指向施事主语，而非宾语或动词，且结果补语表示动作完成后"他"和"我们"的状态。

难点五：结果补语与宾语的语序问题

当句子中既有结果补语又有宾语时，因其本身语序复杂，往往容易导致初学者出现错序偏误。当句子中出现宾语、结果补语时，需要向学习者说明，在结果补语的指向不是主语的情况下，句子的基本结构是"动词＋结果补语＋宾语"。

（12）* 每次一到月末，我就用零用钱完了。

（13）* 周末大扫除后，我们收拾屋子整齐了。

（14）* 我洗衣服好了。

结果补语与中心语结合紧密，中间不能插入其他成分。例（12）中的宾语"零用钱"和补语"完"错序，应该改为"我就用完了零用钱"。例（13）误将宾语"屋子"放在动词"收拾"之后，导致动词"收拾"与补语"整齐"分离，可以改为"我们把屋子收拾整齐了"。例（14）误将宾语"衣服"放在结果补语"好"前，应该改为"我洗好了衣服"。

难点六：同一动词后补语意义的混淆

（15）* 这么简单的题你都没有想到，怎么做之后更难的题目呢？

（16）* 我很长时间没有吃成这么好吃的家乡菜了。

例（15）中的"到"是结果补语，然而它与"清楚／明白"在语义上有很大的不同，"想到"更多指的是动作有了结果，"想清楚／明白"更强调感觉上的明晰，所以例（15）改为"想清楚"更合适。例（16）应改为"吃到"，结果补语"成"一般表示客观原因下动作的实现，有变化的含义，如"吃成一个小胖子了"。补语"到"一般表示动作达到目的或有结果，例（16）从句意上看是达到"吃家乡菜"的目的，所以应该说"吃到这么好吃的家乡菜"，而不是"吃成这么好吃的家乡菜"。

难点七：结果补语连用、与其他补语混用偏误

学习补语时，由于对补语的意义和用法掌握不够全面，学习者经常出现多个结果补语连用偏误，结果补语与其他补语连用、混用偏误。

（17）* 多练习几遍完之后，才能对知识掌握得更好。

（18）* 通过在学校持续不断地学习，我的汉语水平变得好。

（19）＊我想学懂好汉语的语法。

（20）＊为了学好汉语，我把老师说的话记住在书上。

例（17）是数量补语"几遍"与结果补语"完"连用产生的偏误，本句不需要指明动作后的结果，无须使用结果补语。例（18）是可能补语与结果补语混用产生的偏误，本句强调"变"的结果，应改为"变好了"。例（19）是结果补语连用产生的偏误，一个中心语只能带一个结果补语，学习者想要表达复杂的语义，误将结果补语连用，所以应改为："我想学懂、学好汉语的语法。"例（20）是结果补语和处所补语连用导致的偏误，句中有介词短语作处所补语，不能再用结果补语，所以应改为"我把老师说的话记在书上"。

第三节　结果补语教学建议

对外汉语语法教学中，结果补语是重点与难点。教授这一语法点时，首先要让学习者理解结果补语的意义，掌握结果补语的使用语境、语义特点和使用规则。

（一）注意说明使用语境

学习者首次接触到结果补语，要通过大量例句向学习者说明"述语（动词）+结果补语（形容词/动词）"这一结构表示动作行为"述语（动词）"完成后产生了"形容词/动词"所表示的结果，突出表示动作行为的结果时，我们要使用结果补语。

（二）注意语义特点

从语法角度上来看，结果补语是用来补充说明述语的。但是，若要从语义关系的角度上来看，结果补语不一定都指向述语。例如，"衣服洗干净了""衣服洗破了"中，结果补语"干净"和"破"从句子语义的关系上来看，都不是指向"洗"这一个动作，而是指向受事主语"衣服"，说明动作对主语"衣服"所造成的影响和结果。

（三）注意否定句、疑问句中的结果补语

一般带有结果补语的句子都是用来表达动作已经完成并得到了某种结果，因此结果补语的否定形式一般是在动词前加上"没"或"没有"，并根据语义关系删除助词"了"，只有在表示假设或者动作未发生的情况下才用"不"，我们要向学习者说明用"没"和用"不"的规则和语境。

疑问句中出现结果补语，一般结果补语后要有"了"，如："事情办好了吗？"若句子表示未然事件不能加"了"，如："事情能办好吗？"当我们将"主语＋述语＋结果补语"的陈述句变为疑问句时，需要注意这一规则。

（四）注意结果补语不能叠加出现

讲解结果补语时，要说明一个谓语动词后只能出现一个结果补语，结果补语不能叠加出现，防止学习者出现如"听到明白了""看见清楚了"这样的偏误。

【教学示范案例】

初级阶段的结果补语教学应将重点放在意义、基本结构和规则上。中级阶段的结果补语教学可通过进一步的操练让学习者在语境中掌握结果补语的意义和用法，并进行适当的结果补语辨析。高级阶段的结果补语教学可以对同一动词所带的不同补语进行辨析，在学习不同类型的补语后，还需进行不同类型补语的辨析。

（一）初级阶段

1. 整体记忆。

为帮助学生掌握结果补语的意义和用法，我们可以采用整体记忆法教学，把一些形式上类似一个词、常见的"述语＋结果补语"当做词来教，通过整体释义帮助学习者了解结果补语，如"看见、听见、梦见""看到、听到、买到、说到""吃完、说完、写完、做完"等。

2. 板书结构。

基本结构：动词＋动词／形容词

　　　　　　吃　　　完

　　　　　　洗　　　干净

否定结构：没／不＋动词＋动词／形容词

　　　　　　没　　吃　　完

　　　　　　不　　吃　　完（不许走）

　　　　　　没　　洗　　干净

　　　　　　不　　洗　　干净（就拿不到钱）

（二）中级阶段

学习者学习了一些不同的结果补语之后，教师可以通过设置不同类型的练习帮助学生加深记忆。

1. 挑选文章让学习者阅读，找出文中出现的结果补语。

2. 给出范例，让学习者仿写出带有结果补语的句子。

3. 给出特定情景，引导学习者说出正确的带有结果补语的句子。

4. 帮助学习者对偏误进行总结，对错误的句子进行改正。

（三）高级阶段

高级阶段应进行"同一动词 + 不同结果补语"的辨析和不同类型补语的辨析。

1. "同一动词 + 不同结果补语"的辨析。

"同一动词 + 不同结果补语"辨析见表 12-1。

表 12-1　"同一动词 + 不同结果补语"辨析

动词	结果补语
看	清，见，到，好，上，懂……
说	清，到，好，完……
写	清，到，好，完，满……
……	……

由表 12-1 可以看出，一个动词后可以有不同的结果补语，且语义各不相同，这就需要我们在学习者学习常见结果补语后进行语义归纳，如表 12-2 所示。

表 12-2　"同一动词 + 不同结果补语"语义

结果补语	语　义	举　例
见	表示感觉到，多用于视觉、听觉、嗅觉等	看见，听见，闻见，梦见
到	动作达到目的或有结果	找到，收到，看到，听到，说到，做到
	动作或性状达到某种程度	累到站不起来，坏到家了
清（清楚）	强调感觉上的明晰	看清楚，说清楚，想清楚，听清楚
懂	动作发生后明白或了解	看懂，听懂
完	表示动作实现、完成、结束	做完，看完，听完，写完，打扫完
好	表示动作较好地完成	写好，看好，做好
坏	表示动作后导致事物变坏	弄坏，摔坏，踢坏

2. 不同类型补语的辨析。

补语的类型很多，其用法和意义并不相同，汉语学习者因不清楚各类补语的差异会出现混淆偏误。一般来说,学习者学习补语后容易出现结果补语和可能补语、状态补语的混淆,教师在讲授这一方面的内容时,应该加强不同补语类型之间的相互比较,并进行对比分析。例如,学习者在学习结果补语和状态补语后,教师可以举例说明二者的差异,"吃了两大份饭后,他就吃饱了"中的"饱"是结果补语,"吃了两大份饭后,他吃得特别饱"中的"饱"是状态补语,二者在语义和结构上都是不同的。

思考和练习

1. 说一说结果补语的语义特点和使用规则。

2. 举例说明结果补语的偏误教学难点。

3. 下列结构中哪些补语是结果补语?

（1）吃得完

（2）吃完

（3）扫得干净

（4）扫干净

（5）走出去

（6）做好

4. 纠正下列偏误并说明原因。

（1）我希望大家要结婚的时候深深地想,尽量避免将来有离婚的问题。

（2）可是,我没有大胆地向上司讲好我的处境及我的想法。

（3）我看这篇短文以后,我认为人喜欢对自己有利的条件。

（4）做晚辈的肯设法与父母沟通,用婉转的说法将他们说服好。

（5）我从她的身上学了要怎么面对困难。

（6）每次遇挫折后要勇敢前进,不要退后。

5. 设计针对初级汉语学习者的结果补语教学方案。

6. 结合本章的学习,说一说你对汉语中的结果补语这一成分的新认识。

第十三章　多项定语、多项状语偏误分析与教学

【学习要点提示】

知识要点：掌握定语和状语的类型，多项定语、多项状语的使用规则等基本知识。熟悉多项定语、多项状语偏误教学难点和多项定语、状语教学建议。

技能要点：具备分析多项定语、多项状语偏误的能力，能够合理运用多项定语、多项状语教学建议指导教学。

情感要点：全面认识汉语多项定语、多项状语，学会欣赏汉语句法成分的独特之处。

定语和状语都是修饰语，基本语序为修饰语在前、中心语在后，构成定中结构和状中结构，这与很多学习者的第一语言相差较大，往往容易导致学习者出现语序偏误。当我们解决了基本语序的问题后，新的难点就会出现，即多项定语和多项状语的顺序。学习者经常会因为不清楚多项定语、多项状语的先后顺序而出现偏误，在基本语序教学的基础上，必须进一步分析和讨论多项定语和多项状语的使用情况、偏误教学难点，并提出可行的教学建议。

第一节　多项定语偏误分析与教学

一、多项定语偏误概述

（一）定语的类型

定语分为限制性定语和描写性定语两种。限制性定语重在指明"哪一种或哪一类"，是对人或事物的领属、处所、时间、数量、范围、质料、属性、来源等方面的限制。描写性定语重在描述"什么样"，是对人或事物的性质和状态的描写。

以下为限制性定语。

（1）麦红的书丢了。　　　　　　　　　　　　　　　（表示领属）

（2）教室的灯一直亮着。　　　　　　　　　　　　　（表示处所）

（3）下午三点的课　　　　　　　　　　　　　　　　（表示时间）

（4）我买了一条裙子。　　　　　　　　　　　　　　（表示数量）

（5）开往北京的高铁。　　　　　　　　　　　　　　（表示方向）

（6）木头椅子　　　　　　　　　　　　　　　　　　（表示质料）

（7）小型会议　　　　　　　　　　　　　　　　　　（表示属性）

（8）这是老师送给我的礼物。　　　　　　　　　　　（表示来源）

以下为描述性定语。

（9）红彤彤的太阳　　　　　　　　　　　　　　　　（表示状态）

（10）勇敢的战士　　　　　　　　　　　　　　　　　（表示性质）

（二）多项定语的使用规则

通过定语类型分析可以看出，定语和中心语意义上的联系比较复杂，能够表示多种关系，当一个句子中出现多个不同类型的定语时，定语的语序就是一个需要注意的问题。一般来说，与中心词关系越密切的定语在位置上就越靠近中心词。多层定语从最外层起的一般次序依次为：领属＋时间＋处所＋量词短语＋动词性词语或主谓短语＋形容词性词语＋质料、属性。

爸爸　小学时代的　一个　写满生词的　破旧的　语文　手册
领属　时间　　　数量　动词性短语　形容词　属性　中心语

一般来说，在口语交际中，不会出现如此多的定语，教学中需要注意的是比较常见的一些多项定语的顺序规则。

1. 领属＋时间／处所＋量词短语。例如：

（11）我的那件衣服洗坏了。　　　（领属＋量词短语）

（12）走廊上的那盏灯坏了。　　　（处所＋量词短语）

（13）我高中时的那位老师来了。　（领属＋时间＋量词短语）

2. 领属＋量词短语＋性状、属性、质料。例如：

（14）一本汉语字典　　　　　　（量词短语＋属性）

（15）老师的一本汉语字典　　　（领属＋量词短语＋属性）

（16）中华人民共和国的一名勇敢的战士　（领属＋量词短语＋性质）

3. 来源＋量词短语＋性状、属性、质料。例如：

（17）女朋友送的小礼物　　　　（来源＋性质）

（18）老师拿来的一本汉语词典　（来源＋量词短语＋属性）

4. 动词或动词性短语＋量词短语＋形容词或形容词性短语＋性状、属性、质料。例如：

（19）学院组织的一场小型晚会　（动词性短语＋量词短语＋属性）

（20）一张黑漆漆的木头桌子　　（量词短语＋形容词＋质料）

（21）我们期待的一个自由的新世界（动词性短语＋量词短语＋形容词＋性质）

数量短语的位置相对比较灵活，一般出现在限制性定语后、描述性定语前，如"妹妹的一件毛衣""一位勇敢的战士"。当描述性定语前有表示程度的限制语时，数量短语可后置，如"多么勇敢的一位战士"。

定语的类型不同，"的"的使用情况也不同，见表13-1。

表13-1　多项定语后的"的"

定语类型	"的"的使用情况	举　例	说　明
单音节形容词	一般不加"的"	新书	
多音节形容词	一般加"的"	崭新的书 黑漆漆的桌子	
单音节名词	一般加"的"	人的性格	

续表

定语类型	"的"的使用情况	举　例	说　明
双音节名词	表领属加"的"，表性质、属性不加"的"	老师的书 中国的朋友 中国朋友 汉语词典	注意"中国朋友"和"中国的朋友"的区别
人称代词	一般加"的"	你的书 我的电脑	表示非固有的所属关系
	可加可不加	我爸爸 我们国家	表示固有的所属关系
动词作定语	一般不加"的"	感谢信 压缩饼干	组成一种名称
	一般加"的"	进口的汽车 吃的东西	不用"的"存在歧义，是动宾而非定中
短语作定语	一般加"的"	非常棒的设计 对这件事情的看法 一张桌子 一米的距离	量词短语表示限制不用"的"，表示描写用"的"
领属＋量词短语	领属定语后的"的"可用可不用，量词短语后不用"的"	我的那件衣服脏了。 我那件衣服脏了。	
处所/时间＋量词短语	处所/时间定语后用"的"，量词短语后不用"的"	走廊上的那盏灯坏了。 昨天的那场球好看！	
领属定语＋时间/处所定语＋量词短语	领属定语后一般不用"的"，避免烦琐。时间/处所定语后一般用"的"，量词短语后不用"的"	我高中时的那位老师来了。	口语中时间/处所定语后的"的"经常省略
领属＋量词短语＋性状、属性、质料	领属定语后用"的"，量词短语后不用"的"。性状、属性、质料定语后"的"的使用要根据定语的词性和音节数确定	老师的一本新汉语字典 老师的一本崭新的字典	
来源＋量词短语＋性状、属性、质料	表来源的定语后用"的"，量词短语后不用"的"。性状、属性、质料定语同上	老师拿来的一本汉语词典 女朋友送的漂亮的礼物 女朋友送的小礼物	
动词或动词性短语＋量词短语＋形容词或形容词性短语＋性状、属性、质料	动词或动词性短语后一般用"的"，量词短语后不用"的"。形容词或形容词性短语、性状、属性、质料定语同上	我们期待的一个自由的新世界 大李搬来的一张黑漆漆的木头桌子	

【典型偏误案例】

（22）*我参加了一个歌唱小型比赛。

（23）*那次我参加的活动很成功。

（24）*我的老师高中时的很喜欢我。

（25）*一九八九年的夏天是我生命中最难忘一个假期。

例（22）应改为："我参加了一个小型歌唱比赛。""小型"和"歌唱"都是对"比赛"属性的限制，但从与中心语的关系来看，"歌唱"和中心语"比赛"的关系更密切，所以位置上应该更靠近中心语。例（23）中的"我参加的"是动词性短语，应出现在量词短语"那次"之前，所以本句应改为："我参加的那次活动很成功。"例（24）中的"高中时的"是表示时间的定语，应放在表示领属的定语"我"之后、中心语"老师"之前，所以应说："我高中时的老师很喜欢我。"例（25）中的"最难忘"是短语作定语，应该用"的"，故改为"最难忘的一个假期"。

二、多项定语偏误教学难点

难点一：多项定语后的"的"

（26）*这是我新的汉语书。

（27）*众所周知，我们的父母的那个年代，他们的婚姻又有什么爱情可言？

（28）*双方必须互相信任，互相体谅，肯定能有美满婚姻生活。

结构助词"的"的使用是学习者容易出现问题的地方，目前对"的"的使用规律的总结和偏误分析研究较多，如从音节数、充当定语的词和词组等角度分析"的"，我们还需分析学习者多项定语中"的"的偏误情况。

例（26）中的"的"应该放在表示所属关系的"我"之后，"新"是对性质的说明和限制，不需用定语"的"，故应改为："这是我的新汉语书。"例（27）中"我们"和"父母"是固有的所属关系，无须"的"，且从句子音节协调角度来说，也是删除"我们"后的"的"更合适。例（28）中的"美满"是一个描述性定语，描述性定语后应该用"的"，即"美满的婚姻生活"。

难点二：多项定语错序问题

（29）*大多数的我的朋友都喜欢去酒吧。

（30）*我们应该了解全部我们国家的文化。

（31）*一位好朋友在北京的告诉我的。

（32）*我想好了在中国的生活未来的。

（33）＊冬眠是一种蛇的习惯。

（34）＊我看到了圆圆的一个太阳。

（35）＊这到底是什么样一种心情呢？

定语与中心语意义上的联系复杂，类型较多，不同类型的定语在句中的排列顺序是有一定规则的，学习者不清楚定语类型或不知道定语的排列顺序，缺少表达的语感，很容易出现多项定语错序偏误。

例（29）和例（30）是领属定语偏误，表示领属的定语要前置，例（29）应该改为"我的大多数朋友"，例（30）应该改为"我们国家的全部文化"。例（31）是处所定语偏误，"在北京"应放在数量定语"一位"之前，改为"在北京的一位好朋友"。例（32）是时间定语偏误，应改为"我想好了未来在中国的生活"。例（33）至例（34）是数量短语偏误。数量短语的位置相对比较灵活，一般出现在限制性定语后、描述性定语前，学习者对定语分辨不清，会误以为数量短语均出现在某一固定位置，导致数量短语的错序问题。例（33）"蛇"是限制性定语，应该出现在数量短语前，即"蛇的一种习惯"。例（34）"圆圆的"是描述性定语，应该出现在数量短语之后，即"一个圆圆的太阳"。例（35）"什么样"是描述性定语，应该出现在数量短语之后，所以应改为"一种什么样的心情"。

三、多项定语教学建议

1. 无须追求所有多项定语的排列顺序。从口语交际来看，句中的定语多为两项定语或三项定语，应该将教学重点放在两项定语和三项定语的教学上。

2. 分层次教学。可以将看似复杂的多项定语分解为不同层次，逐一讲解每一层次中的定语，总结每个层次定语的意义。

3. 定语的类型较多，学习了不同类型的定语后，要进行总结，帮助学习者理解定语和中心语的语义联系，同时要通过操练培养学习者的语感。在多项定语的教学中，语法规则的解释和语感的培养同样重要。

4. 学习者要全面掌握不同类型的定语的排列顺序是有一定困难的，需要结合例子对常见的多项定语的规则进行说明，并进行操练和归类。比如领属定语一般在前，量词短语定语与描述性定语、限制性定语的语序等。

5. 注意"的"的使用。

6. 注意对比分析。汉语中定语的位置在中心语之前，多项定语虽然位置灵活，但必须都在中心语之前。部分学习者的第一语言中，定语可以出现在中心语之后，教师应通过对比分析了解学习者多项定语学习中的难点，预测偏误，并进行有针对性地讲解和操练。

【教学示范案例】

（一）导入环节

根据多项定语基本顺序规则分层导入，首先导入最外层的限制性定语，对事物初步进行一个范围上的限制，如"谁的""什么地方/时间的""多少个"等。接下来导入中间层的描述性定语，对事物进行"什么样"的描述，如"什么状态的"。最后导入与中心语结合最紧密的事物性质的限制性定语，如"什么质料的""什么属性的"。导入时，教师可以结合图片、实物进行。例如：

教师：麦红买了什么？

学生：麦红买了衣服。

教师：麦红买了几件衣服？

学生：麦红买了一件衣服。

教师：麦红买了一件什么颜色的衣服？

学生：麦红买了一件红色的衣服。

教师：这件衣服是长款的吗？

学生：是的。

教师：麦红买了一件红色的长款衣服。

教师引入规则：数量 + 描述 + 属性。

导入时需要注意无须一次将所有定语全部展示出来，这不符合学生的认知规律，也不符合语言表达实际。

（二）讲解环节

对于初级阶段的学生，导入基本规则之后，需要对定语和中心语意义上的联系进行解释，并说明不同类型定语的一般顺序以及定语后"的"的用法，要注意将讲解重点放在两项定语和三项定语上。可以适当地解释语序规则背后的认知原因，说明与中心语关联越密切的定语离中心语的位置越近。

对于中、高级阶段的学生，除去基本的规则外，还可以补充一些更复杂的情况，如数量短语表示限制时不用"的"，可以说"一把椅子"；表示描述时要用"的"，可以说"一米的距离"。这一阶段，定语的类型也要更加多样化，常见的规则应该讲解完毕，句子中定语的复杂程度也要适当提高。

（三）操练环节

操练中，可以先进行跟读、句型替换等机械性练习，在此基础上，教师可以采用灵活的教学方法进行操练，如通过连句、汉语扑克牌、猜一猜等游戏帮助学习者掌握汉语多项定语的语序。

1. 连句游戏。

教师根据"领属定语＋时间／处所定语＋量词短语""来源＋量词短语＋性状、属性、质料"等规则写出句子，将句中的定语进行拆分，并将拆分后的卡片随机发给学生，每位学生拿一张卡片，寻找可以组队的同学，连句最快并读出句子的学生获胜。

2. 汉语扑克牌。

教师制作好扑克牌，牌面为多项定语的句子拆分开的词语，如"一张""小""卡片""老师""买的""汉语""书"等。中心语卡片上需要标识出定语的数量，如"书"的卡片上可以写数字"三"，意思是有三个定语，不能在第一个定语后出这张牌。将扑克牌打乱分发，学生依次出牌，最先出完牌的学生获胜，出错牌的学生下一轮不得出牌。这个游戏在实施过程中可能存在学生组句正确但与老师的预设不同的情况，最后剩下几张牌无法组合，这时胜牌最少的学生获胜。

学生 A：我的

学生 B：一张

学生 C：纸

……

3. 猜一猜。

学生运用所学的多项定语进行描述，可以介绍人或者说明事物，其他学生在描述过程中开始猜测。这样既可以巩固学生所学的多项定语的规则，锻炼学生多项定语的表达能力，又能活跃课堂气氛。

第二节　多项状语偏误分析与教学

一、多项状语偏误概述

（一）状语的类型

构成状语的材料较多，除副词外，时间名词、处所名词、方位短语、能愿动词、形容词或形容词性短语、介词短语、量词短语等均可以作为状语的构成材料。

（1）我偏去。	（副词）
（2）我昨天到学校的。	（时间名词）
（3）大家屋里请。	（方位短语）
（4）我要买一本书。	（能愿动词）
（5）你快走。	（形容词）
（6）我比麦红高。	（介词短语）
（7）我一次拿三本书。	（量词短语）

状语和定语一样，可以分为限制性状语和描写性状语两类。限制性状语可以表示对中心语的时间、处所、程度、范围、方式、对象、否定、语气等方面的限制；描写性状语从语法结构上来看是对中心语情状的描写或形容，但从语义指向上来看，可以分为描写主语的、描写动作的和描写宾语的三大类。

以下为限制性状语。

（8）我昨天到学校的。	（时间限制）
（9）大家屋里请。	（处所限制）
（10）雪非常大，我们没有办法出去。	（程度限制）
（11）我们都是学生。	（范围限制）
（12）我用手机 App 订火车票。	（方式限制）
（13）我跟领导汇报过了。	（对象限制）
（14）我不去。	（否定限制）
（15）他简直不可理喻。	（语气限制）

以下为描写性状语。

（16）安比气呼呼地走了。　　　　　　　　　　　　（指向主语）

（17）郭祥等她坐定，又结结巴巴地说：我非常感谢你。（指向动作）

（18）他圆圆地画了一个圈儿。　　　　　　　　　　（指向宾语）

（二）多项状语的使用规则

状语的构成材料和类型多样，这就对多项状语的顺序提出了要求，多层状语从最外层起的一般次序依次为：

时间＋处所／方位＋语气／范围／程度＋情态（指向主语）＋目的／依据＋对象＋情态（指向动作）

其中，指向动作的情态状语位置相对比较灵活。例如：

张红昨天晚上　在操场上　难过地　　　　　　向我　　哭诉。
　时间　　　　处所　　　情态（指向主语）　对象

他刚才　听到消息后　竟然　生气地　　　　向老韩　使劲儿　打了一拳。
　时间　方位短语　　语气　情态（指向主语）对象　　情态（指向动作）

小李这几年　在单位　的确　顺利地　用所学知识　为大家　解决了很多问题。
　时间　　　处所　　语气　情态　　依据　　　　对象

小李这几年　在单位　的确　用所学知识　顺利地　为大家　解决了很多问题。
　时间　　　处所　　语气　依据　　　　情态　　对象

小李这几年　在单位　的确　用所学知识　为大家　顺利地　解决了很多问题。
　时间　　　处所　　语气　依据　　　　对象　　情态

一般来说，在口语交际中，不会出现如此多的状语，我们需要注意的是比较常见的一些多项状语的顺序规则以及学习者容易出现偏误的多项状语顺序问题，其中两项到三项的多项状语应该作为重点。

1.语气＋时间、时间＋语气。

有的表示语气的状语既可以出现在表示时间的状语前，也可以出现在时间状语后，但是表达的意义不同，如"偏""也许""必须""明明"等。例如：

语义上语气状语重在限制时间　　　　语义上语气状语重在限制动作

A.语气＋时间　　　　　　　　　　B.时间＋语气

（19）我偏明天去。　　　　　　　我明天偏去。

（20）他也许明天来。　　　　　　他明天也许来。

（21）我们必须现在走。　　　　　我们现在必须走。

（22）我明明上午告诉过你这件事。　　　我上午明明告诉过你这件事。

有的表示语气的状语只能用于时间状语之前。例如：

（23）你究竟几点到？（语气＋时间）

（24）你大概什么时候来？（语气＋时间）

"究竟""大概"等表示语气的状语用于疑问句中一般出现在疑问代词前，"几点""什么时候"等表示时间时，自然就出现在语气词"究竟""大概"的后面。

2. 频率＋处所／范围、处所／范围＋频率。

陈述时间、处所／范围	强调动作发生的特定场所／范围
A. 频率＋处所／范围	B. 处所／范围＋频率

（25）我经常在图书馆看到他。　　　我在图书馆经常看到他。

（26）他屡次在这个问题上出错。　　　他在这个问题上屡次出错。

表示频率的状语位置灵活，但也要注意，语序和句意是密切相关的，如我们可以说"我经常在图书馆看书"，但不能说"我在图书馆经常看书"。虽然这两个句子在结构上与上面的例子相同，但在语义上"我在图书馆经常看书"是不通的，这是因为"图书馆"就是默认的"看书"场所，是不能作为特定场所来强调的。

3. 情态（指向主语）＋介引对象的介词短语。

（27）他笑嘻嘻地对我讲了昨天的事情。

（28）老韩一本正经地向大家宣读着各项条例。

描写性状语"笑嘻嘻""一本正经"均指向主语，出现在表示对象的介词短语状语"对我""向大家"之前。

4. 能愿动词＋副词＋介词短语。

多项状语中能愿动词一般出现在介词短语前面，多数出现在副词前。

（29）你要常常给我写信。　　　　　（能愿＋副词＋介词词组）

（30）我要把他记在心里。　　　　　（能愿＋介词词组）

（31）老韩应该已经把这件事告诉他了。（能愿＋副词＋介词词组）

需要注意的是表达中也有"程度副词＋能愿动词"的语序，但这时并不是多项状语，而是状中结构作状语。例如：

（32）他很会制造麻烦。　　　　　　（"很会"限制"制造"）

（33）我的书很可能放在图书馆了。　（"很可能"限制"放"）

5. 多个表示时间的状语：时间名词 + 表示时间的介词短语或方位短语 + 时间副词。

（34）我以前常常迟到。　　（时间名词 + 时间副词）

（35）我上午刚到。　　　　（时间名词 + 时间副词）

（36）我昨天三点前就到了。（时间名词 + 表示时间的方位短语 + 时间副词）

6. 多个情态状语：指向主语的在前，指向动作的在后。

（37）孩子开心地飞快转起圈儿来。

（38）他激动地高声喊了起来。

7. 否定副词的语序比较灵活，在语义上修饰哪个成分就位于哪个成分的前面，出现的位置不同，句意亦不同。

状语后"地"的使用同样是需要注意的问题。我们可以先结合单项状语构成材料和音节数量来分析"地"的使用情况，见表 13-2。

表 13-2　单项状语后"地"的使用

状语类型	"地"的使用情况	例　句
副词	一般不用"地"，个别双音节情态副词、程度副词除外	我们都去。 你太棒了！ 船已经开了。 孩子悄悄（地）走了出去。 他非常（地）喜欢那个女孩子。
时间名词、处所名词、方位短语	不用"地"	晚上上课。 桌子上有一本书。
能愿动词	不用"地"	你要认真学习。
形容词或形容词性短语	单音节：不用"地"	你快走。
	单音节重叠：可用可不用	慢慢走。 慢慢地走。
	多音节：描述的是进行或已完成的动作时，一般要带"地"	他愉快地向前跑着。 事实上，我彻头彻尾地反对他们。
介词短语	不用"地"	李老师对学生非常有耐心。
量词短语	不用"地"	老李一把拉住了那个孩子。

多项状语后"地"的使用规则与单项定语是基本一致的，不用"地"的单项状语组合后，仍然不使用"地"。例如：

（39）我偏今天下午去。　　（语气副词 + 时间名词）

（40）我以前常常迟到。　　（时间名词 + 时间副词）

（41）我们明天办公室谈。　　（时间名词＋处所名词）

（42）我要把他记在心里。　　（能愿动词＋介词短语）

（43）所有人都一次通过了考试。（副词＋量词短语）

多项状语中包含形容词或形容词性短语构成的描写性状语时，用"地"的情况同表13-2。例如：

（44）你可以多看看汉语电影。

（45）我能熟练地说汉语了。

多项状语为"情态（指向主语）＋对象"时，表示情态（指向主语）的状语后用"地"；"多个情态状语"时，为求简略，指向主语的状语后用"地"，指向动作的状语后一般不用"地"。例如：

（46）他笑嘻嘻地对我讲了昨天的事情。（描述主语＋对象）

（47）孩子开心地飞快转起圈儿来。　　（描述主语＋描述动作）

综上，限制性的状语后一般是不用"地"的，而描写性状语后是否用"地"要根据音节数、指向对象来进行分析。

【典型偏误案例】

（48）＊我在省图书馆经常借书。

（49）＊我希望可以一次地通过 HSK 考试。

（50）＊我用汉语聊天儿跟中国朋友。

（51）＊她用力生气地拍了一下桌子。

"处所／范围＋频率"强调特定处所，"图书馆"是默认的"借书"场所，不能作为特定场所来强调。例（48）应该用"频率＋处所／范围"语序，即："我经常在省图书馆借书。"例（49）数量短语状语后不应用"地"。句中有表示依据和对象的介词短语状语时，表示依据的在前，表示对象的在后，状语均要出现在谓语核心之前，所以例（50）应改为："我用汉语跟中国朋友聊天儿。"例（51）中的"生气"是指向主语的，"用力"是指向动作的，指向主语的情态状语应该在前，即："她生气地用力拍了一下桌子。"

二、多项状语偏误教学难点

难点一：多项状语后的"地"

多项状语后，学习者往往会误加或遗漏"地"，需要根据"地"的使用情况来进行分析。

（52）＊她果然开心笑了。

（53）＊我也清楚知道，没有老师的付出是不可能美梦成真的。

（54）＊为了实现这个梦想，我自费地来中国学习。

（55）＊我在那一个假期里，的确地感受到了超越国家、民族的友谊。

例（52）"开心"是双音节描写性状语，应该用"地"，改为："她果然开心地笑了。"例（53）中的"清楚"是双音节描写性状语，应该改为"清楚地知道"。例（54）中的"自费"是表示方式的限制性状语，不需要"地"，即"我自费来中国学习"。例（55）中的"的确"是语气副词，不需要"地"，应改为"的确感受到"。

难点二：不同状语错序问题

1. 副词状语连用偏误。

（56）＊她已经也许忘记了。

（57）＊她正在确实写作业。

（58）＊同学们看到老师都就站住问好。

副词状语连用是比较复杂的，"时间"和"语气"副词在句中的顺序不同，句意亦不同。例（56）和例（57）中，"也许"限制的是"已经忘记"，"确实"限制的是"正在写作业"，应分别改为："她也许已经忘记了。""她确实正在写作业。"表示关联的副词要放在表示范围的副词前，故例（58）应改为："同学们看到老师，就都站住问好。"

需要注意的是，当其他表示时间的状语和语气副词状语连用时，表示时间的状语是出现在前面的。例如：

（59）你离开家乡后一定会想家。　　　　（时间"离开家乡后"＋语气"一定"）

2. 能愿动词状语和其他状语连用偏误。

（60）＊妈妈，我为您可以做点什么呢？

（61）＊大家都为自己的利益愿意拼命工作、奋斗努力。

（62）＊在苏州，我容易地能达成我的目的。

（63）＊你要一定注意身体。

能愿动词的位置一般比较灵活，经常出现在介词短语状语、描写性状语前，表示范围的、语气的状语之后。例（60）中的"为您"和例（61）中的"为自己的利益"都是介词短语，应该在能愿动词状语后，例（60）应改为："妈妈，我可以为您做点儿什么呢？"例（61）应改为："大家都愿意为自己的利益拼命工作、奋斗努力。"例（62）中的"容易地"是描写性状语，应该出现在能愿动词"能"之后，所以应改为"我能容易地达成我的目的"。例（63）中的"一定"是表示语气的副词，应该放在能愿动词"要"之前，故应改为："你一定要注意身体。"

3. 情态状语与其他状语连用偏误。

（64）*看到喜欢的明星，我们高声激动地喊叫。

（65）*妈妈把孩子生气地打了一下。

多个情态状语连用，指向主语的应该在前、指向动作的应该在后，故例（64）应改为"我们激动地高声喊叫"。指向主语的情态状语应该出现在表示对象的状语前，故例（65）应改为："妈妈生气地把孩子打了一下。"

三、多项状语教学建议

1. 状语类型多、构成材料多，不能一次性讲解完各类状语的排序，也不符合汉语的交际实际和学习者的认知规律。可以结合教材中出现的多项状语进行讲解，教学重点应该放在两项状语和三项状语上。

2. 分层次教学，将多项状语分解为不同层次，逐一讲解每一层次中的状语，说明每个层次状语的意义，并总结一般规则。

3. 多项状语位置比较复杂，有的状语位置是可前可后的，语序不同句意亦不同，如"时间＋语气""语气＋时间"的不同顺序，"频率＋处所／范围""处所／范围＋频率"的不同顺序都有不同意义。我们不仅仅需要帮助学习者了解多项状语的一般规则，还需要帮助学习者掌握位置可前可后的状语在不同位置时意义上的差别。

4. 多项状语是学习者状语偏误中比例最高的，而很多对外汉语教材中并没有将之列为重点，这就需要我们对多项状语规则进行总结和讲解，结合例子对常见的多项状语的排列规则进行归类说明和操练。

5. 注意"地"的使用，教学中我们应该先把单项状语后"地"的使用情况讲清楚，再帮助学习者掌握多项状语后的"地"。

6. 注意对比分析，状语的位置一般在主语和谓语之间，也可以出现在主语前，这个语序与部分学习者的第一语言语序是不同的，特别是时间词和处所词在句中作状语时，语序偏误率很高。教师应通过对比分析了解学习者多项状语学习中的难点，预测偏误，并进行有针对性地讲解和操练。

【教学示范案例】

（一）导入环节

进行多项状语教学时，学生已经学习了常见的状语类型，基本可以运用单项状语进行表达。在导入环节，我们可以采用问答的方法，从单项状语引出多项状语。例如：

教师：你什么时候去超市？

学生：我下课后去超市。（时间）

教师：你下课后和谁去超市？

学生：我下课后和麦红去超市。（时间＋对象）

教师：你下课后和麦红怎样去超市？

学生：我下课后和麦红骑自行车去超市。（时间＋对象＋方式）

通过对话，我们可以不断扩展句子，引出时间、对象、方式等不同类型的状语，导入多项状语顺序"时间＋对象＋方式"。

我们也可以采用以旧带新的方法，从单项状语的规则引入多项状语的规则，示例可见图 13-1。

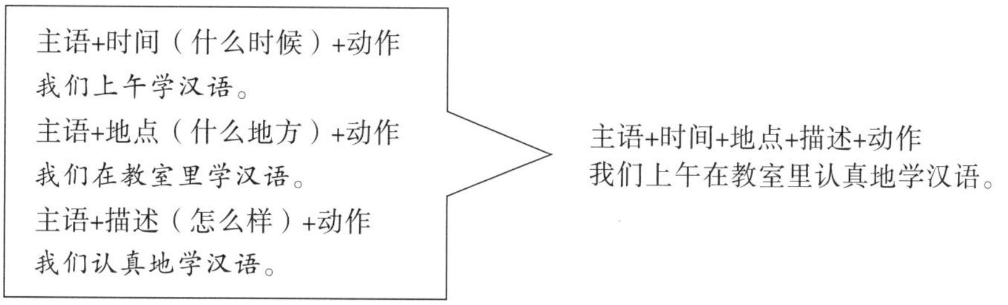

主语+时间（什么时候）+动作
我们上午学汉语。
主语+地点（什么地方）+动作
我们在教室里学汉语。
主语+描述（怎么样）+动作
我们认真地学汉语。

主语+时间+地点+描述+动作
我们上午在教室里认真地学汉语。

图 13-1　从单项状语的规则引入多项状语的规则

（二）讲解环节

对初次接触多项状语的学生，我们可以结合导入阶段的例句和规则进行讲解，说明时间、地点、描述等常见的状语的组合顺序以及状语后"地"的用法，要注意将讲解重点放在两项状语和三项状语上。在教学方法上，我们可以采用格式法进行教学，将常见的多项状语按序排列作为一个整体进行讲解，也可以通过说明常见的首位状语和末位状语来帮助学生掌握多项状语语序，如时间状语一般是首位状语，指向动作的情态状语一般为末位状语。

对中级阶段的学生，应该介绍更多类型状语的组合规则，对限制性状语如范围、语气、对象等状语的顺序均可进行讲解，多项描写性状语的语义指向和位置也可以在中级阶段进行讲解。这一阶段，状语的类型更加多样化，常见的规则应该讲解完，句子中状语材料的复杂程度也要适当提高。

对高级阶段的学生，"时间＋语气、语气＋时间""频率＋处所／范围、处所／范围＋频率"这类顺序不同、意义不同的多项状语均可讲解，要帮助学生内化规则，使其能够根据交际语境选择合适的多项状语语序，进行准确地表达。

（三）操练环节

机械、半机械的练习，如跟读、句型替换、连词成句等，是操练的第一阶段。在机械练习的过程中，要选择一些趣味性较强的、贴近生活的句子帮助学习者进行操练。在机械练习的基础上可以进行一些游戏，本章第一节多项定语的操练方法，如连句游戏、汉语扑克牌，均可用于多项状语的操练中。此外，我们也可以通过话题讨论来训练学习者运用多项状语的能力。以"中国美食"为话题开展讨论，教师可以给出一系列问题，如："你最喜欢的中国美食是什么？""什么时候吃的？""在哪儿吃的""和谁一起吃的？""用筷子还是勺子吃的？"最后要求学生用一段话来介绍自己喜欢的中国美食，表达时要用多项状语说句子，这样不仅训练了学生多项状语的运用能力，而且也训练了学生成段表达的能力。

思考和练习

1. 说一说多项定语和多项状语的一般语序。

2. 举例说明多项定语和多项状语的教学难点。

3. 纠正下列偏误并说明原因。

（1）我的好朋友高中时的给我很多帮助。

（2）一位好朋友在北京的告诉我的。

（3）我中午每天休息在宿舍。

（4）我从图书馆现在来。

（5）我的朋友看到我，对我高兴地招手。

4. 多项状语教学应注意哪些问题？

5. 设计"领属＋量词短语＋性状、属性、质料"的多项定语教学方案。

6. 交际中多项定语和多项状语的运用体现了汉语言的什么特色？

第十四章 "把"字句偏误分析与教学

【学习要点提示】

知识要点： 掌握"把"字句的使用语境、使用条件、使用规则等基本知识。熟悉"把"字句偏误教学难点和"把"字句教学建议。

技能要点： 具备预测、分析、解决学习者"把"字句偏误的能力，能够对不同类型的"把"字句偏误进行归类研究，能够合理运用"把"字句教学建议指导教学。

情感要点： 理解"把"字句这一汉语特有句式的表达意义。

"把"字句是在谓语动词前使用介词短语"把 +N/NP"结构的一种特殊句式。N/NP 一般是谓语动词的宾语，用"把"提到动词前。"把"字句的基本结构为"把 +N/NP+V+ 其他成分"，其中"把"是介词，"N/NP"一般是被处置的事物，动词往往具有处置意义且不能是简单形式，一般和其他成分构成动词性短语，动词性短语在很大程度上决定了"把"字句的句法构造和语义，有部分"把"字句是在动词后加虚词"了"或通过动词重叠成句。由于"把"字句结构复杂，语法、语用限制较多，学习者掌握起来比较困难，偏误率也就比较高。

第一节 "把"字句偏误概述

一、"把"字句使用语境

交际中，"把"字句有明显的"处置义"或"致使义"。例如：

（1）我吃完饺子了。（重点叙述我在做什么）

（2）我把饺子吃完了。（重点叙述对饺子的处理）

当我们要强调动词所表示的动作对宾语作出了"处置"的意义时，经常用"把"字句。"把"字句强调某个已知对象受到某个行为、动作的处置而发生位移、产生某种结果、发生某种变化或受到某种影响等。例如：

（3）我把杯子放在桌子上。

施动者：我　　已知对象：杯子　　行为：放　　位移：其他地方　桌子上

（4）我把杯子打碎了。

施动者：我　　已知对象：杯子　　行为：打　　结果：碎了

（5）我把厨房弄得乱七八糟的。

施动者：我　　已知对象：厨房　　行为：弄　　变化：乱七八糟的

（6）这件事把他愁坏了。

导致者：这件事　　已知对象：他　　行为：愁　　影响：坏了

使用"把"字句时，已知对象会因行为动作出现变动。例（3）强调位移，例（4）突出结果，例（5）强调"弄"这个动作完成后呈现的状态是"乱七八糟的"。例（6）的结构与例（4）相同，但语义有差别，"这件事"致使已知对象"他""愁坏了"，"这件事"不是施事，而是"他愁坏了"的导致者。学习者对"把"的使用语境不清楚，特别是对"处置义"理解不清楚，就会出现偏误。

【典型偏误案例】

（7）＊首先我们应该化肥的使用量减少一点。

（8）＊所以这两个问题中，我们应该饥饿的问题放在第一位，这才是对的。

（9）＊他向别的和尚说："你们用水桶抬水到庙里的大水桶里。"

（10）＊看了以后，我才知道最近您把日子过得很艰苦。

例（7）中的施动者"我们"对已知对象"化肥的使用量"作出"减少一点"的处置，应该用"把"字句，正确的表达是："首先我们应该把化肥的使用量减少一点。"例（8）是对已知对象"饥饿的问题"作处置，所以应改为"我们应该把饥饿的问题放在第一位"。例（9）是对"水"的处置，并且"水"因动作"抬"产生了位移，所以应改为"把水抬到庙里的大水桶里"。例（10）中的动词"过"并没有对宾语"日子"作出处置，"日子"也没有因为行为"过"而发生变化或产生某种结果，句子不具有"处置义"。"日子过得很艰苦"仅仅是对动作状态的一般说明，所以不应该用"把"字句，应该改为"我才知道最近您日子过得很艰苦"。

二、"把"字句使用条件

常见的"把"字句中"把"的宾语是已知的，对于交际双方来说，"把"的宾语是确定的，且"把"介引出的宾语是动作的受事。

介词短语"把 +N/NP"限制的动词一般是带处置义的及物动词，且动词不能单独出现。一般来说，行为动词中动作性强、可以对宾语作出处置、使宾语发生变动或对宾语产生影响的动词可以用于"把"字句。存现动词、判断动词、关系动词、能愿动词、趋向动词、心理动词、感觉认知类动词、使令动词不能用于"把"字句，因为这些动词所表示的动作无法对事物产生影响、进行处置。例如：

（11）* 我把朋友的想法知道了。

（12）* 我把汉语喜欢了。

例（11）和例（12）中的动词"知道""喜欢"无法使"想法""汉语"发生任何变化。学习者若对"把"的宾语和"把"字句动词特点掌握不清，往往会出现这种偏误。

【典型偏误案例】

（13）* 老师把一本书借给我了。

（14）* 有一些父母由于忙工作、事业，就把孩子漠不关心。

（15）* 不愿意把自己的一切为丈夫和孩子贡献。

（16）* 如果，我们把它合理地接受的话，我们的生活肯定更美丽，更快乐。

（17）* 我叫 ×××，今年把大学毕业了。

例（13）中的"一本书"是未知的，应改为："老师把那本书借给我了。"例（14）中的"孩子"是动作关涉的对象，"漠不关心"无处置义，故应改为"就对孩子漠不关心"。例（15）中的"贡献"无处置义，宾语也没有因为动作产生变动，所以不能用"把"字句，应改为："不愿意为丈夫和孩子贡献一切。"例（16）中的"接受"无处置义，宾语"它"没有因动作产生变动，故应改为"合理地接受它"。例（17）中的"毕业"是不及物动词，不能用于"把"字句，所以应改为"今年大学毕业了"。

三、"把"字句使用规则

（一）基本结构与语义

对"把"字句的格式研究目前比较成熟，结合语义与结构，我们可以将"把"

字句分为以下四组九种结构。

第一组：本组语义为表示已知事物因行为动作发生位移或关系转移。

1. 主语 + 把 +O_1+V+（在 / 到 / 给 +O_2）。

我	把	衣服	放	在洗衣机里。
她	把	朋友	送	到车站了。
我	把	书	递	给老师。

"在 / 到 / 给 +O_2"是介词短语作动词的补语，表示"把"介引的宾语位移或关系转移的终点，这一结构是"把"字句各种结构中使用频率最高的。

第二组：本组语义为表示已知事物因行为动作发生某种变化、产生某种结果、呈现某种状态。

2. 主语 + 把 +O_1+V+ 结果补语 / 趋向补语 / 状态补语。

A.	我	把	杯子	打	碎了。（动作结果）
B.	大家	把	书	拿	出来。（动作趋向）
C.	她	把	工作	安排得	非常有条理。（动作结束后呈现的状态）

这组句子在"把"字句各种结构中使用的频率比较高。需要注意的是，A 组结果补语一般是宾语的结果，不能是主语的结果，不能说"我把今天的作业做烦了"。B 组趋向补语一般是宾语的趋向，不能是主语的趋向，不能说"我把教室走出来了"。C 组状态补语一般是描写动作完成后所呈现出来的状态，不能是动作进行中所呈现出现的状态，不能说"她把工作进行得非常有条理"。

3. 主语 + 把 +O_1+V+O_2。

| 我 | 把 | 那件事 | 告诉 | 老师了。 |
| 我们 | 把 | 钱 | 给 | 妹妹了。 |

此结构有对应的主谓宾结构，句中动词的直接宾语对交际双方来说是已知的。动词限于个别处置义强、能表示 O_1 向 O_2 过渡，使 O_1 产生某种关系上的变化的双宾动词。

第三组：本组结构的基本语义为表示已知事物与动作行为的某种关联。

4. 主语 + 把 +O_1+V+ 了。

| 你 | 把 | 钥匙 | 丢 | 了。 |
| 老板 | 把 | 工资 | 提高 | 了。 |

进入"主语 + 把 +O_1+V+ 了"结构的动词一般具有消失、脱离、损害等表示不如意义的语义特征，或者动词是动补结构的双音节动词。

5. 主语 + 把 +O_1+V + 着。

你 把 钥匙 带 着。

你 把 眼睛 闭 着。

进入"主语 + 把 +O_1 +V + 着"这一结构的动词往往具有"携带""持续"的语义特征，表示动作持续或动作结束后的持续状态。

6. 主语 + 把 +O_1+V 重叠。

你 把 课文 读一读。

表示动作时量短。这类"把"字句出现的情况较少，这是因为能够进入这一结构的动词是受限制的。一般来说，言谈类动词、检查核对类动词可用于这一结构中。

7. 主语 + 把 +O_1+ 一 V 。

她 把 手 一挥，扭头走了。

表示动作具有突发性。这类"把"字句出现的情况较少，往往用于连谓句或复句中。

8. 主语 + 把 +O_1+V+ 动量补语 / 时量补语 。

我 把 生词 写了 五遍。（动量）

我们 把 上课时间 推迟了 十分钟。（时量）

表示动作的频率或时长。当补语为时量补语时，表示动作结束后持续的时间，不能是动作持续的时间，如不能说"我把手机玩儿了一个小时"。

第四组：本组语义为把已知事物当作另一事物，或通过动作使已知事物变为性质、特征相似的另一事物。

9. 主语 + 把 + O_1+ V 成 / 作 + O_2。

我 把 妹妹 当作 姐姐了。

麦红 把 "我" 写成 "找"了。

【典型偏误案例】

（18）＊我把饺子吃在回民街。

（19）＊吸完以后哪儿把烟头扔在呢？

（20）＊我写完了把作业。

（21）＊老师把我的书过来拿。

（22）＊我把妈妈的话听烦了。

（23）＊老师把汉语教我们。

（24）＊我把书放了。

（25）＊昨天晚上我把书看了一个小时。

（26）＊我一定要把你们作为世界上最幸福的父母。

学习者对"把"字句语义和结构掌握不清时，往往会出现偏误。例（18）中，"在回民街"是"我"的处所，不是已知事物"饺子"的处所，不能用"把"字句，应改为："我在回民街吃饺子。"例（19）是句中介词"在"的宾语"哪儿"位置错误，正确的表达是："吸完以后把烟头扔在哪儿呢？"例（20）是介词短语"把作业"位置错误，正确的表达是："我把作业写完了。"例（21）是趋向补语位置错误，正确的表达是："老师把我的书拿过来。"例（22）中的"烦"是指向主语"我"的，是主语"听"的结果，结果补语是主语的结果时，一般不用"把"字句，可以改为："我听妈妈的话听烦了。"例（23）中，学习者误用"主语＋把＋O_1＋V＋O_2"结构，这一结构中的动词应该是处置义强、具有传递意义的动词，但例（23）中的动词"教"对 O_1"汉语"没有处置，O_1"汉语"没有产生关系上的变化，所以应改为："老师教我们汉语。"例（24）中，学习者误用"主语＋把＋O_1＋V＋了"结构，这一结构中的动词要有消失、脱离、损害等语义特征，一般表示不如意的事情，"放"虽然表示"脱离"，但对"书"没有产生处置结果，所以可以改为："我把书放好了。"例（25）中的补语"一个小时"是动作"看"持续的时间，不能用"把"字句，应改为："昨天晚上我看书看了一个小时。"例（26）是"S＋把＋O_1＋V 成／作＋O_2"结构的误用，应改为："我一定要让你们成为世界上最幸福的父母。"

（二）"把"字句的否定式

将"把"字句变为否定句，否定词一般放在"把"的前面。需要注意的是，"把"字句的肯定与否定是不对应的，而且基本结构 6~8 一般不用于否定。

结构 1 否定：我没把朋友送到车站。

结构 2 否定：她没把杯子打碎。

结构 3 否定：我没把这件事告诉老师。

结构 4 否定：你别把钥匙丢了。

结构 5 否定：你别把眼睛闭着。

结构 6 否定：＊你别把课文读一读。

结构 7 否定：＊她没把手一挥。

结构 8 否定：＊我没把生词写了五遍。

结构 9 否定：我没把妹妹当成姐姐。

【典型偏误案例】

（27）*我把作业没有写完，老师批评我了。

（28）*有的人想"失败是成功之母"，把挫折不放在心里，真让人佩服。

产生这类偏误的原因是学习者已经掌握了"否定副词＋动词"结构，但在学习"把"字句时，将"否定副词＋动词"泛化到"把"字句中。例（27）中的否定副词"没有"应放在"把"前，改为"我没把作业写完"。例（28）应改为"不把挫折放在心里"。

（三）"把"字句中状语的位置

"把"字句中有其他状语时，状语的语义指向不同，出现的位置亦不同，见表 14-1。

表 14-1 状语语义指向与出现位置

状语语义指向	词 类	状语位置	例 句
指向主语	一般为否定、时间、语气、频率、情态副词、能愿动词、时间名词；部分性质形容词	"把"前	他兴奋地把消息告诉大家。
指向"把+O+V"			不要把门打开。 可以把门打开。 你现在把门打开。 你快把门打开。
指向"把"的宾语	一般为表示总括的范围副词全、都、统统等；部分性质形容词	"把"后的动词前	她把东西都收拾好了。 那人把眼帘大大地张开。
指向谓语动词	副词、形容词	"把"前或谓语动词前	你把账重新算一遍。 你重新把账算一遍。

【典型偏误案例】

（29）*我全部把书带着了，我的行李超重了。

（30）*我把作业可以写完。

例（29）中的"全部"指向"把"的宾语"书"，所以"全部"应放在动词"带"前，正确的表达是："我把书全部带着了"。例（30）中的"可以"是一个能愿动词，应放在"把"的前面，所以应改为："我可以把作业写完。"

第二节　"把"字句偏误教学难点

难点一：遗漏标记词"把"

这类偏误的出现往往是由于汉语学习者对"把"字句使用语境掌握不足或回避心理导致的。例如：

（1）＊我有自信∧导游的工作做得很好。（把）

（2）＊父亲对我管教得特别严格，我一做什么事就管，有时狠狠地骂我，打我，仿佛∧我当做敌人。（把）

（3）＊但这次我看父亲的眼泪的时候，我才知道他∧爱放在心上。（把）

（4）＊我想所以这两个问题中，我们应该∧饥饿的问题放在第一位。（把）

针对此类偏误，教师应当适当地加大语法训练的强度和难度，强调介词"把"出现的语境和位置，通过自然真实的交际进行训练，帮助学生掌握"把"字句，克服畏难心理。

难点二："把"字句泛化

"不当用而用"即为过度泛化，一般是学习者受到母语负迁移、目的语知识负迁移的影响而导致的。

（5）＊很高兴把你认识了。

（6）＊我把西安旅游了。

例（5）中的"认识"是认知类动词，不能用于"把"字句，应该改为："很高兴认识你。"例（6）中的"旅游"是不及物动词，没有处置义，不能用于"把"字句。

难点三："把"和其他词语混淆

学习者使用"把"字句，经常会出现"把"和其他介词误代的偏误，教师在"把"字句教学中应当强调"把"与其他介词的区别。

（7）＊每天我都准时给狗送上食物，由于行动古怪，被妈妈发现了，不但没被骂还决定给狗留在家里。

（8）＊很多人很希望能戒掉，可最后还是控制不住自己，把手掏出烟吸起来。

（9）＊夏天的重庆像个火炉，其酷暑和潮湿使留学生赶到外地去。

例（7）中的"留在家里"是对宾语"狗"的处置，学习者误用介词"给"，应改为"把狗留在家里"。例（8）中的"掏出烟"是凭借"手"，所以不能用表示处置的"把"字句，要用表示凭借的介词"用"，改为"用手掏出烟吸起来"。例（9）中的"赶到外地去"是对"留学生"的处置，应改为"把留学生赶到外地去"。

难点四：与谓语动词相关的偏误

（一）动词单独出现导致偏误

"把"字句中的动词不能单独出现，学习者对这一点把握不清往往会出现动词单独使用的偏误。例如：

（10）＊我每天都把房间打扫。

（11）＊我觉得一定要把新的法律制定。

这两句中的动词后面都没有其他成分，缺少对"把"的宾语的处置结果或处置情况，即动词后缺补语。例（10）应改为："我每天都把房间打扫一遍。"用动量短语"一遍"表示动作频率。例（11）应改为："我觉得一定要把新的法律制定好。"用补语"好"表示结果。

（二）不及物动词用作"把"字句谓语核心导致偏误

"把"字句中的动词一般是及物动词，可以说，区分及物动词和不及物动词是正确使用"把"字句的一个前提条件。汉语是缺乏形态变化的语言，没有区分及物或不及物动词的形态标志，且字典中也少有及物或不及物的说明，这就导致学习者容易将不及物动词误用到"把"字句中。例如：

（12）＊我把妈妈生气了。

（13）＊我把汉字作业完了。

（14）＊早上，妈妈把我们都醒过来。

例（12）中的"生气"、例（13）中的"完"、例（14）中的"醒"都是不及物动词，不能用作"把"字句的谓语核心。例（12）应改为："我把妈妈惹生气了。"例（13）应改为："我把汉字作业写完了。"例（14）应改为"妈妈把我们都叫醒了"。学习者出现的这类偏误一是因为分不清及物和不及物动词，二是因为这些不及物动词可以用在"把"字句中动词后作补语，这容易导致学习者出现混淆。

（三）心理类、感知类动词用作"把"字句谓语核心导致偏误

"把"字句的谓语核心动词要有处置义或致使义，心理类、感知类的动词动作性较弱，如爱、恨、担心、后悔、明白、懂、感到、知道等词语均没有处置义或致使义，无法使"把"的宾语出现变动，这类动词不能作"把"字句的谓语核心动词。学习者若对这类动词特点把握不清，就会出现偏误。例如：

（15）*妈妈不要把我担心，我在中国的生活很好。

（16）*我把妈妈的爱感到了。

（17）*学好了夏殷周这三个朝代以后，就能把那时候的大概的情况懂得过来。

例（15）中的"担心"是表示心理活动的动词，不能作"把"字句的谓语核心，应改为"妈妈不要担心我"。例（16）中的"感到"是感知类动词，不能作"把"字句的谓语核心，应改为："我感到了妈妈的爱。"例（17）中的"懂得"是一个感知类动词，宾语"情况"并没有因为动作发生变化，所以不能用"把"字句，应改为"就能懂得那时候的大概情况"。

（四）趋向动词用作"把"字句谓语核心导致偏误

趋向动词可以表示动作的方向，但不具有处置义，所以也不能用作"把"字句的谓语核心。趋向动词可以作为"把"字句中的补语出现在谓语动词后，这就更容易导致学习者出现趋向动词用作谓语核心的偏误。例如：

（18）*我把家回了。

（19）*我把书进去书包了。

例（18）中的趋向动词"回"虽然表示了动作方向，但对宾语"家"没有处置义，不能作"把"字句的谓语核心，所以应改为："我回家了。"例（19）中的趋向动词"进去"表示动作方向，但对宾语"书"没有处置义，所以应改为："我把书放进书包了。"

（五）VP 有明显处置义，却未用"把"字句（倾向用"把"字句而没有用）

当句子中的动词有明显处置义，且宾语因动作产生变动，那么这个句子在语用上是倾向于使用"把"字句的，学习者不清楚"把"字句语用上的倾向性时，就会出现偏误。例如：

（20）*当然相对的，我也比较顽皮，时常在家里弄得乱七八糟。

（21）*医生的工作是救助病人，谁愿意自己的患者治死。

例（20）中的"弄得乱七八糟"对"家里"有明显的处置义，应该用"把"字句，可以改为"时常把家里弄得乱七八糟"。例（21）中的"治死"对"自己的患者"有明显的处置义，应该改为"把自己的患者治死"。

（六）形容词误用为动词作谓语核心

"把"字句的谓语核心是及物动词，不能是形容词。学习者初学"把"字句时，会将形容词用在"把"字句中。例如：

（22）* 把声音小点好吗?

（23）* 因此，可以把个人生活好起来。

（24）* 比如说孩子把杯子破碎了，这样的时候父母应该要给孩子说明。

例（22）中的"小"是形容词，所以本句应改为："把声音关小点儿好吗？"例（23）中的"好"是形容词，应改为"可以把个人生活过好"。例（24）中的"破碎"是形容词，应改为"把杯子摔碎了"。

难点五：与"把"字句宾语相关的偏误

"把"字句中的宾语有两个，一是介词"把"的宾语 O_1，其特点是必须是已知的、确定的、可被支配处置的事物，另一个是句子动词的宾语或其他介词的宾语 O_2，经常表示动作支配下 O_1 的位移处所、传递对象、关联事物转变等。例如：

主语	把	O_1	动词	介词	O_2	
我	把	书	放	在	桌子上了。	（位移处所）
我	把	那件事	告诉		妈妈了。	（传递对象）
我	把	妹妹	当	成	姐姐了。	（关联事物转变）

学习者的"把"字句宾语偏误集中在 O_1，不明白宾语要确指、不清楚复杂宾语 NP 的语序，就会导致偏误。宾语 O_2 的偏误主要是误加与"在 / 到 / 给 + O_2"中 O_2 的问题。

（25）* 我早晨把一个包子吃完了。

（26）* 所以你们把她搬到这儿来住吧。

（27）* 比如说，用改变基因的技术，把原来小的苹果扩大它的大小。

例（25）中的"一个包子"不是确指，应该改为："我早晨把包子吃完了。"例（26）从句意上来看，宾语"她"是不能被动词"搬"处置的，所以不能用"把"字句，应该改为："所以你们让她搬到这儿来住吧。"例（27）中的动词"扩大"是双音节中补结构，不能带宾语 O_2，且此处用"扩大"在语义上不合适，应该改为"把原来的小苹果变大"。

难点六：与补语相关的偏误

（一）"主语 + 把 +O_1 +V+（在 / 到 / 给 +O_2）"结构中的补语偏误

本组结构中的补语偏误主要包括三个方面：其一，语用上强制性要求使用这一结构，但学习者没有使用。其二，不需要用这一结构时，学习者使用了这一结构。其三，介词"在""到""给"的混淆。一般来说，"在"和"到"都可以介引处所，"在"介引宾语位移后的处所；"到"介引宾语更强调动作的趋向性，不仅表示宾语所在终点的位置，也突出位移的过程和终点；"给"一般介引表人对象。例如：

（28）我把书放在桌子上。　（"桌子上"是"书"的处所）

（29）我把信送到老师手里。（"老师手里"是"信"的位置终点，强调趋向性）

（30）我把书还给她了。　　（"她"是"给"的对象）

这一结构的"把"字句是较早讲解的，学习者出现的偏误也比较多。例如：

（31）＊我放行李在宿舍。

（32）＊我把饭吃到食堂。

（33）＊我把信寄在上海。

（34）＊我把礼物送到我的朋友。

（35）＊把邮票贴到信封了。

（36）＊"绿色食品"不但生产量多，而且传给这些技术世界上的饥饿的国家。

例（31）强制性要求"把"字句结构，动词"放"后面的宾语"行李"是受事，"放"这个动作行为具有处置义，使宾语"行李"的位置发生了变化，所以应改为："我把行李放在宿舍。""到 / 在＋处所"构成的补语语义指向应该是"把"后面的宾语，强调宾语因动作发生位移和所处方位。例（32）中的"到食堂"语义指向主语"我"，并非宾语"饭"，不能用"把"字句，所以应改为："我到食堂吃饭。"例（33）中的"上海"是宾语"信"通过动作"寄"出现的位置终点，应改为："我把信寄到上海。"例（34）中的"我的朋友"是"送"的对象，应改为："我把礼物送给我的朋友。"例（35）中的"信封"不表示位置，应该在"信封"后加上方位名词，改为："把邮票贴到信封上了。"例（36）中的"这些技术"应该用"把"提前，改为："不但应该增加'绿色食品'的量产，还应该把这些技术传给饱受饥饿之苦的国家。"

（二）"主语 + 把 +O_1 +V+ 结果 / 趋向补语"结构中的补语偏误

结果补语必须是动作完成后宾语的结果，不能是主语的结果，趋向补语只能是动作完成后宾语的趋向，不能是主语的趋向。例如：

主语	把	宾语	动作	宾语的结果 / 趋向
我	把	饭	吃	完了。
我	把	书	拿	出来了。

此外，当补语为复合趋向补语时，要注意补语和 O_2 的语序。学习者若对补语与宾语、主语关系判断不清，就会产生偏误。例如：

（37）* 我把教室走出来了。

（38）* 我把电视看累了。

（39）* 我把钱放进去钱包了。

例（37）中的补语"出来"是主语"我"的趋向，不是宾语"教室"的趋向，所以本句应改为："我从教室走出来了。"例（38）中补语"累"是主语"我"看电视的结果，不是宾语"电视"的结果，应改为："我看电视看累了。"例（39）中，"进去"是复合趋向补语，带宾语时宾语要放在复合趋向补语中间，所以应改为："我把钱放进钱包去了。"

（三）"主语 + 把 +O₁ +V+ 状态补语"结构中的补语偏误

可以进入"把"字句结构的状态补语必须要满足两个条件，其一是中补结构必须对宾语有处置义，其二是状态必须是动作结束后"把"的宾语呈现出来的状态。例如：

主语	把	宾语	动作（已结束）	宾语呈现的状态
我	把	教室	打扫得	非常干净。
她	把	书	放得	整整齐齐的。

"非常干净"是动作"打扫"结束后呈现的状态，而且"打扫得非常干净"对宾语"教室"有处置义，可以用"把"字句。"整整齐齐的"是动作"放"结束后呈现的状态，而且"放得整整齐齐的"对宾语"书"有处置义，使宾语发生了变化。

学习者若对状态补语的条件掌握不清，就会出现偏误。例如：

（40）* 我在报纸上看到人不能把每一顿饭都吃得很饱，这样反而更容易得病。

（41）* 中国的建筑公司把修路开展得很顺利。

例（40）中，虽然"很饱"是对"吃"这个动作结束后的补充说明，但是"吃得很饱"对宾语"每一顿饭"没有处置义，"饱"是主语"人"的状态，所以不能用"把"字句，应该改为"人不能每一顿饭都吃得很饱"。例（41）中，"很顺利"

是动词"开展"的伴随状态，而非动作结束后的状态，所以不能用"把"字句，可以改为："中国的建筑公司修路工作开展顺利。"

（四）可能补语误用到"把"字句的偏误

汉语的补语类型较多，其中可能补语是不能用于"把"字句的，学习者对补语类型和"把"字句结构不够了解时就会出现偏误。例如：

（42）＊我把作业写得完。

（43）＊刚开始，我觉得我把汉语学不好。

例（42）"写得完"、例（43）"学不好"中的补语都是可能补语，不能用于"把"字句，应分别改为："我写得完作业。""刚开始，我觉得我学不好汉语。"

（五）补语位置偏误

补语的位置在动词或形容词后，是对行为动作、性质状态的补充说明。"把"字句中的补语一般位于谓语核心动词后构成中补结构，表示对宾语的结果、趋向、状态的补充说明或者对动作的时量、动量的补充。有的汉语学习者受母语语序的影响，会将补语放在中心语前，从而出现偏误。例如：

（44）＊他把钱来了送。

（45）＊我把杯子碎了打。

例（44）是趋向补语和中心语错序，应改为："他把钱送来了。"例（45）是结果补语位置错误，应改为："我把杯子打碎了。"

难点七：状语位置偏误

介词短语"把 +N/NP"作状语放在谓语动词前，句中有其他状语时，状语的语义指向、类型不同，出现的位置亦不同，可参见表 14–1。

（46）＊你放好把汉语书。

（47）＊我把鲜花愿意送给妈妈。

（48）＊我把饭刚刚吃完。

（49）＊我把作业没做好。

（50）＊把不对不好的言行父母不告诉孩子，那谁能告诉孩子呢？

例（46）中的介词短语"把汉语书"要放在动词"放"前。例（47）中的"愿意"是能愿动词作状语，能愿动词要放在"把"前。例（48）中的"刚刚"是时间副词，指向"把饭吃完"，要放在"把"的前面。例（49）中，否定副词"没"应放在"把"前。例（50）中，主语和状语均出现位置错误，主语"父母"应放在句首，否定副词"不"

应放在"把"的前面，所以本句应改为："父母不把不对不好的言行告诉孩子，那谁能告诉孩子呢？"

第三节 "把"字句教学建议

"把"字句一直是对外汉语教学中的一个难点。"把"字句结构类型复杂，受到动词语义、语用的限制，这都容易导致学习者出现偏误。在教学中我们要注意以下几点。

（一）结构、语义、语用结合

"把"字句最大的特点可概括为"处置"。然而，如何向汉语学习者解释"处置"这一概念，是教授"把"字句的第一个难点。

教学中不能只讲结构，一定要将结构、语义、语用结合起来。从"把"字句对动词、宾语的要求我们可以看出，脱离语义只讲结构是行不通的，教学中要将结构和语义结合起来，帮助学生了解"把"字句的结构和表达的意义，掌握各个句子成分的位置和语义特点，这样才能帮助学习者掌握"把"字句。讲解了结构与语义之后，我们还要考虑"把"字句在交际中的使用情况，如强制性使用"把"字句、倾向使用"把"字句的情况，都需要结合语境向学习者进行说明。有的句子用不用"把"字句都可以，但在语义上有区别，这也需要我们结合语境进行说明。可以说，只有在语用情境中结合结构和语义进行教学，才能帮助学习者掌握"把"字句。

（二）注意分层教学

"把"字句教学要分层、分阶段，要注意螺旋式复现。我们不能把多种结构一次性教给学生，应该结合结构和语用来安排教学顺序，强制性使用"把"字句结构的先讲，交际中使用频率高的句子结构先讲，结构比较简单的先讲。学习了简单语义的"把"字句，再学习抽象的"把"字句；学习了结构简单的"把"字句，再学习结构复杂的"把"字句，具体教学安排可参考表14-2。

表 14-2　"把"字句结构分层教学表

阶段	初级阶段：简单结构、基本语义	中级阶段：较复杂结构和语义	高级阶段：复杂结构和抽象语义
结构分层	主语 + 把 +O_1+V+ 在 / 到 +O_2（处所） 主语 + 把 +O_1+V+ 给 +O_2（人）	主语 + 把 +O_1+V+O_2 主语 + 把 +O_1+V 成 / 作 +O_2	在初级、中级阶段句型的基础上增加状语、补语、复杂 NP 宾语等。 "把"字句扩展成复杂结构，如套用连谓句、兼语句、复句等。 语义抽象、结构复杂的"把"字句
	主语 + 把 +O_1+V+ 结果补语 / 趋向补语	主语 + 把 +O_1+V+ 状态补语 主语 + 把 +O_1+V+ 动量补语 / 时量补语	
	主语 + 把 +O_1+V+ 了	主语 + 把 +O_1+V+ 着 主语 + 把 +O_1+V 重叠 主语 + 把 +O_1+ 一 V	

（三）注意动词、"把"的宾语的特点

通过教学难点分析我们可以看出，学习者的很多偏误都是因对动词的特点把握不清导致的，所以必须给学生说明动词的特点，并不是所有的动词都可以进入"把"字句，要告诉学习者哪些动词不能用在"把"字句中。需要注意宾语的特点，宾语必须是已知的、确定的、可受动词支配的。

（四）注意状语的位置

状语的位置也是学习者容易出现偏误的地方，要说明状语的语义指向和位置，特别是能愿动词、否定副词状语位置的偏误是初级学习者经常出现的偏误。

（五）注意补语类型

汉语的补语类型很多，"把"字句中动词后出现的比较常见的补语是结果补语、趋向补语、状态补语，且这三类补语用在"把"字句中都有条件限制，结果补语和趋向补语一般是指向宾语的，状态补语一般是动作结束后呈现的状态。此外，部分时量补语和动量补语也可以出现在"把"字句中，但在交际中使用频率较低。教学中需要在不同的学习阶段向学习者说明可以进入"把"字句的补语类型和语义，帮助学习者解决与补语相关的"把"字句偏误。

【教学示范案例】

"把"字句具有多种结构，且出现在不同的学习阶段，我们以初级阶段学习的"主语 + 把 +O_1+V+（在 / 到 / 给 +O_2）"结构肯定句式为例来说明"把"字句的教学方法和技巧。授课时，可以依次讲授"主语 + 把 +O_1+V+ 在 +O_2""主语 + 把 +O_1+V+ 到 +O_2""主语 + 把 +O_1+V+ 给 +O_2"。此处为方便说明，将三个结构放在一起进行导入、讲解、操练。

（一）导入环节

导入时要注意，设置一定要用"把"字句来突出语义表达的语境，还要注意"主语＋把＋O_1＋V＋（在／到／给＋O_2）"这一结构突出的是已知宾语因动作的处置而发生位移，所以在导入时要将"位移"这一意思引出来。"给"介引人，"在"和"到"都是介引处所，有的句子中"在"和"到"可以互换，但"在＋O_2"强调宾语所在的位置；"到＋O_2"更强调动作的趋向性，不仅表示宾语所在的位置终点，还多了移动过程的意义，突出位移的过程和终点。这都要通过不同的例子引导出来。另外，要注意标注出动词、宾语和补语，为讲解环节做准备。

1. 实物＋情景导入。

利用随身携带的物品，如笔、水杯、钥匙、书本等进行情景导入。

（拿起汉语书开始提问，关注的焦点是"书在哪儿"，突出表达语义是对"书"的处置）

教师：老师的汉语书在哪里？

学生：汉语书在老师手里／老师拿着……

教师：现在汉语书放在哪里？（将书放在桌子上）

学生：桌子上／放在桌子上……

教师：我们可以说："老师把汉语书放在桌子上。"（板书例句，画出动词"放"和补语"在桌子上"）

（教师拿起汉语书，在教室转一圈，最后把书放到大山的桌子上）

教师：现在呢？汉语书在哪儿？

学生：大山的桌子上。

教师：书从老师的桌子上到了大山的桌子上，我们可以说："老师把汉语书拿到大山的桌子上。"（板书例句，画出动词"拿"和补语"到桌子上"）

（教师将书给麦红）

教师：汉语书在哪里？

学生：麦红那里／老师给麦红了……

教师：老师把汉语书送给麦红了。（板书例句，画出动词"送"和补语"给麦红"）

2. 图片导入。

（展示搬家的图片，图片 1 展示家具在楼下，图片 2 展示家具放在家中，图片 3 动态展示从楼下往楼上搬家具，图片 4 展示给搬家工人递水的图片）

教师：这是老师搬家的照片，我的家具先放在楼下（图 1），现在我的床放在哪儿（图2）？

　　学生：家里／卧室／……

　　教师：对，老师把床放在卧室。（板书例句，画出动词"放"和补语"在卧室"，根据图片引导学生说句子"把电脑放在书房""把冰箱放在厨房"等）

　　教师：家具是老师从什么地方搬到3楼的？（图3）

　　学生：一楼／院子里……

　　教师：对，我们也可以说："老师把家具搬到3楼。"（板书例句，画出动词"搬"和补语"到3楼"，引导学生说句子。）

　　教师：工人很辛苦，老师递给工人什么？（图4）

　　学生：水／老师给工人水……

　　教师：我们可以说："老师把水递给工人。"（板书例句，画出动词"递"和补语"给工人"，引导学生说句子）

　　（二）讲解环节

　　1. 结合实物、图片讲授。

　　结合导入阶段"实物＋情景"引入的句子进行讲解，导入的句子如下：

　　A. 老师把汉语书放在桌子上。

　　B. 老师把汉语书拿到大山的桌子上。

　　C. 老师把汉语书送给麦红了。

　　讲解：句子中的"汉语书"是我们知道的东西，A句"放"让"汉语书"位置变化了，变成了处所"在桌子上"。B句"拿"让"汉语书"的位置从老师的桌子上变为"到大山的桌子上"。C句"送"让"汉语书"的位置和拿书的人变了，变成"给麦红"，"在／到＋处所""给＋人"。讲解后引导学生说句子。

　　结合导入阶段图片引入的句子进行讲解，导入的句子如下：

　　A. 老师把床放在卧室。

　　B. 老师把家具搬到3楼。

　　C. 老师把水递给工人。

　　讲解：句子中的"床""家具""水"都是我们知道的东西。A句"放"让"床"位置变化了，变成处所"在家里"。B句"搬"让"家具"的位置从楼下变为"到3楼"。C句"递"让"水"的位置和拿水的人变了，变成"给工人"，注意"在／到＋处所""给＋人"。讲解后引导学生说句子。

2. 体验法。

结合实物、图片讲授后，教师可以考虑让学生自己体验，根据"全身反应法"的理念开展教学。

（教师发布命令，学生做动作）

教师：大家把汉语书放在桌子上。（学生边做动作边说句子）

教师：大山把麦红的桌子搬到教室前面。（大山边做动作边说句子）

教师：麦红把笔递给大山。（麦红边做动作边说句子）

（教师要求学生发布命令）

学生 1：大家把书包放在地上。

学生 2：……

给出结构"主语 + 把 +O_1+V+（在 / 到 / 给 +O_2）"，说明 O_1 是已知的，出现在"把"的后面。动词动作性强，会让 O_1 发生位移或所属关系发生变化，O_2 是 O_1 位移或变化后所处的位置，"在 / 到 + 处所""给 + 人"。

3. 图示法。

例句 1：我把衣服挂在衣柜里。

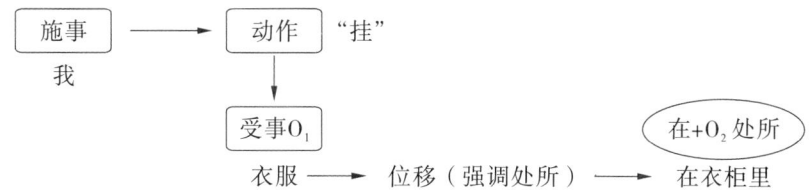

例句 2：麦红把垃圾扔到垃圾桶里。

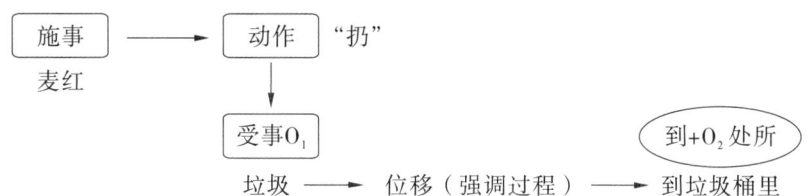

例句 3：我把信寄给妈妈。

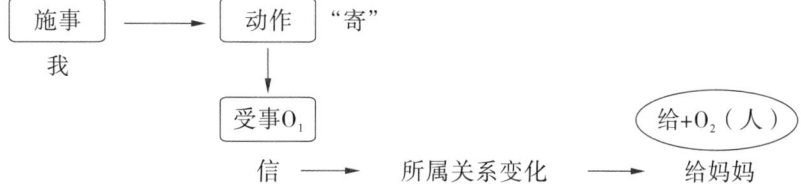

给出图式讲解例句，先说明基本语义，如例句 1：我挂衣服，衣服的位置发生了变化，衣服不在我手里，在衣柜里。这种情况可以说："我把衣服挂在衣柜里。"

例句 2 和例句 3 语义的讲解同例句 1。再结合动词特点、宾语特点、句子结构、语义关系做进一步讲解，最后总结规则"主语 + 把 +O_1+V+（在 / 到 / 给 +O_2）"。

4. 格式归纳法。

在使用其他方法讲解之后，可以归纳这一结构的基本格式，帮助学生掌握语序，了解动词、宾语的特点。

主语	+ 把	+O_1	+V	+（在 / 到 / 给 +O_2）
施事	已知	Vt	补语	（O_2 是 O_1 位移位置或关系转移后的所属者）
我	把	杯子	放	在	桌子上。
大家	把	书	翻	到	第 103 页。
我	把	鲜花	送	给	妈妈。

（三）操练环节

1. 选词填空。

在　　到　　给

（1）我把信寄（　　　）上海了。

（2）我把安比送（　　　）医院了。

（3）我把捡到的饭卡交（　　　）老师了。

（4）我把鲜花放（　　　）桌子上。

2. 排序。

垃圾　　到　　扔　　把　　垃圾桶

经理　　把　　安排　　他　　在　　人事部门

老师　　送　　把　　礼物　　给　　麦红

3. 游戏法。

（1）布置教室。教师可以结合中华文化进行这一结构的教学，引导学生按照中国人过春节的习俗布置教室。学生分组讨论，了解春节的习俗以及如何布置教室，如桌子怎么摆放，如何贴春联，上联贴在左边还是右边，"福"字贴在哪里……讨论完毕后，学生用"把"字句说明如何布置教室，如："把灯笼挂在教室门口。"

（2）大富翁游戏。教师制作特定地图，标注学生要做的事情的关键词，学生掷骰子在地图上前进，每一步都有对应的关键词，学生根据骰子所掷位置的关键词说出"把"字句。如关键词是"花瓶、窗台"，正确的任务解读是："把花瓶放在 / 到窗台上。"再如，关键词是"信、上海"，正确的任务解读是："把信寄到上海。"这一游戏可训练学生"把"字句的完句能力。如果要进行更高层次的训练,可加上状语、补语,如给出关键词"书、轻轻地、课桌上",正确的任务解读是:"把书轻轻地放在课桌上。"

4.段落表达任务。

(1)介绍美食,讲解美食的制作过程,用"把"字句说句子。

例:我把锅放在电磁炉上,把鸡蛋打到碗里,把西红柿放在盘子里……

(2)我们要在教室里举办元旦晚会,怎么布置教室呢?

例:我们要举办元旦晚会,我们把桌子搬到教室中间,把桌布铺在桌子上……

思考和练习

1."把"字句的肯定式和否定式是否一一对应?请举例说明。

2.结合学习者的"把"字句偏误,说一说不同结构的"把"字句的教学重点和难点。

3.纠正下列偏误并说明原因。

(1)我把汉语喜欢上了。

(2)我把她认识了很长时间了。

(3)老年人要把自己的想法改。

(4)我经常宿舍弄得乱七八糟的。

(5)她放书在桌子上。

(6)我想把汉语能学好。

(7)我把今天的作业写得完。

(8)不要把灯亮了!

(9)我把这件事情没告诉她。

(10)我看老师的妹妹成老师了。

4.说一说"把"字句中与补语相关的偏误。

5.查找 HSK 动态作文语料库中的"把"字句偏误,并进行归类分析。

6.设计"主语 + 把 +O_1+V+ 状态补语"的教学方案。

7.结合本章的学习,说一说你对汉语特有句式"把"字句的新认识。

第十五章　被动句偏误分析与教学

【学习要点提示】

知识要点：掌握被动句的分类、被动句的使用语境、使用条件等基本知识。熟悉被动句偏误教学难点和被动句教学建议。

技能要点：具备分析被动句偏误的能力，能够预测并解决学习者的被动句偏误，能够研究不同类型的被动句偏误，做到合理运用被动句教学建议指导教学。

情感要点：全面认识汉语被动句这一句式，学会欣赏汉语句式的独特之处。

被动句是现代汉语中非常重要的一类句式，也是很多语言系统中共有的句式。一方面，学习者母语中的被动概念会帮助其理解汉语被动句；另一方面，汉语中除了有标记被动句外还有大量无标记被动句，这些无标记被动句与其他语言体系中的被动概念存在差异，导致学习者难以理解汉语被动句的一些句式及其用法，从而形成大量被动句偏误。

第一节　被动句偏误概述

在动词作谓语中心的句子中，受事作主语，表示被动意义的句子称作被动句，一般分为有标记被动句（"被"字句）和无标记被动句（意义被动句）两种。

一、被动句分类

（一）有标记被动句

有标记被动句是用介词被、给、叫、让等标志词引出施事的被动句，又称"被"字句。

1. 结构。

主语（受事）		+被（给／叫／让）+	（施事）+动词		+其他
（1）那本书	已经	叫	人	借	走了。
（2）他		被	领导	批评了	一下午。
（3）这个困难	已经	让	我	解决	了。
（4）妹妹	刚才	被	哥哥	推倒	了。
（5）老虎		被	武松	打死	了。
（6）奶奶		被	送到	医院	了。
（7）我	不能	被	困难	打败。	
（8）孩子	总	被	老师	批评。	

2. 特点。

有标记被动句一般有以下特点：

A. 主语一般是已知或确指的。如以上例句中"那本书""他""这个困难""妹妹""奶奶""我"等都是已知或确指的。

B. 被动句中的动词一般不能单独出现，需要在动词后面添加补语、宾语、动态助词"了""过"等其他成分，如例（1）至例（6）。如果在被动句标记词的前面有状语限制，则有的句中谓语动词可以单独出现，如例（7）和例（8）。

C. 动词需要具有处置义，要能够对受事产生影响。不及物动词不能用于被动句的谓语核心，但可以作为补语出现，如例（5）。

D. 如果被动句中的施事者不用或不想透露，那么施事的位置可以用"人"或其他表示泛指的词充当，也可直接省略，如例（1）和例（6）。

（二）无标记被动句

无标记被动句是不出现被、给、叫、让等标志词，但表示被动意义的句子，又叫做意义被动句。

1. 结构。

主语（受事）		+动词	+其他成分
（9）我的玩具		丢	了。
（10）我的玩具	总/没	丢。	
（11）花瓶		打	碎了。
（12）我的房间	刚	打扫	过。
（13）他的作业		做	完了。
（14）学校大门撞坏的消息	很快	传	开了。

2. 特点。

A. 主语和动词的特点与有标记被动句相同。

B. 意义被动句一般用来表示或者突出受事相关的动作或状态，句中一般不出现施事。

二、被动句使用语境

一般来说，主动句符合人们日常的语言习惯，使用频率较高，被动句相对用得少一些。在语言交际中，以下几种情况适合用被动句：

1. 强调受事，而施事不需要说出，或不愿说出，或无从说出。

2. 在特定的上下文里，为了使前后分句的主语保持一致，为了使叙述的重点突出，语意连贯，语气流畅。

3. 表示被动的意义，一般用于不如意的事情、有例外的情况。

4. 为了使语意明确，避免歧义。

（15）忽而一个红衫的小丑被绑在台柱子上，给一个花白胡子的用马鞭打起来了，大家才又振作精神的笑着看。

（16）他也躲在厨房里，哭着不肯出门，但终于被他父亲带走了。

（17）他被自行车撞了一下。

（18）他被批准入伍了！

（19）大家来到大会堂入口处，正要进去，他却被拒绝了。

例（15）强调了"红衫的小丑"，施事者不需要说出，这种情况也可以说施事隐而不现地体现了某种修辞作用。例（16）各分句的主语都是"他"，前两个分句是主动式，后一分句则采用了被动式。例（17）表示不如意的事情，例（18）强调的是喜悦、兴奋的感情。例（19）如果不用被动句，便分不清究竟是他不愿进去还是不让他进去，用了被动句，语意就明确了。

此外，还有三点需要说明：

1.按汉语的习惯，在许多情况下，被动句可以用意念上的被动形式来表达，并不需要加"被"来强调其被动性。例如：

（20）房子早已卖掉了。

2.汉语里表示被动式的词语除了"被"以外，还有"让""给""叫"等，其用法和意思都与"被"相当，但并不完全等同。"被"常用于较为正式、庄重的场合，书面语体色彩浓一些；而"让""给""叫"则较多地用于口语，比较灵活随便一些。所以，选用时要注意使之适合语境，合乎语体。

3.汉语的被动句主要表示受事受到施事的影响从而发生变化，一般用来强调语境中的受事。因此，被动句使用语境多为表达不幸或者不愉快的语境，较少表达某人某物被赞扬，一般不能出现褒义色彩过重的词语或部分中性词。

学习者在使用被动句时，经常会因为不具词语褒贬义程度的判别能力、不明白被动句使用语境、不知道动词特点而产生一些语义方面的偏误。

【典型偏误案例】

（21）＊那些作品被警察保护了。

（22）＊公园被我们去过。

（23）＊老师已经被我认识了。

（24）＊那本书被我看了。

（25）＊从她娶回家的那天开始，李明从来没有做过一次饭。

例（21）中的"保护"褒义色彩过重，不符合被动句的语义表达，应改为："警察保护了那些作品。"例（22）中的"去"无处置义，"公园"也非受事，应改为："我们去过公园。""认识"是认知类动词，这类动词一般不用于被动句，故例（23）应改为："我已经认识老师了。"例（24）中的"看"处置性不强，可改为："那本书被我看完了。"例（25）施受关系不清，应改为"从她被娶回家的那天开始"。

三、被动句使用条件

1.在被动句中，受事主语一般是已知或确指的，不能使用泛指的词语。被动句的主语要求具有定性，就是要求主语必须是交际双方共知的或说话者假定双方共知的事物，有的受指示代词限制，有的受其他修饰语限制，有的是专有名称，有的是周遍性事物。例如：

（26）那些学生被老师批评了一顿。

（27）手电被儿子拿走了。

即使没有有定标志，在具体交际中也是确指的某一事物或某些事物，如例（27）中的"手电"一定是确定的，而不是泛指的。

2. 被动句表示受事主语所受到的影响，谓语部分要体现该影响产生的结果，所以动词一般是有处置性的，存现动词、判断动词、关系动词、能愿动词、趋向动词等不具处置义，一般不用于被动句。动词后面多有补语或别的成分，如果只用一个单音节动词，前面就要有能愿动词、时间词语、否定副词等状语。例如：

（28）他被骂哭了。（动词＋结果补语"哭"）

（29）他经常被爸爸骂。（前有表示时间的"经常"）

（30）他没有被爸爸骂。（前面有否定副词"没有"）

3. 汉语被动句的主语是句中谓语动词的受事，因此被动句中的谓语动词应该是及物动词，形容词和不及物动词不能用作被动句的谓语核心。例如：

（31）*孩子被哭了。（应改为：孩子被打哭了。）

（32）*我的那条裙子被他脏了。（应改为：我的那条裙子被他弄脏了。）

【典型偏误案例】

（33）*一支笔被他摔坏了。

（34）*那台电脑已经被卖。

（35）*这支花被断了。

例（33）中，"一支笔"这个受事主语是泛指的，不符合被动句受事主语确指性的特定，应该改为："这／那支笔被他摔坏了。"例（34）中，动词后应该有补充成分，应改为："那台电脑已经被卖了。"例（35）中的"断"是不及物动词，不符合被动句的要求，应该改为："这支花被掐断了。"

四、被动句使用规则

有标记被动句：主语（受事）＋被（给／叫／让）＋（施事）＋动词＋其他。

无标记被动句：主语（受事）＋动词＋其他成分。

如果句子中有能愿动词和表否定、时间等的副词，只能置于"被"字前。例如：

（36）这事可能被人发现了。

（37）这事没被人发现。

（38）这事已经被人发现了。

【典型偏误案例】

（39）* 我被爸爸表扬了昨天。

（40）* 哥哥被弟弟弄坏了玩具。

（41）* 小猫被花瓶摔碎了。

（42）* 我的衣服被坏了。

例（39）中，"昨天"这个时间状语的位置应该在"被"字之前，所以本句应改为："我昨天被爸爸表扬了。"例（40）的受事主体是"哥哥的玩具"，应改为："哥哥的玩具被弟弟弄坏了。"例（41）中，受事"花瓶"和施事"小猫"位置颠倒了，应改为："花瓶被小猫摔碎了。"例（42）缺少谓语动词，应改为："我的衣服被洗坏了。"

第二节　被动句偏误教学难点

学习者的被动句偏误出现得较多，我们根据收集的偏误语料，按照有标记被动句和无标记被动句的分类，对被动句中主语、谓语、状语、补语的偏误，被动句标志词的偏误，以及学习者学习策略的偏误进行分析。

难点一：主语偏误类型

（一）与有标记被动句主语相关的偏误

1. 主语"确指性"。

（1）* 一件衣服被我弄丢了。

（2）* 一支笔被他摔坏了。

这两个例子中的主语"一件衣服"和"一支笔"都是不确指的事物，使得听话者并不清楚具体是哪个受事出现了变化，违背了被动句的表达原则，造成主语"无确指"的现象。之所以出现这种类型的句子，是因为学习者不了解被动句的主语通常是"确指"的这个规则，出现主语"无确指"的偏误。

2. 主语的位置。

（3）* 小明都被大家骗了。

（4）＊小猫被花瓶摔碎了。

被动句又叫做受事主语句，也就是受事应该在主语的位置出现，受谓语动词的作用或影响，受事是整个句子突出的中心。因此，一般来说，受事主语位于被动句的句首位置，而施事根据语境可出现也可不出现，这就使得学习者辨别不清句子应该强调的重点和施事与受事之间的关系，从而造成主语安放位置的偏误。这两个例子中的受事主语应该是"大家"和"花瓶"，但学习者分辨不清施事和受事的关系，将受事和施事的位置颠倒了，造成受事主语位置安放错误。

3.受事主语的间接性。

受事主语的间接性指的是被动句中有的主语并不是直接的受事，也就是说主语并不直接受到谓语动词影响，谓语动词后面的宾语才是直接的受事对象，从宾语的角度来说就是间接宾语才是直接的受事对象。例如："羚羊被狮子咬伤了腿。"谓语动词"咬"，除了"羚羊"这个受事主语也就是直接宾语外，还带着间接宾语"腿"，"腿"才是这个被动句中真正的受事对象，而"羚羊"只是间接的受事。本句也可以说成："羚羊的腿被狮子咬伤了。"此时，主语"羚羊的腿"是受事，不存在间接性问题。

受事主语的间接性的案例会导致学习者出现目的语负迁移的情况，将受事主体拆分开放在主语和宾语的位置，从而出现偏误。

（5）＊妹妹被小偷偷了她的手机。

（6）＊哥哥被弟弟弄坏了一个玩具。

这两个例子中的受事主体应该是"妹妹的手机"和"哥哥的玩具"，学习者没有将受事的主体放在主语的位置，而是将"妹妹""哥哥"作为间接受事放在主语的位置，"手机""玩具"作为直接受事放在宾语的位置上，导致了偏误。

（二）与无标记被动句主语相关的问题

（7）＊一双鞋买贵了。

（8）＊一筐桃子洗了。

无标记被动句的主语问题主要是主语"无确指"的偏误，与有标记被动句的主语一样，无标记被动句的主语也应该是确指的。这两个例子的主语分别是"一双鞋"和"一筐桃子"，都是不确指的事物，造成了主语"无确指"的偏误。

难点二：谓语方面的问题

被动句谓语方面的问题是指谓语动词的问题。谓语动词的偏误占据整个被动句偏误的一半以上，所以被动句的谓语动词是学习者的难点之一。

（一）与有标记被动句谓语相关的问题

1. 谓语动词应为及物动词。

（9）＊朋友都被马克上当了。

（10）＊这支花被断了。

被动句中的谓语动词应该是及物动词，学习者不了解这一特性，就会导致使用不及物动词作谓语动词的偏误。

这两个例子中的谓语动词"上当"和"断"都是不及物动词，虽然在被动句中谓语动词不直接跟宾语，但在语义上，被动句中的谓语动词依旧要承担支配受事主语的功能，因此被动句中的谓语动词不能使用不及物动词。若将"上当"改为"欺骗"，"断"改为"掐断"，也就是将不及物动词改为及物动词，就符合被动句谓语动词的要求了。

2. 简单动词的使用。

（11）＊我被老师批评。

（12）＊前天他被表扬。

（13）＊那台电脑已经被卖。

有标记被动句的动词一般不单独出现，需要搭配状语、补语、动态助词等，但学习者往往容易忽略这一点，从而导致偏误。这三个例子里的谓语动词不能独立使用，而且又没有其他成分的补充，从而造成了偏误。例（11）、例（12）和例（13）应分别改为："我被老师批评了。""前天他被表扬了。""那台电脑已经被卖了。"即将三个句子的句末都加上动态助词"了"表示完成的状态，就可以解决这一偏误。

3. 谓语动词的缺失。

（14）＊我的衣服被坏了。

（15）＊小明的房间只有放假才被干净。

有标记被动句的结构必须包含谓语动词，但学习者有时会遗漏这一成分，从而导致偏误。

这两个例子都缺少谓语动词，是用形容词替代动词而造成的偏误，例（14）和例（15）应分别改为："我的衣服被扯坏了。""小明的房间只有放假才被打扫干净。"即加上谓语动词就可以纠正这一类偏误。

（二）与无标记被动句谓语相关的问题

（16）＊奶茶冲。

（17）＊资料发。

和有标记被动句一样，无标记被动句谓语动词一般也不能由一个简单的动词充当，需要在动词后添加补语、宾语、动态助词"了"等一些其他成分。学习者如果忽略这个细节就会造成偏误。

这两个例子只用了简单动词"冲"和"发"，显然不能描述受事主语的状态，所以应在句尾加上动态助词"了"，改为"奶茶冲了"和"资料发了"就可以解决这个问题。

难点三：状语方面的问题

有标记被动句和无标记被动句的状语相关问题均为状语的位置偏误。

（18）＊爸爸被妈妈终于阻止了。

（19）＊我被爸爸表扬了昨天。

（20）＊我们被骗子都骗了。

在有标记被动句中，表示时间、地点等的状语一般放在表示被动的标记词"被""叫""让""给"之前，但学习者往往会将状语放在错误的位置上，从而引发偏误。以上三个例子都是未掌握状语的具体位置而导致的偏误，例（18）应该将"终于"放在"被"字之前，例（19）应该将"昨天"放在句首，例（20）应该将"都"放在"被"字之前。

（21）＊又体育课上不成了。

（22）＊已经工作完成了。

无标记被动句状语方面的问题与有标记被动句一样，集中在状语位置的偏误上。这两个例子就是典型的无标记被动句状语位置不当引发的偏误，例（21）应该将"又"放在动词"上"之前，例（22）应该将"已经"放在动词"完成"之前。

难点四：补语方面的问题

（一）与有标记被动句补语相关的问题

有标记被动句中的补语不能是可能补语，学习者若分不清补语类型就会出现偏误。

（23）＊这件衣服被我洗得干净。

（24）* 杯盖被爸爸打得开。

有标记被动句本身就是受事被施事造成一定影响，这种影响因为句意的原因通常是确定的或者已经形成的。但是可能补语表示的是不确定的可能性，与有标记被动句的表达是相违背的，而学习者一般不能意识到有标记被动句与可能补语之间的关系相悖，从而引发偏误。以上两个例子都是在有标记被动句中使用可能补语引发的偏误。

（二）与无标记被动句补语相关的问题

无标记被动句容易出现的补语问题主要是遗漏补语。例如：

（25）* 这包纸巾快用了。

（26）* 大门打了。

以上两个例子都是遗漏了补语从而产生的偏误，例（25）中的"用"后面加上"完"，例（26）中的"打"后面加上"开"，这两个句子就可以成立了。

难点五：被动标志词方面的问题

（一）有标记被动句被动标志词的问题

（27）* 今天中午有几本书偷了。

（28）* 安迪老师表扬了。

有标记被动句最为显著的一个特点就是含有被动标志词"被""叫""让""给"，且标志词是不可以省略的。但是学习者容易忘记这一点，将被动标志词遗漏，从而造成了偏误。这两个例子都是遗漏了被动标志词引发的问题，在例（27）中的"偷"字前、例（28）中的"表扬"前加上"被"，就可以使句子正确完整。

（二）无标记被动句被动标志词的问题

（29）* 奖金被发下来了。

（30）* 工作已经被完成了。

无标记被动句中不出现被动标志词，但学习者往往倾向于使用有标记被动句的结构表达被动意义，这就会出现在无标志被动句中误加被动标志词的情况。

以上两个例子本该使用无标记被动句进行表达，但却强加了被动标志词"被"，导致了偏误。这是由于学习者不清楚当主语是无生命的物体或抽象的概念时，无须加被动标志词表示被动这一规则。例（29）和例（30）只要去掉被动标志词"被"就表达正确了。

难点六：回避导致的问题

（一）有标记被动句的回避问题

学习者在学习被动句之前往往已经学习过"把"字句了，于是在需要使用被动句句式时，学习者会采取回避策略，用使用较为熟悉的"把"字句进行代替。如使用"我把花瓶打碎了"代替"花瓶被我打碎了"，虽然从语法角度来看，两个句子都没有问题，但"把"字句和被动句所突出的对象是不同的。用"把"字句替代有标记被动句的现象也属于回避造成的偏误。

（二）无标记被动句的回避问题

学习者在学习无标记被动句之前，一般都学习过普通的主动句和"把"字句，所以在需要无标记被动句表达时，往往会使用普通的主动句和"把"字句来代替，比如在表达"碗打破了"的意思时，可能会用"碗破了""把碗打破了"代替，虽然在语法上不存在问题，但是不能体现出这句话的被动含义，所以用主动句和"把"字句代替无标记被动句也属于回避造成的偏误。

第三节　被动句教学建议

"被"字句的教学重点和难点都在于语用功能，学生在习得"被"字句时最容易犯也最难改正的错误都和语用功能有关。因此，"被"字句教学的基本原则应该是突出语用功能，兼顾句法形式和语义。

我们建议教学中运用功能教学法，遵循先易后难、由浅入深的一般原则，采取分阶段的方式进行教学。从初级阶段到高级阶段都要突出语用功能，其顺序是从"被"的典型语用功能到一般语用功能，再到特殊语用功能。当然，在突出语用功能教学的同时，我们也不能忽视其语法形式和语义。"被"字句语法结构或者说形式方面的教学应该从简单到复杂，从基本格式到变化格式。在这一基本原则指导下，我们建议可以把"被"字句的教学分为三个阶段进行。

（一）从"被"字句的不如意色彩入手

在这一阶段，"被"字句的句法格式我们采用"N_1+ 被 +N_2+V+C"表示：在语

义上主要指出 N_1 和 N_2 的典型语义特征（受事和施事），V 一般不能只是单个动词。语法点归纳的重点在语用功能：一般表示不愉快、不希望发生的事情。教师可以准备一些道具，利用课堂教学环境引出"被"字句。下面举一个例子。

（教室里非常热）空调被班长弄坏了。

（安比同学的作业）被玛丽撕破了。

接着老师和学生之间、学生和学生之间可以即兴对话进行实际练习，或者老师先讲一个小故事，然后进行问答练习。例如：

老师：今天小王没来上课，去警察局了。因为昨天他去买东西时，有个小偷偷走了他的钱包。他的钱包里有 2000 块钱，还有护照和他女朋友的照片。今天早上警察打来电话，他非常高兴，以为钱包找到了，可没想到，虽然小偷抓住了，可钱包里的钱已经花完了，护照和女朋友的照片也不见了。

老师：今天小王没来上课，他怎么啦？

学生：他去警察局了。

老师：为什么？

学生：他的钱包被小偷偷走了。

老师：钱包里有什么？

学生：2000 块钱、护照还有他女朋友的照片。

老师：告诉警察了吗？

学生：告诉了，小偷也被抓住了。

老师：那他应该高兴啊？

学生：小偷是被抓住了，可钱包里的钱已经被小偷花完了。

老师：那护照呢？护照可是很重要的。

学生：护照和他女朋友的照片也都被小偷扔了。

（二）介绍中性色彩的"被"字句，突出"被"字句的语篇功能

在第一阶段的教学之后，学生对汉语"被"字句表示的贬义感情色彩有了比较深刻的印象。第二阶段要向学生说明，汉语"被"字句受印欧语的影响，有一些可以表示中性的感情色彩。同时，句法和语义方面的教学也应适当深入，比如 N_2 可以不出现，V 除了处置义强的动词外，还可以是个别心理动词和感知动词；讲解一些复杂的"被"字句格式，比如"N_1+ 被 +N_2+ 给 C"等。

"被"字句的一个重要语用功能，即语篇功能，也应该是这一阶段的教学重点，主要表现在话题的连贯和衔接上。老师可以给学生限制一个言谈背景，如给学生一张图画，上面是大风大雨过后的情景，请学生谈谈看到的情景，让学生自由发挥，要特别注意学生表达中的连贯和衔接。

（三）介绍"被"字句的特殊用法：N_2 不出现的情况以及褒义语境

经过前两个阶段的学习，学生已经了解了"被"字句的基本用法，这时介绍"被"字句的一些特殊用法就比较容易。为了避免学生误用或滥用，老师最好结合具体语言使用环境告诉学生，哪些语境 N_2 可不出现，哪些语境尽量使用 N_2 出现的"被"字句，因为一般来说，听话人想知道 N_2 是谁或是什么。"被"字句用于褒义的语境一般表示艰难的事情最终实现，结果是令人自豪的、希望发生的，如：这个难题终于被我们解决了。

需要说明的是，语法的分阶段教学是需要教材做配合的，"被"字句的分段教学也不例外。遗憾的是，目前的教材往往把"被"字句作为一种特殊的句式进行集中教学，希望一次解决所有"被"字句的问题。在这一点上，我们的教材还是需要改进的。当然，上面所谈的第二阶段和第三阶段的教学内容应该属于中、高年级的教学。再说明一点，上面所谈的是加强语用功能的教学并不是要忽视句法形式和语义方面的教学。学习者的"被"字句偏误中，有相当多的错误仍是属于句法形式和语义方面的，只不过这些错误往往不仅仅出现在"被"字句中罢了。

具体教学中，还要注意以下问题：

1. 在进行被动句教学时，除了强调被动句的句法形式外，还要对被动句的语义知识和使用语境加以说明，运用功能教学法，让学生熟悉被动句的语境，从而熟练恰当地使用被动句。

2. 在练习被动句时，控制被动句、主动句和把字句的互换练习的数量，并在练习时讲解三者的区别，使学生明白被动句的语义和使用语境。

3. 在讲解被动句的语义表达时，同时要扩大学生的词汇量，增加汉语词语褒贬义的知识，从而培养学生使用被动句的语感。

4. 被动句的表达结构和形式复杂多样，在教授时应该遵循从易到难的原则，合理安排教学内容。

5. 在教授被动句时，建议先教授有标记被动句，让学生在理解了被动句的基本概念之后再教授无标记被动句，以免学生将两者的结构混淆。

6. 在讲解被动句的表达结构和句式时，需要对结构每一部分的注意事项和特点进行讲解，并配合一定的例句，切莫直接给出句型进行练习。讲解被动句，不能只对被动句的形式结构进行展示，让学生刻板记忆，而应该对句型中的每一部分的注意事项进行讲解，以免学生出现偏误。

7. 在练习被动句时，应该针对句型中容易出现的问题点逐个设计练习，从而让学生从细节到整体把握被动句。

【教学示范案例】

（一）导入环节

可以从"把"字句基础上引入，也可以由具体语境导入，还可以由英语的被动句的概念和句型结构出发，设置被动情景，引入汉语中的被动句，帮助学生了解被动句的含义。

（二）讲解环节

被动句的教学应该由易到难贯穿整个汉语学习的过程。这里将被动句的教学分为初级、中级、高级三个阶段，并针对不同阶段设计相应的教学内容。

1. 初级阶段。

（1）教学内容。

有标记被动句的句式结构：主语（受事）＋被（给/叫/让）＋（施事）＋动词＋其他。其中，主语（受事）是有生命的事物。

无标记被动句的句式结构：主语（受事）＋动词＋其他。其中，主语（受事）是无生命的或抽象的事物。

（2）教学顺序。

在长期的对外汉语被动句教学中，一般是先教授无标记被动句再教授有标记被动句。但从学生习得情况来看，无标记被动句的难度高于有标记被动句，所以建议先教授有标记被动句，让学习者在理解了被动句的基本概念之后再教授无标记被动句。

2. 中级阶段。

注重语义表达对句式的需要，让学生自觉运用被动句强调受事方。对被动句基本句式进行延伸，遵循由易到难的原则，在典型被动句句式结构的基础上逐渐拓展其他衍生句式。由于中级阶段的课文篇幅不断增加，所以在中级阶段可以加入被动句的语篇功能的教学。教师可以通过对被动句表达突出受事主语的特点，引出被动句的语篇功能。

3. 高级阶段。

高级阶段的被动句教学需要培养学习者被动句的书面表达能力，并能够根据受事主语和语境准确选用有标记被动句和无标记被动句。

（三）操练环节

1.操练注意事项。

（1）在练习方式上，尽量多使用情景练习，辅以部分机械式的句式结构练习。口头表达练习和书面练习相结合。

（2）练习内容尽量多维度展开，句法、语义、语用方面都要有所涉及。

2.练习方式

（1）设计完整的被动句，并将受事主语、施事挖空，将这些成分做成卡片，请学生将合适的卡片放在相应的位置。这一练习的目的是适当减少主语安放位置的偏误。

（2）将不符合规范的被动句罗列出来，让学生判断正误，分析错误原因并改正。这类练习适用于误用可能补语、使用简单动词、主语"无确指"、遗漏动词、遗漏补语、遗漏标志词、误用标志词、误用不及物动词等情况的判断，这样可以适当减少以上偏误的发生。

（3）将设计完整的被动句中的状语挖空，并且不留空格。将这些状语做成卡片，让学生将状语卡片放在句子的合适位置，这样可以适当减少状语位置的偏误。

（4）设置句型转换的题目，将"把"字句和主动句改为被动句，在讲解练习的时候，老师带领学生复习并区别这三种句型，这样可以适当减少回避策略所带来的偏误。

思考和练习

1.使用被动句时，需要注意哪些问题？

2.被动句分为哪两类？请举例说明其特点。

3.说一说无标志被动句的教学重点和难点。

4.纠正下列偏误并说明原因。

（1）我被决定来中国留学的时候，你们不仅不反对还支持我，完全同意我的计划。

（2）在日本，教育是很重视的社会问题。

（3）有的小孩子吸引了广告上的烟。

（4）孩子被生下到这个世界，一般最早接触的人即是父母。

（5）一个作业被我写完了，一个作业没有写。

（6）我们被她开心了。

（7）汉语书被发了。

（8）要是大家知道水都由我们三个喝光了的话，一定会被大家生气。

（9）今天的汉字作业被我写得完。

5.查找 HSK 动态作文语料库中的"被"字句偏误，并进行归类分析。

6.设计针对初级汉语学习者的"主语 + 被 +O_1+V+ 结果补语"的教学方案。

7.如何向学习者说明"把"字句和"被"字句在句法结构和语用方面的差别？

8.结合本章的学习，说一说你对汉语特有句式"被"字句的新认识。

第十六章 存现句偏误分析与教学

【学习要点提示】

知识要点：掌握存现句的使用语境、使用条件和规则等基本知识。熟悉存现句偏误教学难点和存现句教学建议。

技能要点：具备分析存现句偏误的能力，能够结合存现句的基本知识预测并解决学习者的存现句偏误，做到合理运用存现句教学建议指导教学。

情感要点：学会欣赏汉语存现句这一句式。

现代汉语中，存现句是表示事物或人存在、出现、消失的句子。由于汉语说话人进行描述或者叙事的视角通常是从场景开始移动的，所以句首常常先出现场所，然后是人或事物的行动，这就形成了存现句式。

在汉语教学中，存现句句式分析只要说明语序用法，通过模仿操练，学生基本就可以掌握，偏误主要出现在构成存现句的存在处所、存在物、二者之间的连接部分的形式特征和句法条件中，我们将就此加以提示。

第一节 存现句偏误概述

一、存现句使用语境

1.存现句主要用于书面语。在表示人或事物存在的状态时，经常使用的动词有两类，一类表示人或事物状态或动作的变化，如"坐""站""躺"等；另一类表示人对物进行安放或处置的动作，如"放""插""挂""摆"等以及与这些动词意义相近的双音节动词。例如：

（1）椅子上躺着一个人。

（2）花瓶里插了一束玫瑰花。

（3）大殿的台子上放着一个金漆龙宝座。

2.存现句可以是表示对人或物出现进行描写的动态句，既可以位于句群的起始或者靠前处，引出新的话题，也可以放在句群的中间，对前面的小语段起到一个收束的作用。例如：

（4）空旷的原野上，只有一条蜿蜒起伏的土路和一口年久失修的土井……

（5）……如果细心看，那向阳山坡的枯草间，已经长出来了一些青草的嫩芽。

二、存现句使用条件和规则

（一）基本结构与分类

根据已有的对存现句的类型和下位分类的研究，可以按语义将存现句分为存在句和隐现句，根据句中动词性结构的不同可以将存现句分为8小类。

1.存在句。

句式Ⅰ：处所词 + 有 +NP [V 为"有"]

（6）山上有一座寺庙。

句式Ⅱ：处所词 + 是 +NP [V 为"是"]

（7）餐厅旁边是一个音乐广场。

句式Ⅲ：处所词 +V+ 着 +NP [V 带"着"标记]

（8）椅子上坐着两个孩子。

句式Ⅳ：处所词 +V+ 了 +NP [V 带"了"标记]

（9）桌子上放了一杯水。

句式Ⅴ：处所词 +V 补（了）+NP [VP 为"V 补（了）"]

（10）黑板上写满了大大小小的汉字。

句式Ⅵ：处所词 +（状语）+NP [名词性谓语句]

（11）树上很多粉色的花。

2.隐现句。

句式Ⅶ：处所词 +V（了）+NP [V 为出现、消失类动词]

（12）天空中出现了一道彩虹。（出现）

（13）街上少了许多行人。（消失）

句式Ⅷ：处所词 +VP+NP [VP 为 "V+ 趋向补语"]

（14）教室里飞进来一只小鸟。（出现）

（二）存现句的分段

存现句的使用条件和规则比较清晰，一般分为前、中、后三段，句式中需要有表示处所的主语，表示存在、出现、消失的动语，表示存在的人或事物的宾语。

主语：处所名词、一般名词 + 方位名词、方位名词。

动语：见句式Ⅰ~ Ⅷ（句式Ⅵ除外）。

宾语：一般是不确定的，不能是确指的人或事物，但在句式Ⅱ中可以确指。表示常识性、原理性的信息时，宾语也可以确指，这时宾语前常常加量词 "个"。

存现句的基本规则见表 16–1。

表 16–1　存现句的基本规则

处所词（主语）	存在 / 出现 / 消失（动语）	人或事物（宾语）
桌子上	放着	一本书
学校	来了	一批留学生
村子里	搬走了	几家人
餐厅旁边	是	我们的宿舍（句式Ⅱ：确指）
中国	出了	（个）毛泽东（常识：确指）
历史上	有	（个）女皇帝武则天（常识：确指）

学习者的偏误主要集中在构成存现句的三个组成部分上。

【典型偏误案例】

（一）主语偏误

不管在哪一类句式中，学习者存现句中主语部分出现的偏误是比较统一的，主要包括以下两个方面。

1.学习者会将早先习得的 "在 + 处所名词" 泛化，习惯性地在处所名词前加一个介词 "在"。例如：

（15）＊在我家的门后面有一个卫生间。

（16）＊在这儿有很多人。

2. 处所名词后不需要再添加方位词，一般名词后需要加方位词，有的学习者不太清楚规则，会产生方位词误加或遗漏的偏误。例如：

（17）＊我的家乡里有山有水。

（18）＊水底里铺满了水草。

（19）＊桌子∧有一本书。（上）

（二）宾语偏误

一般来说，存现句中的宾语不能是确指的，有的学习者在表达确指信息时用了存现句，产生偏误。例如：

（20）＊桌子上放着那本书。

（21）＊教室外站着那位老师。

表达这类含义时不应该使用存现句，例（20）和例（21）应分别改为："那本书放在桌子上。""那位老师站在教室外。"

（三）不同句式中动语或补语的偏误

1. 句式Ⅰ是最基本的表示存在的句式，汉语中的"有"既表示存在又表示领有，两种意义用同一形式来表达。在"有"作谓语核心的存在句中，绝大多数情况下"有"是单个动词。"有"字存在句单纯表示某处存在某物，而不表示存在主体的存在状态或存在方式。

汉语学习者学习句式Ⅰ时，会出现标记词"有"的遗漏偏误，一般出现在初、中阶段，且初级阶段比较集中。例如：

（22）＊他们前面∧一个男人骑马。（有）

（23）＊那个山，近海，∧很多鱼，买的东西很便宜。（有）

句式Ⅰ中，学习者也会在"有"后误加"了"或"着"，出现动态助词的误加。例如：

（24）＊广场中央有着一个音乐喷泉。（动词"有"后误加助词"着"）

（25）＊书架上有了一些汉语书。（动词"有"后误加助词"了"）

2. 句式Ⅱ跟句式Ⅰ一样，也是表存在，不能带"着""了"等时体成分。"是"字最基本的用法是表示判断，在用"是"表存在时，也带有"判断"的附加意义，即说话者已经知道某处有某人或物存在，进而判断说明是这种人或物而不是其他的。

汉语学习者学习句式Ⅱ时除去主语、宾语部分的偏误外，也会有标记词"是"的遗漏，一般出现在初、中阶段，且初级阶段比较集中。例如：

（26）＊广场上都∧人。（是）

（27）*他的前面∧小明。（是）

3. 句式Ⅲ和句式Ⅳ不仅仅表示事物的存在，句式Ⅲ还表示事物以某种状态、运动方式存在或动作的进行，句式Ⅳ还表示事物以某种静止的状态存在或动作的完成。在这两个句式中，常常会出现动词后的动态助词"着""了"的遗漏，也会出现"着"和"了"的混淆，这种偏误主要发生在初、中级阶段。例如：

（28）*后面的墙上挂∧一个钟表。（着/了，"着"强调动作结束后状态的持续，"了"强调动作的完成。）

（29）*画的左边贴∧一张地图。（着/了）

（30）*天空中飞了一群小鸟。（表动态存在，"着"误用为"了"）

4. 在句式Ⅴ中，动补结构中的补语成分会发生遗漏。例如：

（31）*地面上扬∧了尘土。（起）

（32）*屋子里挤∧了人。（满）

5. 句式Ⅶ的偏误主要在于动态助词使用错误，句式Ⅷ的偏误主要在于语序问题。例如：

（33）*教室外走来着几位同学。（"走来"表示出现，不能用"着"，应改为"了"）

（34）*教室里飞一只小鸟进来。（语序错误，应改为"飞进来一只小鸟"）

第二节　存现句偏误教学难点

难点一："是"字句和"有"字句的区分

用"是"表示存在的句子跟用"有"表示存在的句子有以下三点不同。

1. 用"有"的句子只是说明某处存在着什么，用"是"的句子是已知某处存在着事物，进一步说明这事物是什么。

2. 用"有"的句子宾语是不确指的，用"是"的句子的宾语可以是确指的也可以是不确指的。

3. "有"字句的叙述性、描述性较强，而"是"字句的判断意味较重。

学习者经常会出现"是"和"有"的混淆。例如：

（1）＊图书馆对面有我们学院。（是）

（2）＊前面有李家村。（是）

（3）＊桌子上是一本书。（有，强调存在）

难点二："有"字句和"在"字句的区分

"有"字句和"在"字句主要有以下三点不同。

1. "有"字句中的处所词在动词前面，而"在"字句的处所词在动词后面。

2. "有"字在处所词前面一般不用"在"等介词。

3. "有"字句中的人或事物一般是不确定的，"在"字句中的人或事物是确定的。例如：

（4）桌子上有一本书。（处所词在动词前，"书"是不确定的）

（5）那本书在桌子上。（处所词在动词后，"书"是确定的）

难点三：动态助词的使用

存现句中使用助词"着"和"了"的主要差别在于：

1. "着"一般用于存在句，"了"可以用于存在句也可以用于隐现句。

2. 存在句中"着"表示动态或动作结束后呈现的状态，"了"表示静止的状态。

3. "着"表示进行，"了"表示完成或变化的状态。

学习者会将早先习得的相似成分序列的存现句规则泛化到新的存现句式中，出现动态助词的误代。例如：

（6）＊班上来着一位女同学。（表示出现，应该用"了"）

（7）＊门口站了一个人。（"站"是持续状态，应该用"着"，补充说明语义）

（8）＊书店里多卖着两本书。（表示动作完成，应该用"了"）

难点四：动词使用错误

随着学习阶段的提升，学习者词汇储量愈加丰富，容易混淆形态相似的词，反映在存现句中，就是名词和与之形态相似的动词的误代。此类偏误集中出现在高级阶段。例如：

（9）＊交泰殿的中殿铺了木板，东西两边设备着韩国的传统火炕。（设置）

（10）＊广场的前面也位置了一大片的白色浮雕。（放置）

难点五：存现句中的语序问题

存现句中，错序是数量最少的偏误类型，主要集中在中、高级阶段。错序偏误的表现较为单一，大多数表现为表示存在、出现的人或事物的名词性成分置于句首，而表示处所的名词置于句末，且大多集中在句式 Ⅲ 和句式 Ⅴ 中。该类偏误是与学习者接触到的汉语中一般以施事、当事、系事、起事等语义角色居首的规则不同所致。例如：

（11）＊许多杂草在旧楼前长着。（旧楼前长着许多杂草）

（12）＊一朵白云飘着天上。（天上飘着一朵白云）

第三节　存现句教学建议

存现句教学中要注意句型特点和语用特征，教学建议如下：

1. 强调存现句主要在书面语中使用，将其置于书面语语段句群中进行讲解分析较为方便。因为存现句常常处于句群的起始或者较前的位置，引出话题，后续句往往是对存现句的描写说明。

2. 注重存现句的动词说明，主要有两类，一类是人体或物体的动作状态，如站、坐、睡之类的；一类是可以安放或处置的动作，如放、挂、晾等。

3. 注重类似句式的表达意义，比如"他家的狗死了"和"他家死了一条狗"的比较，强调存现句表达的是一种场景描述（什么样？），不是一种情况说明（怎么样？）。

【教学示范案例】

此处以存现句中"有"字句和"是"字句为例，进行课堂教学说明。

（一）导入环节

教师以上课场景、影视片段场景、某些主题记忆场景或者图片导入，请学生进行描述，输入句式。

1. 教师依据图片请学生描述场景，可以提示：

山上有什么？ 书架上有什么？　房间里有什么？

山下是什么？ 马路旁边是什么？ 食堂左边是什么？

2.学生说出存现宾语：

一座寺庙　一本字典　一张书桌

一条小河　一座房子　图书馆

3.教师根据学生的回答说出目标句，注意重读动词并板书例句，同时对存现宾语段进行适当扩充。

山上有一座寺庙。书架上有一本字典。　房间里有一张书桌。

山下是一条小河。马路旁边是一座房子。食堂左边是图书馆。

4.确定学生都熟悉了问答模式之后，再次展示图片，让学生自主进行问答并分享他们的问答结果。

（二）讲解环节

教师用公式法总结存现句的句义及句式构成，步骤如下：

1.教师在例句中的"山上""书架上""房间里""山下"等词下标注 A（地方），让学生明晰存现句句式前段都表明"在哪儿""什么地方"等概念。

2.在句中的"一座寺庙""一本字典""一张书桌""一条小河"等名词结构下标注 C（人或事物），让学生明确该段表明"什么东西"这一概念。

3.教师在"是""有"等动词下面标注 B（存在），同时让学生思考这个"存在"表现的 A、C 段之间的关系。

4.学生自主发现存现句的结构特征，了解存现句 A 段用于交代事物出现的处所与方位，后段都为依据前面的处所、方位确定的存现主体，句式的中间部分则为表明处所、位置与存现主体之间存现关系的过渡词。

5.对两个句式进行辨析，注意说明宾语的差异。

6.利用偏误句进行纠错，强调注意事项。

（三）操练环节

通过选词填空、判断正误、半自由造句、排序等多种题型，从不同侧面检测学生的掌握情况。

1.将下列词语排列成一个完整的句子 。

一个大阳台　　　有　　　　　外面　　　卧室

图书馆　　　　　花坛　　　　前面　　　两个　　　有

卫生间　　　　　门的　　　　左边　　　是

八号楼　　　　　一个大花园　是　　　　下边

这一题型旨在进一步巩固学生对存现句句式结构的理解，让他们理清存现句句式中每一部分的位置。其次，让学生感受"有"和"是"在意义上的细微差别，从而能够准确表达。

2. 判断下列句子的正误。

在澳大利亚，我们有很多珍稀动物。

在中国，他们有很多美食。

玛丽的额头有一颗美人痣。

莉莉的房间是漂亮的家具。

教室里有同学新来的。

这一题型旨在让学生进一步明确存现句各段的限定条件。句首为处所词，前面一般没有介词；后段是处所中存在的宾语，多为表示人或物的名词性结构，不能是谓词性结构；"是"侧重判断，"有"侧重描述。

3. 自由表达。

这一题型可检测学生"是"字句和"有"字句的综合应用能力。教师可先展示课文中的室内图，让学生用文中的存现句进行描述，然后请学生运用两到三个存现句描述自己的住所或家乡。

思考和练习

1. 说一说存现句的基本结构和使用规则。

2. 把下列句子改成存现句。

（1）几位同学从图书馆走了出来。

（2）有两位同学从宿舍搬走了。

（3）鲜花摆在桌子上。

3. 举例说明"是"字句和"有"字句的区别。

4. 举例说明"有"字句和"在"字句的区别。

5. 纠正下列偏误并说明原因。

（1）下午的时候，在操场上坐着很多人。

（2）学院门口没停着一辆摩托车。

（3）门后面正挂着老师的衣服。

（4）餐桌有披萨和牛奶。

（5）教室里有了三位同学。

6. 试设计针对初级汉语学习者的存现句教学方案。

7. 结合本章的学习，说一说你对汉语常见句式存现句的新认识。

第十七章 "比"字句偏误分析与教学

【学习要点提示】

知识要点：掌握"比"字句的使用语境、使用条件、使用规则等基本知识。熟悉"比"字句偏误教学难点和"比"字句教学建议。

技能要点：具备分析各类"比"字句偏误的能力，能够预测并解决学习者的"比"字句偏误，做到合理运用"比"字句教学建议指导教学。

情感要点：全面认识汉语"比"字句，学会欣赏汉语这一句式的独特之处。

我们所说的"比"字句或比较句，通常指含有"比"的比较句。此处的"比"为介词，作用为引出比较的对象，是"比"字句的重要标记。常见的"比"字句典型格式为：A 比 B+R。其中，R 表示"比较的结论"。如：西瓜比苹果大。"西瓜"为比较项 A，"苹果"为比较项 B，"大"为比较的结果 R。其实，表达比较句意的句式还有"有"字句、"没有"句、"不如"句、"越来越……"、"更"、"最"、"不像"、"还是"以及含比较意义的程度补语等。在此，我们主要关注的是其中通过使用"比"字句对事物进行比较，并由比较得出结论，从而达到语言表述目的的表达方式。

第一节 "比"字句偏误概述

一、"比"字句使用语境

日常生活中，在对事物进行比较或描述事物之间的差异时，会经常用到"比"字句。因此，"比"字句的结论项词语应该具有变化性或者程度改变的特征，如表数量的变化、心理动词的程度变化、性质等具有变化区间的词语。例如：

（1）我比他瘦。

（2）他的手机比我的手机漂亮。

（3）这本书比那本书贵十块钱。

（4）今天的温度比昨天低十度。

在例（1）和例（2）中，通过比较句对"我的手机"和"他的手机"进行了描述；在例（3）和例（4）中，通过比较句描述了两本书在价格上的差异、今天和昨天的温度差值。

如果学习者对比较句的使用语境不熟悉或者对句式掌握不够熟练，会出现比较句的误用。例如：

（5）＊去年的生日比今年的不一样。

（6）＊他的朋友多我。

上述偏误中，例（5）为介词使用错误，正确的用词为"跟"：去年的生日跟今年的不一样，即不该用"比"字句却使用了"比"字句。在例（6）中，比较"我的朋友"和"他的朋友"在数量方面的差异，应使用"比"字句却没有使用。

二、"比"字句使用条件

（一）句式条件

"比"字句的使用条件十分清晰：在该句式中需要有 A 和 B 两个比较项，且这两个比较项在某一方面具有可比性。有一个结论项 R。由介词"比"连接两个比较项。例如：

（7）<u>自己做饭</u>（比较项 A）比 <u>外卖</u>（比较项 B）<u>好吃多了</u>（结论项 R）。

（8）<u>他</u>（比较项 A）比 <u>我</u>（比较项 B）<u>早去了十来分钟</u>（结论项 R）。

（9）<u>那条小吃街的面</u>（比较项 A）比 <u>这家（的面）</u>（比较项 B）<u>更正宗</u>。

此外，应注意"比"字句的另一个使用条件为：在一个"比"字句内，只能有一个比较结论。如果比较结果多于一个，则需要分别用"比"字句进行表述。例如：

（10）*这里的商场比我们国家的商场大还有漂亮。

（11）*他做得比我快也好。

上述案例中不只一个结论项，根据"比"字句"一个'比'字句内一个结论"的使用条件，应改为：

（12）这里的商场比我们国家的商场大，还比我们的漂亮。

（13）他做得比我快，也比我好。

（二）句子成分条件

1. 比较项 A 和比较项 B。

A 和 B 可以是名词或名词性短语、代词、数量短语等，也可以是动词或动词短语等其他谓词性短语。例如：

（14）这种糖比蜜还甜。（比较项为名词：糖、蜜）

（15）她的头发比我的长。（比较项为名词性短语：她的头发、我的头发）

（16）走路去比开车去快。（比较项为动词短语）

2. 结论项 R。

R 表比较的结论，最常见的由形容词或动词构成，其后还可以搭配补语、宾语等成分。例如：

（17）他比我小。（结论项为形容词）

（18）我们那儿比这儿便宜得多。（结论项为形容词搭配补语）

（19）今年留学生的人数比去年减少了。（结论项为动词）

三、"比"字句使用规则

（一）基本句式

"比"字句的基本句式结构为：A 比 B+R。其中，R 为形容词或形容词短语。这是本句式最简单、最基本的结构。例如：

（20）他比我胖。（R 为形容词）

（21）芒果比香蕉贵得多。（R 为形容词短语）

（二）延伸句式

除基本句式"A 比 B+R（R 为形容词或形容词短语）"外，"比"字句在此基础上还延伸出另外几种句式。

1."A 比 B+R（R 为动词短语）"根据出现的动词类别分为以下两种句式。

句式 1：R 中的动词为一般动词。例如：

（22）他比我来得早。

（23）他比我早来。

（24）他比我早来十分钟。

由以上例句可以看出，如果句式中的动词为一般动词，那么在"比"字句中需要在动词后附加情态补语，或在动词前使用状语成分。

句式 2：R 中的动词为增加、减少、上升、下降、升高、降低等描述事物在某一方面的增减变化的这类词。例如：

（25）这次的难度比上次的提高了。

（26）这次的难度比上次的提高了很多。

由例句可知，在 R 中包含该类动词时，须在动词后附加具体数量或使用"了"。

2.A 比 B+ 更 / 还 / 再 +R。

同基本句式相比，该延伸句式的语义程度更高，通过程度副词"更""还""再"的修饰，A 比 B 的程度更高，语义上发生了变化。例如：

（27）昨天比今天更热。

（28）他写的汉字比中国人还好。

（29）这次的考试比月考再难一些。

此外，如果在本句式中出现了心理动词或能愿动词，那么除句子本身表达的语义之外，还会体现出不同程度的主观感情色彩。例如：

（30）他比我更喜欢足球。（主观感情色彩程度：低）

（31）你比她还会说话。（主观感情色彩程度：较高）

（32）没有什么比写一封信送给她更合适的了。（主观感情色彩程度：较高）

3.A 不比 B+R。

首先强调本句式并非为"比"字句的否定形式。本句式主要表达的语义效果为：A 和 B 在某方面的比较结果是二者相当，或 A 稍逊于 B，结合上下文语境常常包含否定语气。例如：

（33）他不比我强多少。

（34）你也不比我少拿钱。

需要注意的是，在本句式中的数量补语须为模糊数，不可使用精确数字。

＊你不比我少写三遍。（可改为：你不比我少写几遍。）

4．没有比 A 更 R（R 为"的"字结构）了。

本句式表示在同类事物中 A 在某方面的程度最高，R 即在某方面的表现。例如：

（35）没有比她更善良的人了。（她是最善良的人）

（36）没有比坐火车去更方便的方式了。（坐火车去是最方便的方式）

（37）没有比这儿更合适的（地方）了。（这儿是最合适的地方）

由上述例句可知，在本句式中，R 作为比较的结论须是一个含"的"字的短语或结构。

第二节 "比"字句偏误教学难点

多数汉语学习者在了解"比"字句的意义和结构后能够在正确语境下进行使用。汉语习得者使用"比"字句的偏误主要出现在比较项 A、B 和结论项 R 的类型、比较项的成分省略、该句式的否定式方面。常见的偏误出现在结论项部分和"比"字句的延伸句式方面。此外，"A 不比 B+R"在语用方面的偏误较多。

难点一：比较项 A 和比较项 B 的偏误

"比"字句包含两个比较的对象 A 和 B，在 A、B 均为单独名词、代词或动词时不易出现偏误。例如：

（1）西瓜比苹果大。

（2）他比我高。

（3）听比说难。

但当两个比较项的内容都是短语或更复杂的结构时，很容易出现偏误。例如：

（4）＊他的手机比我贵。 应改为：他的手机比我的手机贵。

（5）＊蓝色的那个比银色好看。 应改为：蓝色的那个比银色的好看。

（6）＊在中国学习汉语比我的国家更有利。 应改为：在中国学习汉语比在我的国家更有利。

上述偏误中比较项的内容不再是单纯的名词、代词、动词，而是变成了较为复杂的短语结构，学生在比较项 B 中就容易出现成分缺失的情况。由于比较项 A 位于句首且常常为说话人非常清楚的概念，故较少出现偏误。因此，在教学中应尤其注意比较项 B 是否有成分残缺的情况。针对该偏误，在教学中应注意强调比较项 B 中成分省略的问题。

一般情况下，比较项 B 中的内容为偏正结构（如我的书，蓝色的杯子，昨天买的面包等），均可省略名词部分。例如：

（7）他的书比我的书厚。　　他的书比我的厚。（选项 B 中省略名词：书）

（8）白色的杯子比蓝色的杯子大。　白色的杯子比蓝色的大。（省略：杯子）

当比较项 A 和 B 均为偏正结构时，如果句中出现了"人物关系"，那么应谨慎注意比较项中的名词能否省略。例如：

（9）他的老师比你的老师有经验。

* 他的老师比你的有经验。

在该句中，如果根据比较项 B 省略的原则，省略名词"老师"后，尽管语法正确，但不符合语用学中的"礼貌原则"，因此应在教学中指明此处的规则。

当比较项与比较结论为领属关系或人际关系时，在不产生歧义的情况下，偏正结构中一些成分也可以省略。例如：

（10）我的头发比你的头发长。　　我的头发比你长。

（11）他的朋友比我的朋友多。　　他的朋友比我多。

难点二：结论项 R 的偏误

与比较项相比，结论项 R 中出现的偏误较多。

（一）结论项为形容性成分时的偏误

1. 用词偏误。

（12）* 这件衣服比那件通红。

（13）* 我的行为比他的行为错。

"比"字句要显示比较双方的差异，因此，充当结论项的形容词应该是相对性质形容词，语义是模糊的，可以显示强弱不等的程度，具有变化的弹性区间，通常可以被程度副词修饰。"通红"是稳定的状态形容词，没有变化区间，"错"以及"假""真""横""竖"等一类词都不能受程度副词修饰，是绝对性质的形容词，自然也就不能用来比较了。

2. 在结论项 R 中程度副词偏误。

常见的偏误为：在结论项前添加程度副词。"比"字句中结论项经常由形容词构成，学习者会根据已学习的知识"形容词前可用程度副词"，在"比"字句中应用了此规则。例如：

（14）＊他唱歌唱得比我很好。

（15）＊水果店的水果比超市的有点儿贵。

（16）＊我上学期的课比这个学期比较多。

由上述偏误可知，这是由于目的语负迁移造成的偏误。这种偏误在初学"比"字句时很常见。因此，在初级阶段的教学中，需要反复强调该句式中的结论项前不可用程度副词，以免学生将目的语规则泛化。

3. 结论项中不能正确使用程度补语的偏误。

基于上面指出的程度副词使用偏误，学生在进行"差异较大"的比较时，不能自觉、正确地在结论项中使用程度补语。例如：

（17）＊他比我<u>很高</u>。

应改为：他比我<u>高很多</u>。（结论项中未自觉使用程度补语）

（18）＊在这个公司的休息时间比上个公司的休息时间<u>少得很</u>。

应改为：在这个公司的休息时间比上个公司的休息时间<u>少得多</u>。（结论项中程度补语使用错误）

针对此情况，在教学中应加强练习，培养学生在结论项中使用程度补语的意识，通过正误对比等方式降低错误率。如通过分析错句，提高学生在使用"比"字句时对程度补语的敏感度，从而有效避免偏误。

（二）结论项为动词性成分的偏误

（19）＊他比我学习英语。

（20）＊我比他很喜欢英语。

（21）＊我比他更喜欢一些英语。

（22）＊我会比他说话。

（23）＊她比我早到半个小时了。

"比"字句中的结论项动词应该是具有变化或具有程度语义特征的词语。例（19）中的"学习"不具有比较语义要求。和形容词性成分一样的情况，动词性结论项前也不能带"很""太"之类的程度副词以及否定副词，如例（20）。当表心理状态的动词充当结论项，动词后有补语，应该放到宾语的后面，而且我们常常会转换句式用"跟……相比，A更……"，因此，例（21）应该是："我比他更喜欢英语一些。"能愿动词和一般动词结合较为紧密的概念相当于一个词时，它和动词之间一般不加入其他成分，这时能愿动词要放到动词前边，如例（22）应该是："我比你会说话。"当结论项是单独动词带数量补语，且前边是"早""晚""先""后"等状语时，"了"必须放在动词和数量词之间，表动作的实现，例（23）应该是："她比我早到了半个小时。"如果强调状语特性的实现，可以放在形容词状语后，如"她比我早了半个小时到"；也可以放在句末表语气，如"她比我早半个小时到了"。

（三）结论项中包含过多结论的偏误

此类偏误与学习者未深刻了解及熟练掌握"比"字句的使用条件有关。"比"字句的结论项中只能包含一个结论，如出现更多结论，需要分别使用多个"比"字句（或分句）进行表述。例如：

（24）＊你的卧室比我的大漂亮。

应改为：你的卧室比我的大，也比我的漂亮。

难点三：成分错序偏误

该偏误主要表现在"比"字句中各成分在句中的位置发生不合语法的变化，主要分为以下三种情况。

（一）结论项 R 乱序

这是"比"字句乱序偏误中最常见的一种偏误，即学习者把结论项 R 置于"比 + 比较项 B"的前边。试对比正确格式与偏误格式：

A 比 B R √ 正确格式

A R 比 B × 偏误格式

由于学习者对"比"字句的练习不够，从语义角度急于表达比较的结论，因此，在说完主语（比较项 A）后直接表述比较的结论，接着将比较项 B 放在句末。例如：

（25）＊说汉语简单比写汉语。

应改为：说汉语比写汉语简单。（比较项 B：写汉语 结论项 R：简单）

（26）＊第一年我们的作业多比现在的作业。

应改为：第一年我们的作业比现在的作业多。（比较项 B：现在的作业 结论项 R：多）

（27）＊我觉得包子好吃比饼。

应改为：我觉得包子比饼好吃。（比较项 B：饼　结论项 R：好吃）

针对此类偏误，在教学中应注意强调"比"字句中表示结论的 R 应放在句末。

（二）介词"比"乱序

学习者对"比"字句结构、格式掌握不熟练，急于呈现两个比较项，从而导致"比"字放于比较项 B 之后。例如：

（28）*这里的天气北京的天气比好。

（29）*曼谷人清莱人比更忙。

针对此类偏误，在教学中应强调"比"字句的基本格式，并进行反复练习。

（三）"比"字句主语（比较项 A）乱序

相较上述两种偏误，由于放错主语位置导致的句子顺序错乱比较少见，但仍然需要在教学中关注并做到提醒。该偏误主要体现在将主语（即比较项 A）放在了结论项 R 的前面。例如：

（30）*比上个月我们的课少了。

应改为：我们的课比上个月少了。

针对上述三种乱序类型的偏误，在教学中需要加强学习者对"比"字句格式的认知，对该句式各成分的顺序进行针对性练习，避免乱序偏误的出现。

难点四：句式杂糅偏误

在"比"字句的基本句式"A 比 B+R"中出现的句式偏误较少，句式杂糅偏误主要出现在"比"字句的延伸句式中和嵌套多种句式的复杂句式中。

（一）"比"字句的否定句式和"A 不比 B+R"

在现代汉语中，将一个句子改为否定句，通常情况下通过添加否定词"不"或"没有"来实现。"比"字句则不然。"比"字句常见的否定句式为：A 没有 / 不如 B+R。添加否定词"不"变成的"A 不比 B+R"则作为"比"字句的延伸句式有其指定语义，并非表示原句的否定意义。"不比"句一般不做始发句，它表述的往往是针对上文进行的订正或者辩驳，带有较强的附加义和感情色彩。由于学习者未能掌握这两个句式在表达语义方面的差别，尤其是对后者的使用语境了解不够，导致偏误发生。例如：

（31）*二楼餐厅的饭不比一楼餐厅的贵。

在该案例中，说话人本想表达"一楼餐厅的饭贵，二楼餐厅没有一楼餐厅的饭贵"，但却选用了"A 不比 B+R"句式，从而使句子含义用起来显得突兀，变为以下两种含义：①二楼餐厅的饭和一楼餐厅的饭价位差不多；②二楼餐厅的饭比一楼餐厅的饭便宜，由此使句子产生了歧义。因此，该句子可改为："二楼餐厅的饭没有 / 不如一楼餐厅的贵。"

针对该偏误，在教学中应当加强对"比"字句否定句式和"A 不比 B+R"延伸句式的对比练习，使学生从语用角度了解二者的差别，避免偏误。因此，我们要根据具体语境来选择合适的否定句。

此外，在学生使用"A 不比 B+R"时，也会出现错序的偏误。例如：

（32）*今天比昨天不热。

这是 A 不比 B+R 句式的常见偏误，学习者错误放置了"不"的位置。对此，在教学中应强调"A 不比 B+R"的固定格式，对其进行反复操练。

（二）复杂句式中的杂糅偏误

这种偏误主要出现在中、高级阶段，学习者想要表达的信息过多，在同一个句子内出现了两个或两个以上的固定句式，如果对这些句式的结构不熟练就会出现遗漏句子成分的现象，从而出现一个句子中混合了两个或两个以上句式但成分残缺的情况。例如：

（33）*在我们国家，猫头鹰比中国的含义好的动物。

说话人想表达的意思为：在我们国家，猫头鹰是一种比在中国的含义好的动物。该句子中包含了三个句式或结构："是"字句、介词短语"在……"和"比"字句。由于在一个句子中包含了过多的语法规则，学习者会出现遗漏成分的情况。

第三节　"比"字句教学建议

根据"比"字句的偏误难点和使用情况，对"比"字句的教学提出以下建议。

由于"比"字句延伸句式过多，且使用频率不低于基本句式，同时考虑到"比"字句延伸句式结构的复杂性，因此，在教学中务必要把"循序渐进、由易到难"作为总原则。

在"比"字句的教学顺序中，应首先进行基本句式"A 比 B+R"的教学，并对该基本结构进行反复操练，作为"比"字句众多句式的核心和典型结构，对"A

比 B+R"应做到讲解充分、练习充足。讲解过程中的例句也应遵循由易到难原则，先用简单词汇，再用短语和复杂结构。在这个部分的教学中，重点在于指导学生理解句式意义，识记结构公式，并能对常见的错误点进行分析。因此，在基本句式的教学中，应对常见偏误"程度副词的误用"进行讲解，可以使学生从学习初期就建立起对该偏误的清晰认知，从而有效避免该常见偏误。

讲解完基本句式后可以进行延伸句式的教学。结合延伸句式与基本句式的关联性，可以先选择"A 比 B+ 动词短语"的句式，之后根据学生的实际掌握情况再按顺序分别进行教学。

【教学示范案例】

（一）导入环节

"比"字句出现在初级汉语阶段，结合学习者在该阶段掌握的词汇量和语料有限的实际，在"比"字句导入时可以选择最简单的名词或人称代词导入，比如可选择本班同学的名字作为例句中的比较项。在对比时可以选择最常用、最简单的形容词，以保证不同汉语水平的学生都能对该句式的使用语境有基本的认知体会。如可选择两名身高有差距的同学站在第一排，教师通过手势和基本课堂用语引导其他学生发现并关注两人的身高差异，从而说出结论项 R：高。教师需要将比较项 A 和比较项 B 即两名同学的名字进行板书，引导学生说出结论项"高"之后也进行板书，由此可以清晰表示该句式的三个主要成分：比较项 A、比较项 B、结论项 R。接着再引出介词"比"，板书并写出完整的句子。

（二）讲解环节

1. 初级阶段。

在初级阶段的"比"字句讲解中，应特别注意例句的呈现。根据"由易到难"的总教学原则，"比"字句初始的几个例句中的比较项和结论项都要尽量选择简单词汇。如比较项 A 和 B 可以选择简单的名词，如老师、爸爸、妈妈、书、手机、电脑、苹果等；结论项也可以先用最简单的形容词，如大、高、贵、忙、冷、热等。初级阶段教学中的讲解务必立足于"讲清楚这个句式是什么，什么时候用，怎么用"，因此，可以在前期忽略词汇方面的影响，以讲清楚句式的结构和使用规则为主。

使用例句讲解完句式结构后，可以进行比较项和结论项的内容替换，在这个环节就可以将简单的名词、动词、形容词替换为较难的名词性短语、动词短语以及较难的形容词。试对比表 17–1 中的简单例句和升级例句。

表 17–1　"比"字句的简单例句和升级例句对比

简单例句	升级例句
我比她高。	我的手机比她的手机贵。
苹果比芒果便宜。	一斤苹果比一斤芒果便宜。
电脑比手机贵。	这次买的电脑比上次买的电脑贵。
写比说难。	写汉字比说汉语难。

由表 17–1 可以看到，在初级阶段教学中讲解该句式时要注意的两点，除了第一点"使用简单词汇"（升级后使用较复杂的短语结构）外，第二点是例句中的各个成分也都应采用完整形式不可出现省略。已知"比"字句中存在由偏正结构引起的偏误现象，也就是说，在"比"字句的教学中偏正结构的省略也是教学重点之一，且容易出现偏误。因此，不适合在讲解基本结构的时候直接引入省略格式。

此外，在初级阶段教学中需要引入"比"字句的否定形式（注意，非延伸句式"A 不比 B+R"）：A 不如 B+R。在全面讲解完基本格式后，可以板书否定形式，将讲解肯定形式时的例句做否定演示，讲解时须尤其注意强调"不比"不是"比"字句的否定句式，以及否定句式所表示的含义。考虑到教学的具体内容、课时安排、课型等因素，"A 不比 B+R"的延伸句式不要在同一节课进行讲解。

最后，基于学生在该学习阶段最常出现的添加程度副词的偏误，在讲解中一定要强调"A 比 B+R"格式中，R 前不可用任何程度副词。由于不能使用程度副词，学习者可能会有"如何表示对比后的较大差距"，由此可自然地引入在 R 结论项中加入程度补语的使用规则。

2. 中级阶段。

在中级阶段教学中，学生已掌握"比"字句的基本结构，因此，教学以讲解延伸句式为主，尤其需要讲解延伸句式中的细节规则。如结论项 R 中不同的动词类型分别对应什么样的规则，R 中的复杂补语应如何表述。如果初级汉语中的"比"字句教学以"呈现和解释"为主要讲解内容的话，中级汉语的主要讲解内容就是"整理和分类"。延伸句式中根据不同的动词搭配情况有不同的使用规则，在中级讲解中就需要教师将规则整理清楚并清晰分类，学生依据每一条对应的规则去确定某一个"比"字句应当如何进行变化、替换、省略。在本章我们提到的多种偏误都可通过整理分类的形式使学生有效避免。因此，中级教学中无论是教师的备课、课堂板书或者操练、作业，都应尽量做到分类清晰。

同时，依据"由易到难"的原则进行整理归类后，再进行综合讲解或总结。课堂教学中应注意"分类—综合"，不能只分情况讲解，忽略综合对比。

3.高级阶段。

初级阶段重解释，中级阶段重分类，高级阶段重分析。在高级阶段教学中，"比"字句的教学重点就变为分析不同的句式在不同语境中的使用，通过分析句式中的不同搭配和特殊规则，加强对"比"字句的认知，进一步提高对该句式的应用能力。

此外，在高级阶段教学的分析讲解中也需要加入适当的偏误分析，通过正误对比，指出偏误原因，对包含基本句式在内的"比"字句的所有句式进行总结、对比，并进行针对性练习，以达到降低偏误概率的目的。

（三）操练环节

1.初级阶段。

"比"字句初级阶段教学的重点内容是掌握基本句式结构，能够在语境中正确使用该句式进行描述或对比。因此，在初级阶段教学中可以以两个比较项、结论项为中心，以句子成分为单位，进行限定内容性质的操练。示例如下。

操练第一阶段：利用 PPT 等多媒体技术，在屏幕中展示比较项 A 和比较项 B，将"比"字句的基本结构公式展示在屏幕中央，将结论项的形容词放于比较项下方，让学生根据图片内容利用屏幕中的公式进行句子表述。例如：

A 比 B+adj 大

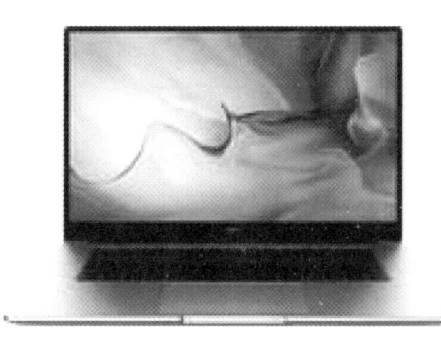

操练的第一阶段务必选用简单词汇，以帮助学生将学习的关注点放在句式结构中。操练的第一阶段主要在于根据结构进行句子成分填充。

操练第二阶段：　只展示比较项和公式，促使学生自己选择结论项，并进行完整的句子表述。在本阶段的操练中，教师可以通过对比差距较大的两个比较项，抛出如何在句中体现这个疑问，引导学生进行思考。此外，从本阶段的操练开始，应逐步用较为复杂的短语结构去替换第一阶段操练中的简单词汇。

操练第三阶段：只展示比较项，学生根据已有的知识基础自行给出对应的"比"字句。在该阶段的操练中，教师应明确指出形容词前添加程度副词的错误用法，强调不能这样运用，接着给出若干组对比较大的比较项，进行针对性练习，从而有效避免加程度副词的偏误发生。

操练第四阶段：将前三个阶段的句子列出，练习否定句式：A 没有 B+R。

根据学生的学习风格和课堂教学的实际，教师也可选择实物练习、连词成句练习、连线搭配练习、问答练习等方式。初级阶段教学中的操练目的在于使学生全面理解并掌握"比"字句的基本句式和简单的延伸句式。因此，无论选用哪种操练方式，都应保证充足的练习量，在备课时教师应准备足够的比较项中所用到的形容词。此外，在"比"字句的操练过程中也可适当进行词汇学习，结合比较项的特点和语境，使学生在练习中学习新词、扩展词汇量。

2. 中、高级阶段。

中、高级阶段的教学中会对"比"字句的所有常用句式进行展示、讲解、对比、分析。由于内容繁杂，规则较多，因此，中、高级阶段的操练应体现出典型性、针对性的特点。如操练：结论项 R 中的动词为增加、减少、上升、下降、升高、降低等描述事物在某一方面的增减变化这类词的使用规则，可以通过典型例句与其他例句的对比（表 17-2），突出该规则的使用特点。

表 17-2 "比"字句结论项中描述事物增减变化类动词的使用特点

增加、减少等变化类词		普通词	
*今年的人数比去年增加。	×	今年的苹果比去年贵。	√
今年的人数比去年增加了。	√	今年的苹果比去年贵。	√
今年的人数比去年的增加了两倍。	√	今年的苹果比去年贵很多。	√

表 17-2 表明：在增加、减少、上升、下降、升高、降低等变化类词出现在结论项 R 中时，句末必须用"了"。通过对比，学生能够清晰地理解某些特殊用法或规则。

尽管"比"字句的句式结构比较简单且易掌握，但从偏误案例统计和实际教学来看，其偏误现象覆盖了初级、中级、高级的汉语学习阶段，因此，仍然需要得到足够的重视。教师在课堂教学中，不仅要依据偏误规律对其句式结构和使用规则进行针对性的强调和操练，同时也要随时、及时对学习者的错误用法进行纠正，以帮助学生更好地掌握该句式。

思考和练习

　　1.举例说明"比"字句的使用规则。

　　2."比"字句的偏误教学难点有哪些?

　　3.纠正下列偏误并说明原因。

　　（1）现在我知道的文学作品比别人比较多。

　　（2）我们的父母小时候的经济情况比现在特别不好。

　　（3）随着经济、科学的发展,环境的问题比以前越来越厉害。

　　（4）这时代比我们父母的时代变得太快。

　　（5）虽然价钱贵了一点,但我们都认为健康不如任何的东西重要。

　　（6）现在绿色食品比一般的食品有点儿贵。

　　（7）有些研究表明被动吸烟比主动吸烟危害,所以谁也不应该让人被动吸烟。

　　4.设计针对初级学习者的"比"字句教学方案。

　　5.结合本章的学习,说一说你对"比"字句的新认识。

后　记

　　编者从事对外汉语教学和汉语国际教育专业教学工作近 30 年，既能了解汉语学习者的习得难点，又能理解缺少实际教学经验的教学者的茫然。因此，利用自身的经验优势，汲取学界最新研究成果，力图在本书中着重解决汉语作为第二语言习得中语言点的实际应用问题，教规则，讲用法，弥补一般语法著作、工具书、教科书对语言交际中的使用条件提示不够充分，讲解不够到位的缺憾，指导学生正确表达，避免教学误导。通过对偏误案例的分析，探讨语言形式出现的条件，从多角度、多层次提供实用的语言教学范例。

　　本书的编写完成，要感谢多位老师的辛苦付出。冯鸽负责全书的统稿、修订，以及总论、上编以及下编部分章节的撰写；庞欢负责全书体例的统稿工作，编写了否定副词偏误分析与教学、介词偏误分析与教学、"把"字句偏误分析与教学等章节，逾十万字；付露编写了比较句偏误分析与教学、离合词偏误分析与教学两个章节，并参与了其他章节的部分编写；于海英、武帆参与了能愿动词偏误分析与教学的编写；薛雨婷参与了语气词偏误分析与教学的编写；邵鹏参与了量词偏误分析与教学的编写；郭静雯参与了动态助词偏误分析与教学的编写；王子婷参与了关联词偏误分析与教学的编写；赵青青参与了存现句偏误分析与教学的编写；李笑参与了"把"字句偏误分析与教学的编写；张华昀、张芙蓉参与了被动句偏误分析与教学的编写；程珂欣参与了结果补语偏误分析与教学的编写等，在此一并致谢！

　　本书的出版要感谢教育部中外语言交流合作中心，西北大学文学院、教务处、研究生处、出版社等单位的鼎力扶持和资助，还要感谢柴洁编辑、刘秀玲编辑、许欢妮编辑和其他相关人员的辛苦工作，在此一并致以深深的谢意！希望本书能够对本专业的师生教学和学习有所帮助，敬请业内同人提出宝贵意见。

编　者

2021 年 9 月